让法律被信仰

# 课堂实录

## 中国诊所式法律教育

主　　编　龙翼飞
执行主编　潘文军　李修棋

法律出版社 | LAW PRESS

# 序 言

诊所式法律教育进入中国法学教育领域至2020年就有20年了。在这20年的时间里,这一新的法律教育模式不断被推广,已经逐渐成为中国法学教育中不可或缺的一种模式,也成为中国实践性法学教育中非常重要的一部分。2017年5月3日习近平总书记在中国政法大学考察时强调,法学学科是实践性很强的学科,法学教育要处理好知识教学和实践教学的关系。要打破高校和社会之间的体制壁垒,将实际工作部门的优质实践教学资源引进高校,加强法学教育、法学研究工作者和法治实际工作者之间的交流。诊所式法律教育正是一种融合多种资源,给予在校学生接触真实社会法律纠纷机会的一种特殊的实践性教学模式,在法科生的学习过程中,发挥着不可替代的重要作用。

诊所式法律教育起源于美国。作为一种新型的法学教育模式,它主要借鉴了医学院学生的临床实习方式,教师指导学生参与法律实践,通过接触真实当事人、以代理人的身份办案、为处于困境中的委托人提供咨询、“诊断”法律问题、开出“处方”、为委托人提供法律服务。结合真实案例进行相关的法律适用训练,使法学知识和法律实践相结合,在实践中培养学生的法律执业技能和职业道德。诊所式法律教育的课程设计与传统的以法学理论知识为主的法学院课程教学模式非常不同,通过让学生直接参与真实案件的处理过程,掌握解决法律问题的方法和技巧,重视培养学生的法律实务技能,特别是法律研究、分析、写作和口头表达技能。诊所式法律教育十分重视对学生实践能力的培养,让学生从被动学习转为主动探索；不再由教师满堂灌输法律知识，而是强调让学生参与到实践当中，通过角色扮演、“头脑风暴”、分组讨论和案件模拟的教学方法让学生逐步积累真实的办案经验，教学方法十分灵活多样。在这种教学模式中，由于真实案件本身并没有唯一正确的答案，只有解决办法的恰当与否之分。那么，就需要学生主动探究而不是为了寻找正确答案而被动学习，如此一来，可以充分调动学生的主观能动性。

正因诊所式法律教育的上述特点，决定了诊所式法律教育中的课堂设计环节是至关重要的。一个好的课堂设计能为学生提供更多的接触实践、主动探索的机会；一个好的教学案例也能够更全面地培养学生处理法律实务的各项技能。而这些机会和技能，往往是传统的法学理论书籍无法给予的。我们组织编写本书，正是出于交流和学习的目的，通过汇编整理部分长期开展诊所式法学教育的高校的课堂实录以及教学案例，展示了各高校在诊所式法律教育模式和课程设计上的不同探讨，总结了部分高校的诊所式法律教育课程改革和创新的成果。

本书的编写目的在于抛砖引玉，期望通过本书的出版，为中国法学会法学教育研究会诊所法律教育专业委员会各会员单位的诊所式法律教育提供学习和交流的资料，互相学习以借鉴经验，进一步对诊所式法律教育模式进行创新和完善。

期待各位读者对本书提出宝贵意见！

*

2019 年 9 月

* 中国法学会法学教育研究会诊所法律教育专业委员会主任委员。

# 目　录

# 中国社会科学院法律诊所《律师如何接待当事人》课堂实录

韩　骁*

## 第一部分　诊所简介

中国社会科学院法学研究所法律诊所是面向社会弱势群体提供无偿法律服务的学生志愿团体(学生专业均为法律硕士,以下简称社科院法硕诊所)。社科院法硕诊所法律教育始于2004年依托中国社会科学院法学研究所、国际法研究所(以下简称社科院法学所、国际法所)两个国家级法学研究机构以及北京市康达律师事务所等实践机构开展活动。诊所学员均为中国社会科学院法律硕士专业硕士研究生(以下简称法硕学生),诊所教师既有来自社科院法学所、国际法所的有丰富诊所教学经历和经验的学者,又有具备丰富法律实践经验的检察官、法官和律师。

社科院法硕诊所设有初级班、中级班和高级班三个不同层次班级。

初级班为社科院法硕学生的必修课,教学目的是培养学员的法律实践技术和基本素养,教学内容包括但不限于法律人的基本素养、接待客户、会见当事

* 中国社会科学院研究生院兼职硕士研究生导师、法律诊所教师,北京市康达律师事务所律师,中国法学会会员,北京市经济法学会理事,北京企业法治与发展研究会诉讼研究中心副主任,北京市朝阳区律师协会权益保障委员会委员、知识产权委员会委员、公益委员会委员,北京市石景山区劳动争议仲裁委员会兼职仲裁员。

人、谈判与调解、调查取证、阅卷、庭前准备、法律文书写作、法庭辩论、开展模拟法庭以及律师职业道德与执业纪律等。

中级班学员为已经通过国家法律职业资格考试的社科院法硕学生,教学目的是培养学员运用法律知识与技术的司法实务能力,教学内容包括但不限于代理诉讼与非诉讼案件、代写法律文书、提供法律咨询和社区法律服务、开展法律宣传活动等。

高级班学员则是从优秀的中级班学员中选拔产生的,教学目的是培养学员办理疑难复杂案件和进行法律实务问题研究的能力,教学内容包括但不限于办理疑难复杂案件,开展法律实务问题专题调查,进行法治国情调研,参加法学所、国际法所教师承担的研究课题等。

社科院法硕诊所秉承“正直精髓”的理念,谨奉“以人为本,运用法律专业知识服务民众”的宗旨,让法律的阳光照耀到更多的普通民众身上,使“社科法硕人”热心公益的传统薪火相传。

法律服务业务范围:(1)法律问题咨询;(2)法律文书代写;(3)法制宣传教育;(4)诉讼案件代理及辩护;(5)非诉讼案件代理;(6)担任法律顾问;(7)出具法律意见书。

法律服务对象范围:(1)青少年权益保护;(2)老年人权益保护;(3)妇女权益保护;(4)残疾人权益保护;(5)贫困者权益保护;(6)农民工权益保护;(7)其他弱势群体权益保护。

## 第二部分 课堂简介

律师要想生存,必须要有案子做,也就是要有案源,而案源要转变成实际的委托,一般需要经历“谈案”和“接案”两个阶段。

年轻的法律学子刚开始接触律师业务时面临的困难,除缺乏办案技能外,还不知怎样回答客户的咨询问题，不知怎样将已有的法律知识转化为现实的生产力——接受客户委托办理案件，从而为客户提供法律服务，实现创收。

律师的案源来之不易，每一次“谈案”的机会都是一次难得的机会，必须要加倍重视。因此，在“谈案”和“接案”前期需要进行一定的“策划”。本次授课的目的就定位于提高律师与当事人初始接触阶段的“谈案”技能，通过相关的经验介绍和细节注意提醒，为初入行业的年轻律师如何接待当事人、了解案情传授经验与技巧，从而使该次委托受理成功。万事开头难，好的开始即是成功的一半，所以如何接待当事人，并从中获取到最大限度的案件信息，做好和当事人的沟通，显得尤为重要。

## 一、教学设计

本课程依照在实践中如何接待当事人到案件委托受理成功的逻辑顺序展开，并加以实际案例训练，授课提纲共三大模块，包括如何“谈案”、如何“接案”、案例分析。逐渐推进、层层深入，便于学员理解掌握。

课堂交流学习进程，分为三大部分。

第一部分是理论知识铺垫：首先进行“头脑风暴”，学员各抒己见，老师将同学的观点进行梳理总结后，师生间进行互动交流；其次老师再讲授理论知识，答疑解惑。

第二部分是实际演练：老师给出实际的案例，学员分小组进行模拟演练，并进行点评总结。

第三部分是课后总结：让学员草拟出当事人接待笔录和接待表作为其课后作业，使课堂学习的知识能够转化为文字性的总结输出，加深学员印象。

## 二、教学目标

通过本次法律诊所的学习，使学员们明确以下问题：

1.“谈案”的目的是什么？

2.“谈案”的基本程序和阶段有哪些？

3.“谈案”前应当做哪些准备工作？

4.“谈案”和“接案”过程中有哪些需要注意的事项？

5.“谈案”和“接案”的过程中有哪些技巧？

在实务中，每个律师在“谈案”“接案”的过程中遇到的问题可能有所不同，但是通过本次法律诊所课堂的学习，学员对上述问题应做到心中有数，以不变应万变，做好每次案件的初始接待事项。

### 三、完成情况

通过法律诊所的学习，学员理解了“谈案”和“接案”的相关概念和意义，并且了解了相关的细节事项，通过实际案例的模拟训练，将已掌握的理论知识运用到实践之中，加深对概念的理解。

通过课后的课堂作业学员掌握了当事人接待笔录和接待表的制作，为其日后的职业形成提供良好的开端和养成习惯，让年轻的律师在日后的执业过程中少走弯路，尽快进入职业状态，也为其自身形象的打造、培养学校的形象塑造、所在律所的品牌树立，打下良好的基础。

## 第三部分　课 堂 实 录

### 一、教学设计

律师在接受委托着手案件处理时，首先要与当事人“谈案”，之后面临的问题是如何实际接手案件并与客户形成实际委托。所以，首先要对“谈案”这一概念有一定的理解，“谈案”的目的和作用也要有所了解，要注意“谈案”过程中的相关细节事项，做到“有备无患”；还应对“接案”的相关概念进行理解，并注意“接案”过程中的相关细节。

（一）如何“谈案”

1. 如何理解“谈案”

“谈案”是一个过程，从广义上来说，律师与客户就案件的情况进行沟通都可以认为是在“谈案”，但我们今天所指的“谈案”仅是指律师与客户在接受委托前通过拜访、接待等方式就具体的案件或项目所涉及的法律服务进行的主要目的在于促成委托的会谈、沟通和洽商的过程。“谈案”是律师应具备的基本技能，“接案”必然伴随着“谈案”，“谈案”效果的好坏在很大程度上决定和影响能否以及如何“接案”。

“谈案”能力是律师的基本技能，“谈案”效果的好坏直接决定一个律师能否成功与客户建立委托关系，“谈案”的能力需要律师在长期的执业生涯中培养。

2. “谈案”的目的和作用

“谈案”中与客户接触沟通时需要注意的相关点，本节中将重点介绍“谈案”的目的。

（1）与客户之间建立联系，相互介绍彼此的情况，包括当事人的姓名（名称）、代理人的情况、联系方式、年龄、行为能力、文化素质、财产状况、对律师服务的需求等基本情况；

（2）了解委托事项的相关事实；

（3）树立律师专业形象和事务所服务品牌；

（4）了解客户的问题、目标和需求，评估能否形成委托。

作为一名律师，为客户服务时，首先要知道客户到底想要达到什么目的？客户的目的贯穿于整个案件代理过程之中，是案件的主线。所以，此处需要对客户目的进行详细的解释。

律师要为自己的客户服务，需要对客户面临的问题、目标和需求有准确的把握,这是为客户提供良好服务的基本前提。

客户的目标是律师今后工作的核心,律师不要单纯就法律说法律,而是要切实地了解客户的目标是什么,律师的工作都要围绕客户的目标来开展,通过了解案件事实和客户的目标,从而评估案件是否能形成委托,在评估是否能形成委托的基础上,决定下一步的工作。

首先要对客户与律师间的关系进行简单说明,其次要判断客户的目标和需求,有时客户亦会有不合理的需求,当遇到不合理的客户需求时我们又该怎么做。

第一,客户与律师间的关系说明。

客户的需求以及角色:(1)需要及时的服务;(2)接受合理和明确的收费标准;(3)提供相关的需求和目的;(4)需要和律师沟通和联系。

与之对应的是律师的任务和角色:(1)属于特殊的专家;(2)给出合理的服务费用标准;(3)全面的能力,用专业知识满足客户需求;(4)及时为客户提供服务。

第二,如何判断客户的目标和需求。

判断客户的目标和需求从以下 4 点进行:

(1)客户的商业目标;

(2)客户的经营业务;

(3)客户的价值判断;

(4)客户的情感需求。

第三,如何面对客户不合理的要求?

首先,要明确阐明自己的立场和观点;其次,可以拒绝继续为客户提供指导。大多数的客户在找律师代理案件时,都会认为他们的案子是十拿九稳的;如不大获全胜他们是无法接受的。所以,如果最终的结果没有达到他们的期望,客户很自然地就会对律师感到非常不满。因此,律师必须不时地注意客户是否有种种不合理的期望，如有，律师应该进行疏导，不要盲从客户的无理要求。必须使客户明白一件案子的胜诉与否，往往受到许多不同因素的影响。同时，律师也要切忌对案情作出太过乐观的评估，而给客户带来过高的期望。

要想在竞争中取胜，取决于我们如何满足客户对法律服务的需求。

第四，取得信任，切实形成委托——最终目的。

要把能否形成委托作为“谈案”过程中时刻需要注意的问题。律师通过“谈案”，最终形成委托，才是一次成功的“谈案”。

第五，帮助客户正确选择解决办法和途径。

3.“谈案”的表现形式

“谈案”有多种的表现形式，可以通过邮件、电话、QQ、微信等社交媒介方式进行，也可以通过去客户处拜访客户或在律师事务所接待客户进行，而在实际“谈案”过程中，几种形式往往交叉进行，其中，拜访客户和接待客户是比较正式的“谈案”方式。另外，电话和邮件为主要和较为正式的“谈案”形式，本次培训主要探讨这两种形式。

值得注意的是：应尽量约当事人面谈，以期达到更好的沟通效果。

4.“谈案”的机会的获得——你的客户在哪里

(1)互动提问：你的案源来自哪里？

(2)通过打电话、亲朋介绍、老客户介绍、发名片、网站推销、论坛等方式你都可能会获得“谈案”的机会。

(3)案源的重要性，律师要树立自己的品牌，应珍惜每一个案源。

5.凡事预则立不预则废——“谈案”前的准备

律师要珍惜每一个“谈案”的机会，为使“谈案”达到较好的效果，必要的准备工作是必需的。

在实践中，有些律师往往陷入毫无效率可言的多次接待工作之中，为了避免这种情况的发生，应做好“谈案”前的准备工作。

(1)互动提问：到底该做哪些准备工作？

(2)“谈案”要做的准备工作。

工作1：收集和了解客户的相关信息，并就客户所遇法律问题进行初步了解。

工作2：告知客户准备或携带好案件相关材料。

工作3：准备好律师事务所宣传资料、律师个人简介、委托代理协议格式文本和收费标准。

工作4：对案件有关法律问题（如已知）进行研究并整理研究成果；研究的情况至少应包括相关法律法规、相关法学理论、相关案例三个部分。

工作5：列出会谈提纲和问题（如有可能）。

工作6：其他准备工作，包括安排“谈案”场所和“谈案”人员、准备好纸和笔等。

(3)“谈案”准备工作中不可忽视的细节。

细节1：“谈案”地点的选择——如果把初次会谈的地点定在律师事务所，一方面，你等他，他赴会，他被动，你主动，你的从容和镇定容易取得当事人的初步信任。

另一方面，可以让当事人感受到律师事务所的氛围和实力（如办公环境、文化氛围、律所规模、团队力量等），也方便律师出示、复印和查阅材料。而且，如果当事人决定签约，律师可以马上办理委托手续（拟订协议、盖章、开发票等）。

细节2：查看办公室物品摆放是否整洁、有序。

细节3：如需要律师事务所其他部门给予必要的配合，如占用会议室等，也需要提前做好准备。

细节4：如果案件是其他人介绍的，在“谈案”前，还需要与介绍人进行必要的沟通。

细节5：见面前一天最好和客户就面谈的事宜进行确认。

细节6:对客户参加人数的情况要做初步了解。

细节7:共同参加接待的人员之间要提前进行沟通,做好分工。

细节8:你会打电话吗?

打电话的基本步骤如下:问好—通报姓名—确认通话是否方便—通过适当“闲谈”了解对方所处的场景及当时的心情是否适合谈话—谈论正题—扼要概括结论—结束问候。

(4)互动讨论。

以上准备工作是否充分,您有什么建议?

6.“谈案”的主要流程或阶段

“谈案”作为律师的一项基本技能,必然会有其规律性和共性的东西,“谈案”应当需要遵循一定的程序和步骤,当然,“谈案”过程中应当在遵循一定程序和规范的基础上具有一定的灵活性。

“谈案”的主要流程或阶段(以初次“谈案”为例):

(1)与客户见面;

(2)客户介绍案情;

(3)律师询问案情;

(4)律师分析案情和回答问题;

(5)律师提出处理建议;

(6)就委托意向和收费标准进行初步洽谈;

(7)约定或安排下一步工作;

(8)与客户告别;

(9)与客户“谈案”中需要注意的细节梳理。

下面就每个阶段需要注意的相关问题进行介绍:

(1)与客户见面

①着装问题是一个大问题——律师着装应当庄重、整洁、大方、合体。

②如果与客户是第一次见面,在见面之初,可采取适当的方式消除双方第一次见面的陌生感。

③注意观察客户(办公、交通、人员、业务、纪律、作风、素质、态度等),为“谈案”成功获取更多信息。

④注意客户的开场白(判断其对案件的重视程度、对律师事务所的信任程度等)。

⑤等当事人落座后要安排人倒水,等当事人稍微休息片刻后先简要介绍律师事务所和自己。

⑥询问两个问题:第一,当事人此前是否就该案件咨询过其他律师;第二,当事人此前是否有和律师合作过的经历?

⑦手机调成振动状态,不要不断接打手机,接打电话要征得客户的同意。

⑧互动讨论:律师应坐在什么位置?

⑨在接待当事人的时候,肢体语言等细节也显得尤为重要,下面就针对肢体语言进行提示:

1)眼神

律师在会见当事人的过程中,从初次相遇开始,无论问候、握手还是交谈,律师都应该关注当事人的表情。眼神的交流是面谈的一个非常重要的内容,律师基本上应当是自然地注视当事人,眼神中应当流露出自然的神情。

2)握手礼仪

3)手势举止要自然

4)语言、语音、语调——应当明确、简练和流畅

5)如果律师决定收取咨询费,则应该提前告知当事人收费标准,并明确咨询开始的时间(最好放一块表在桌上)。

(2)客户介绍案情

①要学会倾听(认真、冷静并有适当回应);

②要养成快速、准确、完整记录的习惯；

③要注意适当引导客户进行介绍，控制谈话的方向和节奏，及时进行小结，避免先入为主；

④要注意将客户的口头介绍与书面材料相对照；

⑤要在必要时告知客户律师的保密责任和义务，特别是在会谈过程当中，如果发觉当事人陈述时吞吞吐吐、闪烁其词，律师应当敏感意识到案件事实是否牵涉个人隐私或商业秘密；

⑥引导客户说出其目的和需要；

⑦要迅速整理并复述思路；

⑧要尽快列出需询问的问题；

⑨要尽快判断是否在可收案范围；

⑩要进一步观察客户。

有必要的话在“谈案”的过程中要做谈话笔录。

当事人的经济实力直接关系能否签约及律师费的多少。要注意通过谈话了解当事人所处的行业、职业、工作和教育背景、收入或者家庭资产情况。

(3)律师询问案情

①询问前要适当表示感情倾向，拉近与客户的距离；

②要以弄清案件事实和客户要求为核心目的提出问题；

③问题要切中要害，不要拘泥于不重要的细枝末节；

④要在询问后适时复述案情，比如，“通过您的描述，我对事件有了大概了解，现在我重复一下，如果我理解有误，请您纠正我……”；

⑤确定案件的关键问题(依据当事人提供的材料和证据)。

不要完全相信当事人的话，对于关键问题和案件细节，一定要看证据。

需要注意的是，律师询问案情主要有三个目的：一是为了区别有用信息和无用信息；二是询问律师认为重要而被客户忽略的信息；三是探知客户所提供信息背后隐含的问题。

要考虑与当事人所讲事实有关的法律关系的构成要件、可能取得的证据、相关法律规定、可能遇到的困难以及一旦接受委托后的工作任务和近期要做的工作。

如果当事人话音一落,律师马上就可以理性地说出案件的几个要点,从而会在当事人心目中迅速树立起一个干练的职业形象,进而迅速赢得当事人的信赖。

(4)律师分析案情及回答问题

①不要和盘托出对案件的法律分析但要进行精辟、简要的论述;

②不要贬损同行但要充分展现自信和能力,贬损同行只会适得其反,既毁行业形象,又毁个人形象;

③不要过度表现出对法制环境的悲观评判,如"如果法律都不信了,怎么还可能信任律师?",这样做只会弱化当事人对律师专业的认可度;

④不要过多引用自己办过的案例但要技巧性地介绍或适当借势;

⑤不要透露其他案件当事人的个人隐私或商业秘密;

⑥不要说认识与案件相关的其他当事人,但要提前沟通;

⑦不要正面回答是否认识某领导或法官,但要强调熟悉环境;

⑧不要保证案件的审判结果,但要作出基本预测;

⑨不要告诉客户具体如何办,但要提出方向性建议;

⑩不要与客户私谈或闲谈,但要善于缓和气氛、控制局势。

说明:这10个"要"与"不要"主要针对的是新客户、新案件,具体针对引起"谈案"的不同情形,可以适当调整、改变策略,原则必须是在吸引、留住客户的同时保护自己。

(5)律师提出处理建议

①必须在完全了解客户意图后提出;

②必须强调原则性而不体现可操作性；

③必须适度分析和提示风险、困难；

不要轻易向当事人许诺，对于败诉面大的案子，尤其要向委托人充分阐释法律风险，降低其对结果不切实际的心理预期。可以制作书面的《诉讼风险告知书》，让委托人签字。

④必须积极回应客户的合理要求；

⑤必须结合客户的价值取向提建议；

⑥回答客户问题不要含糊，须善于给出多项选择。

注意：必须把握好尺度，避免出现风险。

分析度的问题——一个两难的问题。

在当事人的目的明确后，律师应当围绕当事人的目的准确、简要地阐述操作的步骤和方法。这种阐述宜粗不宜细，点到为止，但应当让当事人听得懂，并且让他相信你能胜任代理这起案件的工作。这一步是律师法律智慧的集中体现，也是赢得当事人信任的关键，但这一步又是律师最不容易放开、争论最大的一步。

互动讨论：你把智慧给他了，他懂了，我们也就被“甩”了。您是否支持？

如果你不阐述策略，那么当事人如何了解你能否胜任此项工作？既不了解，何来信任？退一万步来讲，他即使懂了，不来找我们了，但如果他佩服你，相信你的能力，也不排除以后大家建立业务联系的机会。

(6)洽谈委托意向和收费

①要懂得选择客户；

②要适时提出建立委托关系的建议；

③要不卑不亢、敢于坚持原则；

④要处理好客户中决策者和执行者的关系；

⑤要为客户协商收费标准留下适当余地；

⑥要以案情研讨为主,协议收费为辅。

(7)约定和安排下一步工作

①要以客户主动提出要求为基础和前提,但应从专业角度提示客户时间性特别强的注意事项(如时效、除斥期间、上诉期、申诉期、执行期等);

②要以引导、促使客户建立委托关系为原则,但应适当给予其一些相关准备工作的提示,但在正式接受委托前一定不要提供全盘工作计划;

③(有委托意向的情况下)约定下次面谈时间时要明确告知客户需进一步提供的材料和准备工作以及必须参加的人员等正式委托前不要过多阐述理由。

(8)与客户告别

①注意留下客户的名片、宣传材料等信息资料,以便联系和建立潜在客户档案库;

②可视情况将律师事务所的宣传资料、律师个人简介、委托代理协议样本、收费标准等材料留给客户,以便增进相互了解和促成委托;

③如条件允许,可考虑给客户一些律师事务所的特有附加服务产品(如律师事务所律师编著的书籍、已发表文章、律师事务所内刊或法律咨讯、专题研究成果等),以进行律所品牌推广和增加信任;

④注意送客礼节。

(9)与客户“谈案”中需要注意的细节梳理

细节1:如果律师需要复印资料,尽量交给助手或所里其他人办理,以体现律所的服务质量和实力。

细节2:如果律师因为其他事情需要临时离开一会儿,尽量不要让当事人感到被忽视,可为其提供报刊。

细节3:律师短暂离开时不可将自己的工作笔记或者其他案子的资料留给当事人。

细节4:律师与当事人沟通时,要尽量使用法言法语,不可附庸当事人的谈话风格及观点。

细节5:对于一些重大的民商案件,面谈时最好律师这方是两人以上,但也没必要过多。

细节6:所有证据材料的原件最好由当事人自己保管,律师只留下复印件,以免遗失原件导致案件发生举证不能时,否则律师将承担重大过错责任。

细节7:当事人情绪特别激动的时候,一定要给予其安慰。

细节8:决策人及经办人一起参与会谈时,要照顾经办人的情绪,不要过于指责经办人。

细节9:巧妙运用"我们""咱们"等称呼,拉近心理距离。

细节10:时间就是金钱,效率就是生命,注意对"谈案"时间的把握(最好不要在非工作时间接待客户)。

细节11:发给当事人的传真,在发出后必须及时进行确认,确认当事人是否收到及收到的传真是否清楚和完整。这是律师应当有的负责任的态度。每一次收到当事人的传真应当尽快主动与当事人联系并确认相关内容,这是律师应有的积极的工作态度。

细节12:起草完电子邮件内容后,再添加附件。在附件添加完成后,一定要打开附件核对选择的附件是否正确,是否是你想要的文件,是否是你想要的版本。添加错误的附件或者没有添加附件是发送电子邮件时发生率非常高的错误。

细节13:律师因为要经常发送邮件,最好设计一个自己的签名。这个签名会令你省时省事,邮件也显得正式、规范一些。

细节14:关于胜诉与败诉的回答。

在与客户交流的过程中,客户可能会对胜诉与败诉进行提问。那么,此时你也会考虑当事人一方是否能够胜诉。

面对这样的问题,回答时应把握好两个点:一是必须要阐明通过与当事人谈话了解案件情况后所作的判断只是初步判断;二是个案的处理结果往往会受许多因素的影响。

由于这些问题的存在,面对当事人的询问,律师可以选择回答道:“如果你所陈述的情况是事实,根据现有的材料,这起诉讼从法律的角度讲应该会胜诉(或败诉)。”这种回答可进可退也是实事求是。

细节15:关于是否接受委托。

当事人有选择律师的权利,律师也有选择案件的权利。一旦案件败诉,委托人会在有意或无意的情况下向别人提及该案代理律师的不负责和无能。这无疑会使该律师的职业形象在一定的范围内受到损害,而且这个“一定的范围”是在不停地变动着的,并且一定是呈扩大趋势。所以,在某些情况下谢绝当事人的委托,固然可能会影响律师的收入,但从长远来看,则会最终有益于律师树立良好的职业形象。

细节16:养成上网查询当事人基本信息的习惯。

细节17:当事人上门咨询时,先安排助手接待,以显示律师的实力。

细节18:如果在交谈中遇到不熟悉的法律知识怎么办?律师不是全能的,再说法律法规浩如烟海,遇到不熟悉的法律知识也是很正常的,但一定不要信口开河。

细节19:律师为客户提供法律服务,应该充分了解客户所在行业,明确客户找律师解决问题的背景因素,因为单纯一个法律问题的解决并不一定是客户最终的期望。例如,客户希望的是赢得市场而不是单个诉讼,所以必须要挖掘客户的真实期望,并熟悉客户所在行业的“游戏规则”。

细节20:正式接受委托后向客户出具《服务承诺书》(承诺及时回复电话、按期限完成任务和工作、收费合理)。

(10)互动提问

在“谈案”过程中还应注意哪些问题,对于已经提到的一些问题,您有没有其他意见？

7."谈案"后需要做的工作(以有委托意向为例)

(1)进一步阅读消化客户提供的案件材料；

(2)向客户介绍者(如存在)通报会谈情况并沟通、交换意见；

(3)起草案件初步分析及律师建议；

(4)向客户提交正式的律师费报价方案和委托代理协议建议稿；

(5)与客户就案件前期准备工作进行必要的沟通；

(6)为第二次与客户"谈案"做准备(主要针对复杂案件)。

注意:即使没有委托意向,与有潜力的客户亦应保持联系。

(7)"谈案"后的工作应该注意的问题？

①原则上没有委托就不要开展实质性的代理工作(如与法官沟通案情、发函给对方当事人、代表客户出面谈判、调查取证等),也不宜详细告诉客户如何处理案件；

②除很有开发价值的复杂案件需要第二次会谈外,不宜在委托前安排多次会谈,以避免无效劳动和影响价格谈判；

③一定要注意识别真正的客户决策者或真正的委托人,尽量避免与中间人在委托前过多接触,以防止"假谈案"的现象发生。

8."谈案"的外在形象等非专业注意事项

(1)着装要求；

(2)硬件配备；

(3)社交礼仪；

(4)销售技巧；

(5)文件规范；

(6)工作效率；

(7)团队配合；

(8)责任意识;

(9)人格魅力;

(10)职业声誉;

(11)互动提问:

①对“是你的跑不掉,不是你的求不来。律师接活儿也要水到渠成,顺其自然”这句话的看法。

②关于“谈案”您是否有其他好的建议和意见?

(二)如何“接案”

“谈案”就是为了“接案”,首先我们要明白“谈案”和“接案”的关系。

(1)“谈案”主要是为“接案”服务的,“接案”是“谈案”成功的标志之一;

(2)“谈案”是“接案”必不可少的一部分,是律师代理案件的“前奏”;

(3)“谈案”是接触客户了解其需求,“接案”是缔结业务关系。

思考:“谈案”过程中如何为“接案”作铺垫?

提示:

(1)充分了解客户信息、案件情况和客户需求,及时判断可接案性;

(2)将“接案”和销售的意识贯穿于整个“谈案”过程中,不做专业机器和义务咨询;

(3)适时提出接受委托的意向和收费标准,为“接案”扫平障碍、做好准备。

1.“接案”的含义

“接案”从字面上来看是承接案件或接受案件委托。从实质上来讲是指律师通过“谈案”与客户达成委托意向并签署委托代理协议或专项服务协议或法律顾问合同的过程。“接案”从广义上来讲应包括“谈案”。律师所有业务的开展都源自“接案”。“接案”是律师的基本功之一。

思考:“接案”完成的标志是什么?

标志:签订委托代理协议或专项服务协议或法律顾问合同,并且按约收取律师费。

理解：

(1)只签约不收费只等于形式上“接案”，不是实质上“接案”；

(2)只收费不签约，律师提供法律服务的形式及内容均不确定，为不完整“接案”。

2. 如何“接案”之收费

律师为客户提供法律服务，从中收取费用。但是案件的受理费用过高，可能当事人难以承受不了而放弃案件的委托，那么之前为案件所做的准备工作都会付之东流；如果案件收取的费用太低，又会使自己付出的劳动和收入不成正比，而且收费的高低也体现了律师的水平，代表律师服务的价值，也是律师的一种“标签”。为什么很多人都喜欢名牌？一方面，因为名牌的东西做工细致，质量有保障；另一方面，这些品牌也会折射出使用者的品位。所以，案件受理费用的收取也是很重要的。

收取的费用高低、收取时间以及自己的劳动力进行匹配，都是很重要的。以下就收取案件费用应该注意的相关问题进行说明。

(1)第一次与当事人进行面谈，不宜谈论律师费，除非当事人主动提出；

(2)谈费用之前先讲明案件的难度与工作量；

(3)提醒当事人律师的工作质量、办案效果，这些比律师费问题更重要；

(4)试探性的发问，提供类似案件的收费方法及比例；

(5)察言观色，观察当事人是否在意费用；

(6)要通过与中间人进行沟通，及时调整费用；

(7)民事案件收费中应该注意的问题：

①必须树立分阶段收费的意识并且明确告知客户(阶段可分为一审、二审、再审、执行、反诉等)；

②对于无标的的案件应充分考虑工作难度以及工作量等因素，慎重报价，

并且尽可能地在委托协议中加入计时收费的辅助条款；

③对于和解、调解、撤诉等情形下的收费标准必须予以明确约定；

④对于办案费用能报销的必须采取实报实销的方式，对于不能报销的必须采取向当事人增加律师费的方式；

⑤对于收费中含有律师垫付费用、代付费用的必须明确说明；

⑥律师费的支付时间必须在委托代理协议中明确而且不存在歧义。

(8)在常年法律顾问收费中应注意的问题：

①必须明确约定固定收费项目和另行收费项目；

②必须明确顾问服务的对象和收费的对应性以及增加服务对象后收费的调整方案；

③必须对另行收费项目的收费办法予以明确约定并附有相应的参照标准；

④建议逐步增加计时收费的辅助条款；

⑤律师费的支付时间必须在委托代理合同中明确约定而且不存在歧义；

⑥对于协议中提供的收费优惠条款或免费条款必须明确约定而且不存在歧义。

3. 如何“接案”——委托代理协议和授权委托书

细节1：告知委托人出具授权委托书要写明授权范围，且最好多出具一份以备用。

细节2：要告知委托人在接到法院的任何通知后及时通知律师，因为委托人往往认为法院会既通知自己又通知律师，实际上法院只会通知其中一方。

细节3：律师要在授权委托书中注明自己的联系方式，包括联系电话和地址、邮编。

细节4：不要在起诉状或者答辩状中写上当事人的联系方式。

细节5：在给委托人的每份书面文件（包括面呈的和传真、电子邮件）中均注明自己的联系方式。

细节6:最好不要代收律师费。

细节7:"接案"后要制作案件联系表(如有必要"谈案"后即可制作)。

细节8:尽量将同一案件的所有卷宗材料装在同一档案袋中,以免疏漏授权委托书和律师事务所的函等文件。

(三)案例分析

根据案例分析,作为律师如何正确有效地了解客户需求?

1. 案情概述

一条街上有3家水果店。

一天,有位老太太来到第一家水果店里,问:"有李子卖吗?"店主见有生意,马上迎上前说:"老太太,买李子啊?您看我这李子又大又甜,还刚进回来,新鲜得很呢!"没想到老太太一听,竟扭头走了。店主纳闷着,哎,奇怪啊,我哪里不对得罪老太太了?

老太太接着来到第二家水果店,同样问:"有李子卖吗?"第二位店主马上迎上前说:"老太太,您要买李子啊?""啊",老太太应道。"我这里李子有酸的,也有甜的,那您是想买酸的还是想买甜的?"老太太答道:"我想买1斤酸李子。"于是老太太买了1斤酸李子就回去了。

第二天,老太太来到第三家水果店,还是问:"有李子卖吗?"第三位店主马上迎上前问说:"老太太,您要买李子啊?""啊",老太太应道。"我这里李子有酸的,也有甜的,那您是想买酸的还是想买甜的?"老太太答道:"我想买1斤酸李子。"与前一天在第二家店里发生的一幕一样。

但第三位店主在给老太太秤酸李子时,聊到:"在我这买李子的人一般都喜欢甜的,可您为什么要买酸的呢?""哦,最近我儿媳妇怀上孩子啦,特别喜欢吃酸李子""哎呀!那要特别恭喜您老人家快要抱孙子了!有您这样会照顾的婆婆可真是您儿媳妇天大的福气啊!""哪里哪里,怀孕期间当然最要紧的是吃好,胃口号,营养好啊!""是啊,怀孕期间的营养是非常关键的,不仅要多补充些高蛋白的食物,听说多吃些维生素丰富的水果,生下的宝宝会更聪明些!”“是啊!那哪种水果含的维生素更丰富些呢?”“很多书上说猕猴桃含维生素最丰富!”“那你这有猕猴桃卖吗?”“当然有,您看我这进口的猕猴桃个大,汁多,含维生素多,您要不先买一斤回去给您儿媳妇尝尝!”

这样,老太太不仅买了1斤李子,还买了1斤进口的猕猴桃,而且以后几乎每隔一两天就要来这家店里买各种水果了。

2. 启示

(1)在律师与当事人建立客户关系前,当事人一般会直接用语言或书面的形式表述对律师工作的要求,这样的方式是最直接的,反映的内容一般是基本的和原则性的要求,如案例中老太太问:“有李子卖吗?”

(2)有的当事人很难立即表明自己对律师的要求,此时律师可以在接待当事人的过程中、在介绍自己及商谈服务合同关系的时候,结合委托事项作出全面的解释。律师主动阐明律师的价值和作用,会促使当事人对律师提出合理需求,如第二家店主说:“李子有酸的也有甜的,您要哪种?”

(3)在具体工作中,律师要不断加强与客户的沟通,随时随地用各种方式了解客户对律师工作的具体要求,深入了解客户的需求,如第三家店主问:“一般人都喜欢甜的,您为什么要买酸的呢?”

3. 讨论

关于“接案”您有没有其他好的建议和看法?

## 二、教师课堂总结

1. 法律诊所是仿效医学院利用诊所实习培养医生的形式的一种法律教学模式,也是发达国家法学院培养学生的一种基本模式。通过有丰富实务经历的老师指点,学生为迫切需要法律援助的人提供法律咨询,“诊断”其法律问题,开出“处方”,以此促进学生对法律理论的深入理解。培养法学学生的职业技能和职业道德意识，特别是律师职业技能，以实现法学理论与法律实践的统一。

课堂教学围绕现实案件，采取提问、讨论、模拟、反馈等方式，在互动交流中，让学生获得事实和法律上的认识和判断，一改“满堂灌”的传统做法，在互动中实现教学相长。在课后实践中，学生通过从课堂中学到的相关实务技巧，进一步进行实际训练以转化为实用技巧，为日后职业发展打下良好基础。

2. 每个律师都应该重视其案源，因为案源来之不易，每一次“谈案”都是一次难得的机会。有备无患，在“谈案”和“接案”前都需要进行一定的“策划”。好的开始即是成功的一半，抓住每次接待当事人的机会，并从中获取到最大量的案件信息，做好和当事人的沟通，了解案情，从而使该次委托受理成功，这对初入职场的年轻律师尤为重要。

3. 判断能力和沟通能力对于一个律师来说十分重要，也是一个律师是否成功的关键。而“谈案”和“接案”过程中都体现着一个律师的判断能力和沟通能力。

良好的指导会带来良好的开端，良好的开端会养成良好的习惯，良好的习惯会塑造良好的职业形象。形成良好的习惯，让年轻的律师在日后的职业发展过程中少走弯路。你的形象和细节就是你自己的品牌。

没有一个人天生就是大律师，成功的律师都是从小事做起，一点一滴积累知识、能力、阅历和人脉，在积累的基础上不断成就自己的人生和事业。因此，千万别轻视小事，从小事做起，善为小事者才能成大事。

知识靠学习，技能靠实践，影响力靠口碑。通过不断的学习以丰富知识；不断地实践以增强技能；不断地规范行为以提升影响力。那么，我们建立、维持与当事人的信任关系就不会成为一句空话。

注重细节是律师的职业性质所决定的，关注细节是律师负责任的具体表现。伟大的成就源于细节的积累。要把小事做细、做透、做精，天下大事必做于细。而且，做事尽力而为和做事全力以赴会得到截然不同的结果。

# 中国社会科学院法律诊所《律师如何阅卷》课堂实录

韩　骁*　常　莎**

## 第一部分　课 堂 简 介①

阅卷是刑事辩护过程中的一个重要环节，刑事辩护律师通过阅卷确认公诉机关对犯罪嫌疑人、被告人的指控是否确实、充分。另一个尤为重要的原因是，刑事辩护律师通过仔细研读卷宗，获取相应的线索，归纳整理出有利于犯罪嫌疑人、被告人的证据材料，进而选择最佳的辩护思路，争取最大限度地维护犯罪嫌疑人、被告人的合法权益。

结合我国现行法律的规定，律师可以通过调查取证活动收集或者申请人民法院、检察院收集证据材料或者通过查阅有关案卷材料获得辩护材料，即我们所称的"阅卷"。然而，行使调查取证权在实践操作中存有阻力，其原因在于无

* 中国社会科学院研究生院兼职硕士研究生导师、法律诊所教师，北京市康达律师事务所律师，中国法学会会员，北京市经济法学会理事，北京企业法治与发展研究会诉讼研究中心副主任，北京市朝阳区律师协会权益保障委员会委员、知识产权委员会委员、公益委员会委员，北京市石景山区劳动争议仲裁委员会兼职仲裁员。

** 中国社会科学院研究生院兼职硕士研究生导师、法律诊所教师，北京市京都律师事务所律师，中国法学会会员，北京市经济法学会理事，北京企业法治与发展研究会诉讼研究中心副秘书长，北京市朝阳区律师协会知识产权委员会委员。

① 本课程为社科院法硕诊所课堂的一次课，社科院法硕诊所在前一篇文章中已经有介绍。

论律师是向证人、被害人、有关单位等自行取证，还是申请人民检察院、法院调取证据都需要相关人员的同意或者审批，在实践中可操作性较低。在这种情况下，律师通过阅卷获取辩护资源就显得尤为重要。

从我国当前的审判模式来看，庭审是以检察官宣读卷宗笔录内容为主，辩论核心围绕公诉方宣读的卷宗内容展开。在司法实践中，大量的证人、鉴定人、被害人出于自身原因未能出庭作证。因此，在庭审中的主要证据来源就是控方提交的案卷笔录。而在多数情况下案卷笔录内容非常多，所以控方只宣读其中部分相关内容，并不宣读全部内容。这就导致若不让律师阅卷，则其不可能在庭上对控方所宣读证据的合法性、关联性、客观性进行质证，无法保护被告人的合法权益。此外，律师在庭前阅卷还可以缩短庭审时间。根据现行法律法规的有关规定，辩护人在庭前查阅控方的证据材料后，对于案件事实清楚、证据充分的案件，可以帮助说服犯罪嫌疑人、被告人认罪，提高刑事诉讼案件的审判效率。

## 一、教学设计

本课程从实践中如何阅卷的逻辑顺序展开，并加以实际案例训练，授课提纲共三大模块，分别为：如何阅卷、如何撰写阅卷笔录、案例分析。逐渐推进、层层深入，便于理解掌握。

课堂交流学习进程，分为三大部分。

第一部分是理论知识铺垫：首先，进行“头脑风暴”，学生各抒己见，老师将同学的观点进行梳理总结，师生间进行互动交流；其次，老师系统、全面地讲授理论知识，答疑解惑。

第二部分是实际演练：给出实际的案例，同学以小组形式进行模拟阅卷练习，比较不同小组的练习成果，并互相进行点评总结。

第三部分是课后总结：将根据实际案例撰写阅卷笔录作为课后作业，使课堂学习的知识转化为文字性的总结输出,加深印象。

### 二、教学目标

通过本次法律诊所的学习,使同学们明确以下问题:

(1)阅卷的目的是什么?

(2)阅卷需要的基本要求有哪些?

(3)不同诉讼阶段的阅卷范围分别是什么?

(4)阅卷的顺序如何?

(5)阅卷的重点内容是什么?

(6)如何制作阅卷笔录?

(7)阅卷中遇到的典型难题及解决方式是什么?

每个律师在阅卷的过程中遇到的问题可能有所不同,但是通过本次法律诊所课堂学习,对上述问题要做到心中有数、以不变应万变,做好每个刑事案件的阅卷工作,为后续辩护工作的开展打好基础。

### 三、完成情况

通过法律诊所的学习,学生了解了阅卷的重要性、基本方法及相关的细节事项。通过实际案例的模拟训练,能将掌握的理论知识运用于实践之中,加深了对相关概念的理解。

课后的课堂作业是根据实际案例撰写阅卷笔录,为后续辩护工作的开展奠定基础,也为学生今后成为一名优秀的刑事辩护律师打下基础。

## 第二部分　课 堂 实 录

### 教学设计

本课堂主要分为三个部分,分别是教师讲授基础知识、学生进行案例讨论分析、学生分组撰写阅卷笔录并相互评议。在基础知识讲授环节，着重强调阅卷的目的、基本要求、不同诉讼阶段的阅卷范围、阅卷的顺序、阅卷的重点内容、如何制作阅卷笔录等问题，使学生对阅卷的基本方法和整体情况有一个大致掌握。在案例讨论分析环节，鼓励学生开拓思维、大胆尝试、积极发言。学生撰写阅卷笔录后，各组之间两两交换笔录并相互评议出其优缺点，选择出最优秀的阅卷笔录由老师在课堂上展示，供同学们参考借鉴。

(一)授课内容

1. 阅卷的目的

(1)全面掌握案情

案情是发生在过去的事实，律师进行刑事辩护的前提是了解过去发生了什么，最直接的方法是询问当事人或者证人。但是当事人、证人出于对自身利益的考量或者加入了个人主观认知，导致其所描述的不一定是完整或者真实的事实，这就需要律师阅览全部案卷材料，综合分析所有的证据，运用证据规则来判断案情。一方当事人所称的事实大多是片面的，只有通过阅卷才能全面、客观地了解案情，进而为辩护活动的开展打好基础。

(2)寻找辩护要点

阅卷的过程正是辩护律师寻找辩护要点、确立辩护方向的过程。辩护律师需要分析控方所提出证据的合法性，排除非法证据。在阅卷的过程中，要探明证据的真实性以及证据与事实的关联性。重点分析控方的证据是否形成完整、闭合的证据链条，能否证明其指控的相关事实。概括而言，阅卷的过程是律师对控方“挑毛病”、寻找辩护要点的过程，在法律允许的范围内为当事人争取最宽大的处理，保护其合法权益。

(3)审理前的准备

在正式开庭审理前，辩护律师通过阅卷探明证据是否存在问题，哪些证据存在问题、哪些需要调查核实、哪些需要当事人说明等，并且据此确定庭审质证思路等。通过阅卷,律师认为犯罪嫌疑人的行为不构成犯罪的,可以向检察机关提出自己的意见,也可以向法庭提出自己的意见。在司法实践中,有检察机关听取了律师意见对当事人作出不起诉决定的实例,提高了诉讼效率,节省了司法资源,也保护了当事人的合法权益。

2. 阅卷的基本要求

阅卷并非简单地浏览案卷材料,其对阅卷人有较高的素质要求。要求阅卷人必须做到阅卷及时、专业基础知识深厚、全面、发散思维、细致、耐心等。

(1)阅卷及时

我国《刑事诉讼法》规定,辩护律师自人民检察院对案件审查起诉之日起,可以查阅、摘抄、复制该案的案卷材料。审查起诉的期限为一个月,对于重大、复杂的案件可以延长半个月。也就是说,审查起诉的期间最长的是一个半月。律师在这段时间内要抓紧时间阅卷。

随着法制社会的发展,越来越多的案件涌向法院。一个法官会同时处理大量案件,加之法院、检察院的承办人也要阅卷,这就要求律师要积极主动地向承办法官提出阅卷要求,好让其协调阅卷时间。在司法实践中,当事人聘请律师的时间可能较晚,这更加要求律师阅卷要具有及时性。此外,有些较复杂案件的材料非常多,可能会出现几百本的卷宗,阅卷需花费大量时间。这也要求律师尽早地开始阅卷。

(2)专业基础知识深厚

在刑事诉讼的任何一个阶段,都要求辩护人掌握深厚的专业基础知识,而在阅卷的阶段这个能力尤为重要。首先,对案卷材料中诸多程序性问题的发现需要深厚的专业基础知识,如是否超期羁押需要阅卷人掌握时限相关的知识。其次,对于犯罪嫌疑人涉及犯罪的构成要件、阻却事由等实体问题,辩护律师在阅卷的过程中也要做到心中有数。最后,该案是否存在法定或者酌定的从轻、减轻情节等影响量刑轻重的因素,辩护人也要在阅卷的过程中时刻寻找相关信息。

(3)全面

阅卷是辩护律师掌握案情的重要手段。这要求阅卷人必须要有全局观,全面地掌握整个案卷材料,不能一叶障目、断章取义。当案件比较复杂时,想做到全面掌握案情是比较困难的,对阅卷人的能力、精力是极大的挑战。在短短几日内阅完上百本卷宗并且做到将其中的重点信息全部掌握,就要求辩护律师做好阅卷笔录,后续直接查阅笔录即可。因此如何制作高效的阅卷笔录,将在后续课程内容中详细讲述。

(4)发散思维

阅卷过程中,辩护律师的工作其实是"挑毛病",挑选出控方指控不合理之处。这就需要阅卷人具有发散思维,将一个个辩护要点结合在一起,串成一条线,即形成"辩护思路"。此外,辩护律师还需要有联想能力,能从现有的案卷事实联想到之前办理相关案件的经验或者类似的案例,从而更加得心应手地解决问题。如果阅卷人不能由一个辩护要点联想到其他问题,则其整个辩护过程都将是一盘散沙、逻辑混乱,难以保护当事人的合法权益。

(5)细致

细致是任何行业任何阶段都不可缺少的一种品质。在刑事辩护人阅卷的过程中,细致主要体现在不放过任何有利于犯罪嫌疑人的蛛丝马迹。有时被控方忽略的一个小细节可能推翻整个指控。被告人的供述和证人的证言出于其对自身利益的考虑可能都存有一定的虚假成分,辩护人要进行纵向对比分析和横向对比分析。纵向对比分析,是指同一人在不同时间的供述或证言是否一致,存在哪些矛盾;横向对比分析,是指对比分析不同人对同一事实所做的供述或证言。在阅卷时切勿快速浏览、囫囵吞枣,而要仔细琢磨、前后比照。

(6)耐心

初入行的辩护律师可能会惊讶于一个刑事案件的辩护人对每一个案件要

付出多大的辛劳。仅从阅卷阶段来看,较简单的案件会有几十本案卷,较复杂的可能会有上百本。首先要全部阅览一遍,其次挑出重要的部分复制回去多次阅卷,最后制作阅卷笔录提炼记录要点。几个星期不眠不休地阅卷时有发生,这其中的辛劳难以言表。因此,耐心是刑事辩护律师在阅卷时必不可少的一项基本要求。

3. 不同阶段的阅卷范围

我国《刑事诉讼法》和修改后的《律师法》均对辩护律师的阅卷范围作出了规定,法律规定辩护律师在人民检察院审查起诉阶段、法院审判阶段享有阅卷权。在侦查阶段,律师对公安侦查机关收集的材料不享有阅卷权。

(1)审查起诉阶段辩护律师的阅卷范围

在审查起诉阶段对于律师阅卷范围,我国新修订的《刑事诉讼法》规定,辩护律师可以查阅、摘抄、复制该案的案卷材料。而旧《刑事诉讼法》仅规定了自人民检察院审查起诉之日起,辩护律师可以查阅、摘抄、复制该案的诉讼文书、技术性鉴定材料。诉讼文书主要是指在公、检、法处理的各类案件中,依法制作的,具有法律效力或法律意义的文书,以及当事人、代理人、第三人等向法院提交的用于诉讼过程中的文书,如起诉书、答辩状等。技术性鉴定材料则是指由具有鉴定资格的人员对人身、物品及其他有关的证据材料进行鉴定所形成的记载鉴定结论的文书,包括法医鉴定、司法精神病鉴定、物证技术鉴定等。

可以看出我国新修订的《刑事诉讼法》扩大了律师在审查起诉阶段阅卷的范围,与《律师法》对阅卷范围的规定达成了一致。

(2)一审阶段辩护律师的阅卷范围

在此阶段,虽然律师可以阅览全部案卷材料,但实际上人民检察院在对案件提起公诉时,除适用简易程序的案件要向人民法院移送全部案卷和证据材料外,适用普通程序审理的案件,向法院移送的材料仅为4类:①起诉书;②证据目录;③证人名单;④主要证据复印件或照片。除起诉书外,对证据目录、证人名单、主要证据复印件具体包括哪些材料，我国《刑事诉讼法》并没有明确的规定。

最高人民法院、最高人民检察院、公安部、国家安全部、司法部、全国人大常委会法制工作委员会《关于刑事诉讼法实施中若干问题的规定》明确了证据目录、证人名单、主要证据的范围。①证据目录：人民检察院移送证据目录应当是起诉前收集的证据材料的目录。②证人名单：人民检察院移送的证人名单应当包括在起诉前提供了证言的证人名单，证人名单应当列明证人的姓名、年龄、性别、职业、住址、通讯处。关于被害人姓名、住址、通讯处，有无扣押、冻结在案的被告人的财物及存放地点，被告人被采取强制措施的种类、是否在案及羁押地点等问题，人民检察院应当在起诉书中列明，不再单独移送材料。对于涉及被害人隐私或者为保护被害人人身安全，而不宜在起诉书中列明被害人姓名、住址、通讯处的，单独移送人民法院。鉴定结论、勘验检查笔录已经作为主要证据移送复印件的，鉴定人、勘验检查笔录制作人姓名已载明，不再另行移送。③主要证据包括：起诉书中涉及的各证据种类中的主要证据；多个同种类证据中被确定为“主要证据”的；作为法定量刑情节的自首、立功、累犯、中止、未遂、正当防卫的证据。

(3)二审阶段辩护律师的阅卷范围

在二审阶段，辩护律师可以查阅一审阶段检察院向法院移送的所有证据材料和一审法院的正卷，有时还可以查阅侦查卷。根据最高人民法院《关于执行〈中华人民共和国刑事诉讼法〉若干问题的解释》的规定，对于公诉人在法庭上宣读、播放未到庭证人的证言的，如果该证人提供过不同的证言，法庭应当要求公诉人将该证人的全部证言在休庭后 3 日内移交。在司法实践中，公诉机关会将侦查卷全部移送法院，因此律师在此阶段可以查阅侦查卷宗。

(4)死刑复核阶段辩护律师的阅卷范围

自 2007 年死刑复核权回归最高人民法院后，目前最高人民法院未允许律师进行阅卷的。目前在此阶段,允许被告人委托律师,也接受律师提交新的证据。但不允许律师进行阅卷。理由是我国实行两审终审制,死刑复核程序只是法院为保证死刑案件质量的一个特别的审核程序。

(5)再审案件的阅卷范围

法院会调取决定再审的案件的相关档案材料,再审案件按一审程序审理的,阅卷范围与一审阶段的阅卷范围相同。如果再审案件是按二审程序审理的,则阅卷范围与二审程序相同。

如果再审法院没有调取相关案卷材料,根据我国《人民法院诉讼档案管理办法》第15条的规定,案件辩护律师需要查阅已经归档的案卷,应通过该案件承办审判员办理。摘抄卷内材料,只能摘抄判决书、裁定书和有关结论性文件。如须摘抄其他材料,应经办公厅、室主任同意。对摘抄的材料,要进行审查、签章。

(6)阅卷禁止

最高人民法院《关于执行〈中华人民共和国刑事诉讼法〉若干问题的解释》明确规定了辩护律师不能查阅资料的范围:一是法院审判委员会讨论案件的记录;二是合议庭讨论案件的记录;三是有关案件的线索材料。

凡涉及国家秘密的案卷材料、检察机关的内部资料,一般不让辩护律师查阅。在实践中,下列案件材料一般不让律师查阅、复制和摘抄:①涉及国家秘密的证据材料;②可能影响其他案件侦查的证据材料;③可能暴露特殊侦查手段的证据材料;④与案件有关的特情人员的材料;⑤检察机关的内卷材料。

4.阅卷的顺序

(1)先简后繁法

先简后繁法适用于多人合伙作案、多次作案的案件。这种案件往往形成了许多卷宗材料。在这种情况下,可以详细阅读办案单位的呈报意见,然后采取先简后繁、多次阅读的方法阅卷。可以先将案卷通篇浏览一遍,对全案有初步印象,再根据略读产生的思路和发现的问题有针对性地精读,挑选标注出认定犯罪的时间、地点,简要案情,犯罪特征和收集证据的主要问题。先审查案情比较简单或者证据比较齐全的案件材料,整理出来可以认定的案件事实,然后再集中精力审查案情比较复杂或者证据之间存在矛盾、证明方向不一致的案件材料,因此可以提高审卷效率。这种先简后繁的阅卷方法,有助于律师快速形成对案件的整体印象,避免了陷入卷宗而理不出头绪的情况。

(2)先供述后证言

先供述后证言的方法,一般适用于犯罪嫌疑人对自己做罪轻辩解的案件。

先审查其供述能否提出新的事实、依据,然后对照审查其他证据,进而印证其供述的可信程度。若犯罪嫌疑人辩解自己没有作案时间或者没有接触犯罪现场的条件,提出相应证据,要看侦查人员是否对犯罪嫌疑人提出的证据进行复核,并要针对新获取证据的情况进行分析。对于犯罪嫌疑人曾经作过有罪论述后来又翻供的案件,应当仔细审查犯罪嫌疑人的供述与辩解,对其前后供述进行对照审查,再结合其他证人的证言,反复阅读,判断其翻供理由能否有合理性根据予以支持。

(3)先证言后供述

在司法实践中,先证言后供述的方法一般适用于下列案件:①犯罪嫌疑人做无罪辩解的案件;②犯罪次数较多,延续时间较长以及不同性质的犯罪相互交叉的案件;③案情特别复杂的案件。

对于犯罪嫌疑人为自己做无罪辩解的案件,首先阅读犯罪嫌疑人供述与辩解以外的证据材料,分析这些证据能否组建起完整的证据体系以认定犯罪事实,然后再阅读犯罪嫌疑人的供述与辩解,分析其辩解能否成立,是否足以驳倒有罪证据。

对于某些犯罪次数较多,延续时间较长以及不同性质的犯罪相互交叉的案件,犯罪嫌疑人往往记不清每次作案的详细情况,即使他愿意如实交代自己的犯罪事实,也无法形成真实而系统的口供。因此,其供述对于证明每一起具体案件的意义并不大,只能证明其犯罪的总体情况。对于此类案件,在阅卷时可以采用先证言后供述的阅卷方法,不宜在审查犯罪嫌疑人的口供上花费太多的精力。而应将主要精力放在阅读被害人陈述、证人证言、鉴定意见等证据材料上。最后还可以将犯罪嫌疑人的供述与辩解相互核对,看是否可以互相印证,增强说服力。

在案情特别复杂的案件中,往往有多个犯罪人,他们之间的关系错综复杂。共同犯罪人之间往往避重就轻,相互推诿责任,在审核此类案件时,律师宜先从证据部分开始审查,通过阅读被害人陈述、证人证言以及现场勘查笔录,初步确定不同犯罪嫌疑人的地位、作用,然后再审查不同犯罪嫌疑人的供述材料,找出其供述的共同点与不同点,分析哪些供述与其他证据一致,哪些不一致,进而分析自己所代理的犯罪嫌疑人应负的法律责任,确定辩护思路,保障其合法权益。

5. 阅卷的重点内容

根据全国律师协会印发的《律师办理刑事案件规范》,律师查阅案件材料应当着重了解以下事项:

(1)犯罪嫌疑人、被告人的个人信息等基本情况;

(2)犯罪嫌疑人、被告人被认定涉嫌或被指控犯罪的时间、地点、动机、目的、手段、后果及其他可能影响定罪量刑的法定、酌定情节等;

(3)犯罪嫌疑人、被告人无罪、罪轻的事实和材料;

(4)证人、鉴定人、勘验检查笔录制作人的身份、资质或资格等相关情况;

(5)被害人的个人信息等基本情况;

(6)侦查、审查起诉期间的法律手续和诉讼文书是否合法齐备;

(7)鉴定材料的来源、鉴定意见及理由、鉴定机构是否具有鉴定资格等;

(8)同案犯罪嫌疑人、被告人的有关情况;

(9)证据的真实性、合法性和关联性。证据之间的矛盾与疑点;

(10)证据能否证明起诉意见书、起诉书所认定涉嫌或指控的犯罪事实;

(11)是否存在非法取证的情况;

(12)未成年人刑事案件,在被讯问时法定代理人或合法成年人是否在场;

(13)涉案财物查封、扣押、冻结和移送的情况;

(14)其他与案件有关的情况。

6. 如何制作阅卷笔录

制作阅卷笔录,通常有以下几种方法。

(1)摘录法

摘录法适用于较简单的案件,将案件重点按顺序摘录出来以方便阅读。有时甚至可以不另行制作阅卷笔录,直接在复印的案卷上做标记,便于后续查找即可。但对于较复杂的案件,摘录法没有条理性,不能理出案件的脉络,使用不方便。

(2)列表法

对于犯罪事实较多的复杂案件,证据材料也较多,可以用列表法进行阅卷。比较典型的如多次受贿案件,可以用列表的方法将不同次受贿的时间、地点、金额、行贿人、证言、供述等记录下来。

(3)画图法

画图法最大的特点是直观,对于经济类犯罪中单位犯罪的情况经常适用。因为单位间的关系比较复杂,如母公司与子公司的关系,公司与关联公司、合作单位、控股公司的关系等。借助画图法可以清晰明了地展现不同单位间的关系,较方便。

律师制作阅卷笔录,可以参照检察机关公诉人审查案件制作案件审查报告的方法,以最高人民检察院印发的《公诉案件(一审)审查报告(简化版样本)》为例。

## 关于犯罪嫌疑人____涉嫌____一案的审查报告

收案时间:____年____月____日

案件来源:____

移送案由:____

犯罪嫌疑人:____

强制措施:逮捕羁押(或取保候审,监视居住)在____(注明地点。一案多人的,可简单注明逮捕或取保候审、监视居住几人即可)

____(注明侦查机关或部门名称)承办人:____、____联系电话:____

____(注明检察院院名及公诉部门处或科名称)承办人:____、____

承办人意见:____(简要写明结论如是否构成犯罪、构成何罪等以及处理意见如起诉、不起诉等)

____(侦查机关或部门名称)以____号起诉意见书移送我院审查起诉的犯罪嫌疑人____涉嫌____一案(如果案件是其他人民检察院移送的,应当将改变管辖原因、批准单位、移送单位以及移送时间等写清楚),我院于____年____月____日收到卷宗____册,证物____。依照刑事诉讼法的有关规定,于____年____月____日告知犯罪嫌疑人依法享有的诉讼权利;于____年____月____日告知被害人及法定代理人或者近亲属、附带民事诉讼的当事人及其法定代理人依法享有的诉讼权利;已依法讯问犯罪嫌疑人,询问证人,听取被害人和犯罪嫌疑人、被害人委托的人的意见,以及进行补充鉴定、复验复查、庭前证据交换等(对于刑事诉讼法明确要求履行的程序,如告知权利,讯问犯罪嫌疑人,听取被害人以及辩护人、被害人委托的人的意见等,审查起诉中必须严格履行,因此在审查报告中也必须写明;而对于刑事诉讼法没有强制性要求的,则应当根据办案的实际情况,进行了哪些工作,就写明哪些),并审阅了全部案件材料,核实了案件事实与证据。现已审查终结,报告如下:

一、犯罪嫌疑人及其他诉讼参与人的基本情况

1. 犯罪嫌疑人基本情况。犯罪嫌疑人____(曾用名____,与案情有关的别名____,化名____,绰号____),男(女),____年____月____日出生(犯罪时年龄____岁),(系盲、聋、哑人等特殊情况的在此注明),身份证号码__________,____族,____文化程度,____职业(或工作单位及职务),住址____(居住地与户籍地不一致时,用括号注明户籍所在地)。曾受到过行政处罚、刑事处罚的时间、原因、种类、决定机关、释放时间等情况。

犯罪嫌疑人____因涉嫌____罪,于____年____月____日被____执行刑事拘留,____年____月____日经____院批准(或决定),于____年____月____日被____执行逮捕,现羁押于____市____看守所(或取保候审,监视居住在____)。(在审查起诉阶段依法改变强制措施的,应在此部分体现,并写明改变强制措施的时间、内容和理由。)

2. 辩护人基本情况。写明辩护人姓名、性别、年龄、工作单位及职务或职业,与犯罪嫌疑人的关系,通信方式等;辩护人是律师的写明所属律师事务所。(一案多人的,在每个犯罪嫌疑人基本情况后列明其辩护人。)

3. 被害人基本情况。写明被害人姓名、性别、年龄(系未成年人的注明出生年月日)民族、现住址、被害情况等,被害人情况不清楚的,予以说明。

4. 委托代理人的基本情况。写明参与诉讼的身份、姓名、性别、年龄、民族、住址、职业或者工作单位及职务,与被害人关系,通信方式等。

5. 附带民事诉讼原告人情况。个人的,写明姓名、性别、年龄、民族、文化程度、职业或工作单位及职务、住址;是单位的,写明单位全称、所在地址、法人代表姓名、职务、通信方式等。(无附带民事诉讼的,或附带民事诉讼原告人与被害人相同的,此部分省略。)

二、认定属于"依法,快速办理轻微刑事案件"的理由

经审查,本案符合《最高人民检察院关于依法快速办理轻微刑事案件的意

见》第1条、第3条规定的条件，属于第4条第____款规定的案件，经部门负责人批准（或者主诉检察官决定），依法适用快速办理机制，简化制作案件审查报告。

三、审查认定的事实、证据

经依法审查，现查明：____（写明犯罪嫌疑人作案的时间、地点、动机、目的、实施过程、手段、犯罪情节、危害后果，以及犯罪嫌疑人作案后的表现如有无坦白、自首、立功、退赃等事实和情节。）

侦查机关（部门）认定的案件事实与承办人认定的基本一致。（不影响案件基本事实及主要情节认定的非主要事实、情节不一致的，简要说明不一致的地方；有重大分歧的则不适用简化版。）

认定上述事实的证据有：____（证据要按照先客观性证据即物证、书证、勘验或者检查笔录、鉴定结论、视听资料等，后主观性证据即证人证言、被害人陈述、同案人供述和犯罪嫌疑人供述和辩解等的顺序列举；可以简单列明证据的出处及其所能证明的案件事实，不必详细抄录；凡是证据存在瑕疵等问题的，应当在该份证据后用括号注明。）

四、需要说明的问题

此部分主要是审查报告其他部分无法涵盖而承办人认为需要说明或者报告的事项，如有关未认定的事实和证据情况，案件管辖问题，追诉漏罪、漏犯情况，对共同犯罪案件中未一并移送起诉的同案人的处理问题，进行刑事和解情况，扣押款物的追缴、保管、移交、处理情况，结合办案参与综合治理、发出检察建议等相关情况，以及需要由检察机关提起附带民事诉讼问题，承办人认为需要解决的其他问题等。

五、承办人意见

写明对案件证据、定性、量刑情节的综合分析意见。由于此类案件事实清楚，没有争议，可不必展开分析论证，但应当包含下列内容：1. 通过对全案证据情况的总结与评价,得出本案事实清楚、证据确实充分的结论;2. 围绕犯罪构成要件简要论述案件的定性;3. 说明本案是否具有法定、酌定量刑情节。

综上,犯罪嫌疑人____的行为已触犯《中华人民共和国刑法》第____条(款、项)之规定,犯罪事实清楚,证据确实充分,应当以____罪追究其刑事责任,其法定刑为____。因其具有____量刑情节,故根据____(法律依据)的规定,建议对其判处____(主刑种类及幅度或单处附加刑或免予刑事处罚),____(执行方式),并处____(附加刑)。

依照《中华人民共和国刑事诉讼法》第____条的规定,应当提起公诉,建议适用简易程序。

(做不起诉处理或其他处理的,可以按照高检院制定的《人民检察院法律文书格式(样本)》中相关文书的结论部分书写)

附件:1. 起诉书或者不起诉决定书草稿

2. 与案件有关的法律法规、司法解释及行政法规等

(可根据案件具体情况选择附件的内容)

承办人:____

____年____月____日

7. 阅卷中遇到的典型难题及解决方式

(1)无法复制案卷如何处理

①办案机关不提供复印条件

有的办案机关不给律师提供复印条件,若公诉机关移送的案件材料是复印件,法院允许律师去外面复印。但如果公诉机关向法院移送的是侦查卷宗原件,法院则不允许律师将卷宗带出,只能在法院进行阅卷,如果材料太多,一天看不完,律师就需要多去几次。因为在阅卷时,需要书记员陪同,而其可能同时负责几个案件,时间有限。这种情况,最好采用照相方式。有的单位对律师复

印材料收取的成本费用太高,也可以用数码相机照相,再自行打印,降低成本。

②以案件涉密为由拒绝律师复印卷宗

有的办案机关以案件材料涉及国家秘密为由,只让律师到法院查看案件材料,可以进行摘抄,但不让律师复印,当然也不让律师拍照。在这种情况下,律师可采取书面形式向法院递交意见,陈明法律只规定涉及国家秘密的案件审理时应不公开进行,没有规定律师不能复印材料或对材料进行拍照,要求法院严格依法办案,保障律师的合法权利,以达到保护被告人合法权益的目的。

(2)检察机关以承办人要看卷为由,不让律师阅卷如何处理

在司法实践中,存在检察机关以承办人要看卷为由,不让律师阅卷的情况。遇到这种情况律师一定调整心态配合办案机关工作,要求承办人看完后安排律师看卷,一般承办人会承诺律师阅卷的时间。但是如果承办人一直推诿,那辩护律师就可以采用书面形式向法院递交意见,或者向检察机关的监督部门投诉。

(3)犯罪嫌疑人、被告人能否阅卷

法律规定的阅卷权的主体是律师而非犯罪嫌疑人、被告人,法律并未赋予犯罪嫌疑人、被告人阅卷权。但这并不意味着律师所复制的案卷材料一概不得提供给犯罪嫌疑人、被告人阅览。虽然法律没有赋予犯罪嫌疑人查阅、摘抄和复制有关案卷材料的权利,但是对于某些种类的案卷材料或者某个特定的证据材料,在符合相关条件的情况下,律师可以为了查明案件事实的需要而向当事人出示、核实。具体到我国的《刑事诉讼法》的规定,哪些案卷材料律师可以直接将复制件提供给当事人阅览、哪些只能由律师告知其内容,是一个比较复杂的问题,这一方面,关系律师辩护职能的实现;另一方面,又关系案件秘密、国家利益及其他人员的安全、利益等诸多事项,还关系律师的法律责任问题,而对其进行相对明确的分类、界定又非常复杂。在一般情况下,言词证据不给被告人阅览,但对鉴定结论、审计报告、现场勘查笔录、提取笔录等材料,可以给被告人

阅览。

(4)案件退回补充侦查期间,律师可否阅卷

我国法律对这一问题并没有明确规定,在实践中如果案件被退回补充侦查,卷宗没有在检察机关,检察机关不可能让律师阅卷。更不可能到侦查机关阅卷,因为法律规定只有在审查起诉之后,律师才有阅卷权,在侦查阶段,律师是没有阅卷权的,侦查机关也不会让律师阅卷。所以在现实中只能等到案卷再次回到检察机关后才可阅卷。

(二)问题讨论

同学讨论:律师阅卷时还有什么其他注意事项或者建议?

# 北京大学法学院法律诊所《调查取证专题》课堂实录

刘东华*

## 第一部分 诊所介绍

北京大学诊所式法律实验教学中心(以下简称北大法律诊所)2016年共开设两学期的课程,每个学期课程包括两个方向:民事行政诉讼法律诊所(以下简称诉讼诊所)与小(微)创企业法律实务诊所(以下简称小创诊所)。

诉讼诊所是自诊所成立之初就开设的一个诊所方向,至今已经有16年的发展历程,同时也有自己完整的教学体系与教学方法。诉讼诊所的课程方式是"3+3+X",首先是每周3小时的理论课程,主要是由校外聘请的律师、退休法官与校内教师联合给同学上课,一般以一个教师主持、几个教师点评这样一种互相补充、互相学习的方式进行,各个领域的实务工作者对于同一个实务课题给学生提出多视角的思考问题与练习。一学年中诉讼诊所两个学期的课程都是16周,严格按照课程计划进行。其次,学生在理论课程之余每周还有3小时的法律咨询时间,学生会在凯原楼咨询室为前来咨询的当事人解答法律问题,给出法律意见,做法律实务练习。最后,除上述两块学习外,比较重要的实务练习是学生代理案件,而时间就是上文中所述的"X",学生代理案件的时间是由

---

* 北京大学诊所式法律实验教学中心教师。

案件的难易程度来决定的，一般每个学期会在300小时以上，代理案件包括进行法律检索，书写法律意见书、起诉状，出庭以及参加调解、谈判等事务，诉讼诊所也要求学生在法律诊所学习期间至少代理一起案件，以完成必要法律实践训练。

诉讼诊所在春秋季学期内还和北京市第二中级人民法院联合举办了3次沙龙活动，先由学生自己确定想要了解和学习的实务主题，再由法官给予一定的经验讲解，并与同学们进行交流和互动。活动总结下来，几个主题的效果都不错，并且各个主题都对学生的实务操作产生了较大影响，如“出庭规范和庭审技巧”专题，法官对于庭审基本规范和庭审应注意的问题进行了总结，对于学生在代理案件中的出庭规范起到了很大的指导作用。

诉讼诊所每年都统一组织学生到法院进行旁听，旁听结束后同法官对于庭审案件涉及的实务问题或者对于平时代理案件中遇到的问题进行交流，这一活动得到了同学们的广泛支持。学生在旁听中可以对庭审有一个具体的认识，对程序有一个深刻的理解，对于一些代理人的当庭表现也会有所反思，在交流中可以得到一些在庭审中应该如何表现的经验等，这些都对其之后的实际操作案件产生不小的影响。2016年春季和秋季诉讼诊所都统一组织了海淀区人民法院的旁听活动，而且2016年秋季学生们旁听了一起劳动争议案件，通过与法官交流劳动关系的认定标准等问题，同学从中收益良多，并且将这种认定的标准用到了自己代理的劳动争议二审案件中，获得了很好的效果。

诉讼诊所还会与北京某些中学进行合作，中学生到诊所旁观诊所的法律咨询活动或者参加诊所组织的模拟法庭活动，通过观察和参与，助益于中学生阶段的法制教育。2016年秋季一批中学生参观了诉讼诊所咨询活动，了解了诊所的日常咨询是如何进行的，学习法科院校学生的学习方式，从小为他们树立了懂法、守法、用法的良好法治理念。

相对于诉讼诊所，小创诊所第一次开课是在2015年秋季，它是一个“年轻"的诊所,其设立之初即致力于为小微(创)企业提供免费、优质的法律服务。在具体的教学模式上,小创诊所也是采用了"3+3+X"的这种模式,即每周3小时的理论课程,3小时的法律咨询服务,以及数小时(X部分)的代理案件时间。在指导教师方面,小创诊所与金杜律师事务所、伟凯律师事务所、方达律师事务所、汉坤律师事务所等知名律所合作,由其专业律师进行理论授课,指导学生日常代理案件中的实务操作。在实践基地方面,小创诊所2016年年初在优客工场设立了自己的实践基地,在此为小微(创)企业提供免费的法律服务。优客工场聚集了大批的创业企业,创业企业刚刚起步,大多没有资金聘请大型律师事务所作为法律顾问,诊所免费的法律咨询服务则帮助他们在创业初期规避法律风险,构建起良好的公司法律体系,为企业的长远发展打下稳固的基础。

自小创诊所开办以来,遵循理论和实践相结合的宗旨,在3小时的理论课程上由律师事务所资深律师讲授理论和实务经验,让学生将课程的内容应用到课外3小时的咨询服务解答中,同时使学生在代理小微(创)企业的案件中了解商业动态,将所学应用于实践。小创诊所的学生在代理案件中以小组为单位,小组成员结成团队共同代理案件,并在指导老师的全程指导下保证服务质量,为小微(创)企业提供及时、免费而高效的法律服务。截至2017年1月,小创诊所共代理案件70件,为不同类型的多家企业提供了法律服务,法律服务的种类涵盖较广,包括撰写融资协议、股权转让协议、股东协议、劳动合同、解约协议、保密协议等合同文本,也协助企业修订公司章程、订立期权计划等。从公司设立到融资发展,从对内的员工协议、保密协议和期权计划到对外的融资协议、股权转让协议,小创诊所对接和处理的案件类型逐渐丰富和多样化,通过"3+3+X"的教学模式,小创诊所的学生实现了课堂理论学习和课下实务操作的结合,通过教师指导和自学相结合的方式具备了一定的应对小微(创)企业的绝大多数法律问题的能力。

小创诊所除常规的创业基地值班咨询、代理案件外，还进行了其他的实务活动以丰富学生的学习和技能，全方面提升学生作为商事律师的市场感知能力和专业能力。2016 年小创诊所组织学生参加创业项目的路演，了解最前沿的创业者动态，与创业者实现直接沟通与交流，并对创业项目产生了深刻了解。通过路演活动，学生们对于自己所服务的小创企业有了更丰富的认知，也为学生们与创业者之间搭建起了合作的桥梁。通过参与路演，学生们与创业者建立起了合作关系，为路演中接触到的创业者提供法律服务。

小创诊所还与多家国内知名律所合作，除有各律所知名合伙人进行专题授课外，2016 年秋季学期还增加了律所参访活动。诊所学生参访金杜律师事务所，一方面，了解律所的工作氛围与工作模式，与资深律师深入交流，对于学生的职业规划具有一定的启发性；另一方面，通过参访律师事务所的活动，同学们将实务中接触案例的疑点难点与律师交流，实现了专业的学习与提升。

小创诊所是一次教学和实务相结合的新尝试，将诊所教学的内容扩展到商事领域。诊所发现了创业热潮下蓬勃的市场发展，也意识到法律服务对小微（创）企业设立之初和发展初期的重要性，及时、优质的法律服务能够让处于初创阶段的小微企业更安心地进行商业领域的拓展，也为其日后的发展壮大奠定良好的基础。小微（创）企业法律实务诊所为初创企业提供的免费法律咨询和服务，让处于初创阶段的企业不因昂贵的律师费用而忽视创业中的法律风险。小创诊所也是对教学形式和教学方法的一次尝试。资深律师和学生团队相结合，将教学与自学相融合，老师在教授理论和实务经验的同时最大限度地激发了学生的自学热情；同时，让学生在实务中了解市场、了解商业，将校园所学与社会所感相结合，使其在提供法律服务的同时发现问题、解决问题，全方面培养了综合素质能力。

# 第二部分 课堂简介与课程实录

## 一、调查取证课程的目标

1. 训练调查取证设计方案;

2. 训练规范获取证据的技能;

3. 训练规范固定证据的技能。

调查取证课程的目标包括3项:一是训练学生如何设计良好的调查取证方案;二是训练学生如何规范地获取有法律意义的证据信息;三是训练学生如何规范地固定证据信息。

## 二、作业布置

包括课前相关知识的预习、调查取证实操练习与模拟案件的角色扮演策划与准备。

诊所为实现课程的目标为学生布置了3项作业:一是要求学生自主学习和掌握与调查取证相关的知识,了解基本调查取证的技能;二是要求学生结合自己已经代理的真实案件制定调查取证的方案,并且选择其中一项证据完成调查取证工作,总结取证经验;三是模拟案件的准备,模拟案件要求学生扮演不同的角色,根据角色的特点,制定与撰写模拟案例的调查取证方案,并且为课堂获取证人证言做好准备。第二项作业和第三项模拟作业都要求学生必须提交书面的报告,并且要在课堂上分享自己的学习与实务操作经验。

## 三、选取与制作模拟案例的考虑因素

课堂模拟调取证据以调取证人证言为素材。为获得趋近真实和有法律效力的证人证言,需要学生对案件整体的案情作出分析与研究,制定取证方案,并尽力在课前获取其他证据,为调取证人证言作充分的准备。

1. 选择人身伤害类型的考虑

（1）在实践中常规的案件类型；

（2）涉及的可模拟调取证据种类丰富，包括当事人陈述、物证、书证、证人证言、视听资料、勘验笔录等；

（3）学生能力所及，具备可操作性，有趣味。

模拟案件选择以一起人身伤害案件为素材，是因为这种类型的案件在实践中属于常规案件类型，法律关系比较清晰；在类案件中可以涉及的调查取证的证据种类比较丰富，包括当事人陈述、物证、书证、证人证言、视听资料、勘验笔录等；而且这类案件的证据调取工作也符合学生的能力，使他们有可操作性，有获取可能性，并且有创造的空间。

2. 案情设计的考虑因素：看似简单，实则需要学生细致入微

（1）涉及人身伤害案件法律关系的权责与免责；

（2）冲突双方的权利和义务相当；

（3）证人证言有事实和道义伦理冲突；

（4）提醒学生关注家庭暴力问题；

（5）在办案中树立和运用性别意识。

在案情设计上有如下考虑。案情设计中要有看似简单，实则需要学生细致入微、考验学生法律功底、法律知识运用能力和法律研究与分析能力的内容。一是案情设计要关注人身伤害案件的基本构成要素和具有免责事由的嵌入；二是要有双方的利益冲突，双方的权利与义务要有相互交错、基本相当，不能一边倒；三是证人身份与角色的设计也要有事实和道义伦理的冲突，以便于更贴近真实证人的心理；四是设计进家庭暴力的因素，是提醒学生要关注这一社会问题，在法律实务中要注意社会性别意识的运用。

3. 安排学生扮演角色而非固定情节

（1）体验信息、立场、视角对调查取证工作的影响；

(2)促使情景融入,贴近真实;

(3)增强参与性。

案件的模拟由三个阶段构成:第一阶段是案件发生过程的模拟,由学生扮演当事人和证人演绎案件的发生过程;让学生直接扮演当事人和证人,而不是找真实的当事人来配合课堂或用事先制作的视频档案资料,让学生真正体验当事人和证人在被调查时的感受和心理状态,对于锻炼学生的调查取证技能更有帮助,增强课程的参与性。第二阶段是以模拟案情为基础,扮演不同角色的同学以其所掌握的案件信息制作调查取证方案,当然,代理人可以在课前接触当事人,从当事人处获取证据线索,为其制订向证人调取证言的方案做准备。第三阶段中当堂模拟向证人调取证人证言,并制作调查取证笔录。

## 四、角色分工与意义

所有的同学均需要按照课程的要求完成模拟案件的课前作业。课堂按不同的角色设计了作业内容和作业要求。

按照案情的设计,课堂分为当事人、证人、代理人、全情观察员(组)、现场观察员(组)、课堂观察员几类不同的角色。以全体学生人数为基准、以最大限度参与为原则来设计不同角色所需要的人数,角色的分配以学生自愿报名的方式进行。

不同的当事人和证人拿到的背景材料介绍是不同的,他们以身处事件的角度去认知和记忆,可以按照自己的假设来设定自己扮演的当事人的性格和情绪,有权决定是否以及如何配合代理人的工作。不同的观察员是以所掌握的材料不同进行分类的。其中,全情观察员可以拿到全部的案情材料,并且亲临现场看到事情发生的全部经过;现场观察员不能拿到案情材料,但能亲临现场看到事情发生的全部经过;而课堂观察员,则既不能得知案情材料,也不能看到案件发生的经过,只能凭经验和法律素养来猜测案情的各种可能性。作为代理人,既没有背景材料参考,也不能在现场观察事情的发生经过,他们的所需的信息需要从自己的当事人那里去获取。再加上被害方与加害方不同立场的设置，旨在让学生体验信息掌握的不同、身份出发点的不同，对一名法律专业的调查取证工作者来说在视角、策划方案与执行行动中会带来哪些不同的影响。

示例：

作业：人身伤害模拟案作业与学生分工（结组或单独提交）[①]

<table>
<tr><th>角色</th><th>被害方<br>（人数）</th><th>加害方<br>（人数）</th><th>中立方<br>（人数）</th><th>工作</th></tr>
<tr><td>当事人</td><td>1人（男，单独、材料）</td><td>1人（男，单独、材料）</td><td>—</td><td>自主设定角色特点，列举案件须取证据清单，制订对应代理人取证的方案与计划，配合与观察代理人调取证据，课堂点评代理人工作</td></tr>
<tr><td>代理人</td><td>3人（组）</td><td>3人（组）</td><td>—</td><td>课前了解案情，列举案件须取证据清单，课前取证（不接触证人，可接触当事人），制订调取证人证言计划，课堂模拟向证人调取证据……</td></tr>
<tr><td>全情观察员（组）</td><td>2人（组、被害方材料）</td><td>2人（组、加害方材料）</td><td>2人（组、全部材料）</td><td rowspan="2">分析案情，列举案件须取证据清单，制订调取证人证言计划，列举观察代理人取证表现的要点课堂进行点评，准备参与课堂模拟，根据了解的案情点评代理人的表现</td></tr>
<tr><td>现场观察员（组）</td><td>2人（组）</td><td>2人（组）</td><td>2人（组）</td></tr>
<tr><td>课堂观察员</td><td>1人（单独）</td><td>1人（单独）</td><td>1人（单独）</td><td>预测性分析案情，列举案件须取证据清单，制订调取证人证言计划，列举观察代理人取证表现的要点课堂进行点评，准备作为调查</td></tr>
<tr><td>证人</td><td colspan="2">2人（女，证人材料）、（路人）（组）</td><td colspan="2">自主设定角色特点，列举案件须取证据清单，列举观察代理人取证表现的要点课堂进行点评，课堂点评取证人工作</td></tr>
</table>

① 以2015年秋季北京大学法学院“诉讼诊所”课程为例。

## 五、课堂座位安排

课堂除教师讲台外,摆成"U"字形,由加害方席位、被害方席位、中立方席位和证人席位4部分座席组成。

## 六、模拟案例材料和说明

该案主要涉及加害人张勇、被害人李大明和证人王娟3人(当事人姓名皆为化名)。其中,加害人张勇是小区维护治安志愿者,被害人李大明与证人王娟是夫妻。因张勇欲制止李大明对王娟的家庭暴力行为而与李大明发生冲突。诊所根据涉案人员的角色特征设计了不同的案例背景材料,互有交叉但略有不同。这些材料会按课堂角色的安排,分发给不同的同学。不同角色的同学之间不能相互交流信息。

案件背景一:被害人李大明与证人王娟的故事(分发对象:被害人、证人和全情观察员)

说明:此背景从被害人李大明与证人王娟的视角,介绍了二人均知道的案情背景与事实,包括二人之间夫妻关系的身份,以及婚姻中矛盾产生的缘由是证人王娟曾经有过婚外情,被害人李大明对此长期耿耿于怀,对王娟实施家庭暴力的情况,案发当天正在实施家暴,以及李大明被打的结果等信息。以此考验调查人对伤害案件调查取证目标的把握是否准确,以及获取影响伤害案件构成要件信息的准度、效度的能力。

王娟与李大明从小青梅竹马,二人均为甘肃人,结婚7年,儿子小宝3岁半。李大明脾气坏,一不高兴就会发脾气,谩骂王娟,甚至动手打王娟。王娟在甘肃原来是会计。5年前,李大明来北京开了家电脑公司,卖电脑。租住在海淀区中关园小区北京大学凯原楼101室。李大明认为公司是他的,不让王娟干涉,只是每月按时给王娟2000元人民币生活费。4年前,王娟因一个错打进来的电话认识了一名男子,谈得很投缘。有一天,因和李大明发生口角,王娟找到这名男子倾诉苦闷时,与他发生了关系。事情发生后,王娟很后悔,主动到京向李大明坦白了此事。李大明很生气,当场痛打了王娟,并不让王娟回甘肃了,就在北京住处待着,有时让她在店里帮忙打理一下财务和收发货事宜。后来二人生下孩子小宝。李大明一直对王娟出轨的事耿耿于怀,只要遇到不高兴的事,就拿出来说,谩骂和殴打王娟,更怀疑小宝是王娟与其他男人的私生子。为了孩子,王娟一直忍气吞声。

2015 年 12 月 8 日下午 3 点左右,李大明突然回家,看见王娟正在打电话,上来就质问与谁人联系,还骂王娟和小宝是"丧门星"。王娟回嘴,李大明便像发了疯一样动手就打,还说要砍了她们。王娟抱着小宝跑出家。李大明顺手拿起一把裁纸刀追出去,王娟大喊救命。李大明追王娟和小宝,眼见就要抓住王娟了。一男子上前拦住李大明,想问情况,遂与李大明产生冲突。李大明的右上牙被打出血且松动。

案件背景二:被害人李大明的故事(分发对象:被害人和全情观察员)

说明:此背景从被害人李大明的视角,记述了他个人特别掌握的信息,如造成他发脾气的原因是由于案发当天生意受挫,回家见王娟打电话醋意大发,欲对王娟再次施暴时遇到张勇,与加害人张勇的冲突过程,和他本人具体的伤情,以及为获取超额赔偿而虚假陈述心理与事实。以此考验调查人发现与调取构成伤害案件加害行为、损害后果以及行为与后果之间因果关系的证据,并发现和排除非法证据和事实的能力。

李大明近来生意一直不好,公司财务吃紧,与雇员关系紧张。当天回家,是因为生意被骗,雇员卷了店里的钱跑了,客户又找上门说电脑质量有问题。他回家准备拿钱去赔付。

回家时,见王娟正抱着电话谈笑风生,家里也没收拾,孩子趴在地上也没人管,夺过电话一听,是名陌生男子的声音,就更生气,摔了电话,叫王娟赶紧拿钱给他。王娟觉得他太粗暴,不拿钱给他。李大明觉得王娟还敢跟他犟,上来就打了王娟,还踢了小宝。王娟抱着孩子跑出门,李大明顺手从桌上拿起裁纸刀,追出去想把王娟拉回来拿钱给他。眼见就要抓住王娟了,有一名男子上前拦住他,并打了他,他右上牙被打出血且松动。

李大明一般上午10点左右去店里,晚上9点以后或更晚才会回来。从来不留意小区的事情,没见过张勇。李大明后来才知道这人叫张勇,是帮居委会管理治安的。

李大明被打后,牙齿出了血,当时没去医院,但一直对此事耿耿于怀,想找张勇算账。当晚,与朋友提及此事,有人出主意借此事讹钱。李大明想到自己原来右侧下牙不好,时有修补,医生曾建议他做牙冠或种植假牙,因花费过高(近万元),工作又忙还一直没做。这次牙齿受伤,李大明想趁此机会以治疗为名,要一笔钱。第二天,李大明去了北京大学口腔医院看了牙,并在随后的一两个月内进行了初步治疗。

李大明找过张勇赔钱,张勇没理他。他也找过居委会,也没有得到答复。于是他想起诉,要求张勇赔偿医疗费、护理费、营养费、误工费和其他损失。

案件背景三:加害人张勇的故事(分发对象:加害人和全情观察员)

说明:此背景从加害人张勇的视角,记述了他的身份背景、对证人王娟遭受家庭暴力的关注,与被害人李大明发生冲突的过程,其在冲突中也被李大明用刀划伤,以及他认为自己见义勇为的事实。以此考验调查人如何发现正当防卫与防卫过当的事实与证据的能力。

张勇是海淀区中关园小区的治安志愿者,截至2015年12月已经做了两个多月,一般是下午班。偶尔在小区里能见到王娟带着孩子玩。听人提过王娟家总吵架,具体情况也不清楚,亦未见过李大明。当天正是他值班,听见有人喊叫,便跑过去,见一名男子很凶的样子在追王娟和小宝,手里还拿着裁纸刀,眼见就要抓住王娟了。张勇便上前拦住,想问情况,却与李大明产生冲突,张勇的手指被刀划伤。张勇打了李大明右脸一拳，看见李大明当场右上牙出血了，手里的刀也掉在了地上。打完后，才从王娟处得知李大明的名字，也才知道他们是夫妻关系。张勇便拿走了裁纸刀。

张勇觉得自己是见义勇为，也不图虚名，未向居委会报告。后李大明找到居委会，要他赔钱。他才向居委会说了情况，并知道了王娟住在北京大学凯原楼 101 室。

**案件背景四：证人王娟的故事(分发对象：证人和全情观察员)**

说明：此背景从证人王娟的视角，记述了证人王娟对冲突双方的矛盾心理。即有对丈夫李大明伤情的同情与家庭经济利益的维护，也有出于对加害人张勇好心帮助的感激，看到李大明弄虚作假、讹诈张勇时对张勇的愧疚。这对证人出具证言将会产生影响。这考验着调查人如何突破证人心理防线，获取真实与客观案件信息的能力。

李大明被打后，牙齿出了血，当时没去医院，但李大明一直对此事耿耿于怀，说要找张勇算账。1 个月之后，听说李大明要让张勇赔钱，并说看牙要花近万元。李大明原来牙齿不好，时有修补。原来打算做牙冠或种植假牙，一直没做。这回牙齿受伤，李大明想趁此机会以治疗为名，讹张勇一笔钱。

王娟在小区里见到过张勇几次，但从来没打过任何交道，原来也不知道他的名字，只知道他是新来的。后来从李大明那里知道了张勇的名字。张勇听说李大明要起诉他后，找过王娟，希望她去居委会说明当时情况，王娟一直没去。

王娟心里很矛盾。一方面，张勇确实是在帮她，她心里也感激他；另一方面，李大明确实被打伤了，而且也听说了李大明生意上不顺利，家庭经济情况也面临困难，再加上还要和李大明一起生活，不能不帮他。

## 七、课堂部分

### (一)同学分享自己代理案件中的调查取证情况

具体操作：每个案件的主要代理人按照之前作业的要求，分享自己对案件做的调查取证的情况,之前各个小组进行了协调,每个小组的调查取证的种类都有些不一样,有的是调查书证,有的是调查证人证言,有的是调查视频资料等,各个小组提出其在调查取证中遇到的困难,同时分享了其解决困难的方法与最终成果,为大家总结经验教训。

效果:学生做得都不错,基本是每种证据在学生的亲身实践中都提到了,而且也展示了自己的调查取证的最终成果。

(二)分享学生作业,重点看调查取证计划,讲解调查取证计划制订要点

具体操作:按照不同的身份和所拿到的不同案件信息,学生在课下制订了自己的调查取证计划,老师根据学生的作业情况,分析各项调查取证计划存在的问题和可取之处,纠正学生在调查取证计划制订中的问题。

(三)就是根据各自扮演角色与自己的调查取证计划,给加害方代理人与被害方代理人各 10 分钟的时间来对自己选定的证人做调查取证

具体操作:按照之前的分组,加害方代理人选定了被害方的妻子作为调查取证的对象,地点在当事人家中。此时,被害方代理人是不在课堂现场的。加害方完成之后,被害方代理人同样选定了被害方的妻子作为调查取证对象进行了证人证言的调查取证。

效果:学生虽然计划做得很好,但是在真正对证人的调查取证中还是完成效果不佳,当然,各级学生都存在这种状况,但是本级学生的问题比较突出,学生询问的方向严重偏离了案件的核心,对于法律关系的要件问题询问的比较少,而在一些对于案件没有什么关系的问题上却反复询问。

(四)由观察员补充询问证人,锻炼观察员询问证人的技巧

效果:有些观察员开始尝试沿着法律关系的要件询问,但都缺乏系统性。

(五)由证人、观察员来评价学生在调查取证中的表现,特别是证人的感受

效果:从观察员的角度评价一下代理人调取证人证言时的表现,这样也帮助老师了解各位同学对于调取证人证言的掌握程度。证人对于代理人在调取

证人证言时的一些提问问题和提问方式就自己的感受发表看法,帮助代理人认识自己提问中存在的问题。

(六)教师评价

方法:4 位教师针对学生的实际操作和代理案件中的调查取证问题从各自的职业角度作出评价。

效果:指出学生在做调查取证中存在的问题,主要问题包括学生调查取证的倾向性太强,调查取证计划性不足,调查取证没有按照计划进行,调查取证关键问题不详细,调查取证时忽略了调查对象的身份,调查取证询问技巧存在问题等。各位参加课程的教师从不同的角度给学生分析了调查取证应注意的问题和技巧,希望在之后的调查取证中可以避免这些类似的问题。

# 清华大学法学院法律诊所《劳动争议案件模拟调解训练》课堂实录

黄新华*

## 第一部分　诊 所 简 介

近年来,清华大学法学院开办了劳动法律诊所。在指导教师的指导下,诊所每组学生实际办理一起劳动争议仲裁案件,为劳动者一方提供法律援助。在办理具体案件的过程中,配合课堂教学,先后接受接听电话、接待当事人、阅卷、事实与法律评估、谈判、调解、开庭仲裁等环节的训练。本文将全面介绍清华大学法学院劳动法律诊所模拟调解训练的课程准备、授课过程与总结等方面的做法、经验、体会,以期与全国各院校法律诊所进行交流。

### 一、训练目的

清华大学法学院开办的是劳动法律诊所。无论是何种类型的法律诊所,模拟调解都是一个不可或缺的环节。调解过程对于法律工作者来说,不仅需要其具备相关的法律知识,而且需要一定的技能与技巧。而这种技能可以在法律诊所课程中得到有效的训练,这是法学教育中其他课程所不能替代的。

模拟调解的训练,主要教学目的和要求有以下三个方面。

---

* 清华大学法学院副教授。

1. 掌握相关的法律知识、法规

调解是解决争议的途径之一。如果一起劳动争议案件能够通过调解的方式解决,对双方当事人都是有益的。我国《劳动争议调解仲裁法》第 3 条规定:“解决劳动争议,应当根据事实,遵循合法、公正、及时、着重调解的原则,依法保护当事人的合法权益。”其中,明确规定“着重调解”为解决劳动争议的原则。这与我国《民事诉讼法》第 9 条所规定的“应当根据自愿和合法的原则进行调解”有所不同。在解决民事争议案件时,人民法院本着合法原则,在充分尊重当事人意愿的基础上进行调解。任何一方当事人不愿意调解,或者虽然表示愿意调解,但双方争议过大以致无法达成一致意见的,人民法院“应当及时判决”。[①] 但我国《劳动争议调解仲裁法》明显强调“着重调解”,并且为劳动者设置了更多的通过调解解决争议的救济渠道,这是与劳动争议案件的性质和劳动者与用人单位之间法律关系的特点密切相关的。因此,作为法律工作者(无论是律师还是劳动争议调解仲裁机构的裁判人员)面对劳动争议案件,首先想到的应当是尽量通过调解解决劳动争议。

掌握我国《劳动争议调解仲裁法》以及与劳动争议相关的实体法律是十分必要的。通过模拟调解,可以检验诊所学生对相关法律知识、法规、司法解释等规范性文件的掌握与运用熟练程度,发现自己在知识掌握与法律法规掌握、运用能力上的欠缺,促使诊所学生弥补不足。

2. 提高把控调解进程的能力

调解成功至劳动争议案件当事人达成协议,是调解所追求的最终目标,但这是最低目标。是否还有更高的目标?答案应当是肯定的。这个更高的目标就是不仅要促使当事人达成协议,而且要能够使当事人真心实意地接受这个调解结果,自觉自愿地履行协议中所约定的义务。有些劳动争议案件的当事人虽

---

① 我国《民事诉讼法》第 9 条规定:“人民法院审理民事案件,应当根据自愿和合法的原则进行调解;调解不成的,应当及时判决。”

然在协议上签了字,但内心并没有真诚地接受这份协议,显示出无奈接受的态度,或者自认为吃亏了,被迫接受这样的协议。当然,产生这样心理的原因并非都是调解协议本身不合理、不合法,还与调解过程中当事人一方对调解人公正程度的认知有很大关系。这就要求调解人在调解过程中把公正放在首位,同时把控调解的进程,将双方的争议始终朝着缩小的方向推进,直至达到调解协议达成的目标。如果不能有效把控调解进程,可能使双方在逐渐接近调解目标时分道扬镳,不仅使调解人付出的巨大努力前功尽弃,而且可能会使当事人之间的矛盾加深,难以达成劳动关系愈加和谐的目的。

因此,调解人对调解进程的把控能力是劳动争议案件能否调解成功的关键因素之一。在法律诊所课程的模拟调解训练中,对诊所学生把控能力的训练应当放到突出位置。

3. 收获法律以外的成果

通过调解解决劳动争议案件,是调解机构或者调解人所追求的一个目标,也是劳动争议案件当事人所追求的目标至少是潜在目标。但对于法律诊所的学生来说,是否以知悉调解的全过程为目标?显然这个目标过低。是否应通过调解的全过程去思考影响调解成败的因素有哪些,哪些是主要因素呢,进而思考为什么会发生争议,怎样尽量避免发生劳动争议?

显然,通过具体的劳动争议案件,不仅可以发现当事人发生争议的法律原因,还可以找到观念上的原因、管理上的原因、人性与人格上的原因、沟通能力的原因、社会风气的原因等。如果能够发现这些原因,无疑对学生了解人、了解社会将大有裨益,进而提升学生对法律的认识,深化对法律的理解。

## 二、案例选择

选择适合的案例,对于能否达到对法律诊所学生的训练目的极为重要。在长期的教学实践中,清华大学劳动法律诊所教育摸索出的经验告诉我们,模拟案例的选择应当遵循以下原则。

1. 真实的案例

诊所法律教育所追求的价值之一,就是在真实案例的处理中使受教育者感受到社会真实,体会法律的真谛。真实案例的鲜活性对法律诊所学生的教育是任何模拟案例都无法比拟的,这也是诊所法律教育不同于法学院其他实务课程的主要特点。因此,模拟调解的案例一定是真实发生的,最好是当期法律诊所学生正在办理的案件。如果当期学生正在办理的案件中没有适合模拟调解的案例,可以选用以往法律诊所学生实际办理过的案件。

2. 具有调解成功可能性的案例

并非所有的劳动争议案件都是适合调解结案的,尽管我国《劳动争议调解仲裁法》规定了"着重调解"的解决争议原则。例如,法律关系清晰明确,劳动争议案件双方当事人的权利之争有明确的法律规定,依据现行法律法规就可以作出唯一裁判结果的案件。一方当事人并非以解决争议为目的而提起仲裁的,在仲裁案件背后还有其他目的,这些劳动争议案件通常不可能通过调解结案,因此,将此类案件用于模拟调解的意义就将大打折扣。能够通过调解解决的争议,通常具有以下特点。

(1)争议双方当事人在证据上均不占据明显优势。对于任何一方当事人来说,如果一味地寻求通过裁判的方式结案,有因证据不足而败诉的风险。如果调解机构或者调解人能够洞察到当事人有不愿冒风险的心理,则调解成功的可能性会大大增加。

(2)争议双方当事人在运用法律维护自身合法权益时,都没有把握一定要适用哪部法律、哪项规定、哪款法条。当法律法规的规定有所不同时,如何适用法律就成为争议双方当事人关注的焦点问题,法律法规如何使用又决定案件处理的结果走向。为了最大限度地维护自身权益而又避免承受过大风险,当事人往往会倾向通过调解结案。如果调解机构或者调解人通过大量案例检索发现,同类案件可能会出现截然不同裁判结果的时候，则可以引导双方当事人走向和解。

(3)争议双方当事人能够理性地处理争议，按照“有理、有力、有节”的原则解决纠纷，为案件能够通过调解结案打下基础。遇到一方当事人为“死磕”派的时候，尽管调解机构、调解人做出了不懈的努力，仍然可能无功而返。特别是面对一些声称自己“不为钱”、只为公道的当事人，不懂以退为进的当事人，得寸进尺的当事人等时，要想调解成功难度非常大。即使这样的案件对诊所学生挑战大，收获也大，但是往往是诊所学生所不能胜任的，也应当避免选用这类案件。

3. 对诊所学生调解技能提高有考验的案例

模拟调解对诊所学生的训练，主要体现在对能力的培养。这种能力不仅表现为对法律知识、法律法规的理解与运用能力，更重要的是要直接面对双方当事人，要有会倾听的能力、窥探当事人心理的能力、打破僵局及引导案件走向的能力，归根结底就是赢得当事人信任与合作的能力。

专业知识与职业素养，应是法律诊所学生的基本功与长项。尽管法律诊所学生一般还没有从事法律实务工作的经历或者经验，但对于大多数当事人来说还是可以被称为“专家”的，至少是专业人士。在模拟调解中，诊所学生最大的“短板”不是执业经验的不足，而是如何与人打交道方面的欠缺。所以，如发现一个案件是对诊所学生与人相处能力提升有帮助的，则应优先选择这样的案件。

## 三、指导方式

模拟调解不同于诊所学生驾轻就熟的辩论大赛、演讲大赛、模拟法庭大赛。这些实践教育环节法学院的学生大多经历过，有些学生也经历过相当艰苦的训练过程，积累了很多经验。但是，法律诊所课程中的模拟调解不给学生过多的准备时间,更不给其演练的机会,主要是凭借其临场发挥;诊所模拟训练不追求调解成功的结果,重点在于训练的过程。在这种训练中,诊所学生势必会暴露出很多问题,通过学生互评、教师的指导点评而发现问题,使学生在犯错误中学习、在挫折与失利中学习、在遗憾中学习,这样的磨砺对诊所学生是大有裨益的。

1. 材料提供

模拟调解的案例材料不必过早提供给学生,通常是上课时当场提供,只给学生留下阅读、讨论、确定方案的准备时间。这样做的好处是,能够训练学生在短时间内熟悉案件的基本内容,找到双方当事人争议焦点的能力。避免学生经过精心的准备,虽让模拟过程非常精彩、圆满,但是指导教师无法发现问题并给出进一步的指导。这样的模拟,表演成分居多,对学生应变能力的培养大打折扣。

对案情比较复杂的模拟案件,诸如涉及多个法律关系、多项关联度不高的诉求等案件,也可以在模拟前 1 周将材料发给学生,要求学生事前准备。这对于调动学生的参与积极性,激发学生求胜的心理有很大好处。但这在学生课业紧张的情况下往往并不现实。

2. 分派角色

模拟调解分为申请人、被申请人、调解人 3 种角色,在发给学生案例材料前通过抽签确定每个学生的角色。一般我们采用报数的方式分组,报到相同数字的学生为一组。因为学生上课时的座位通常是不固定的,所以每次需要分组时,分在同一小组的学生也是不固定的,这样有助于同一期诊所的学生互相熟悉、了解,学习配合与合作。每组选派 1 人抽签决定扮演的角色,如“1”组抽到被申请人、“6”组抽到调解人等。

每个角色由两组学生担任,两组学生的出场顺序在各组讨论、准备工作完成后当场抽签决定。例如,扮演同样角色的两个小组再通过抽签决定出场顺序。因此,在准备工作结束前,每组学生也不知道与哪两组学生一起模拟,随机性也有助于诊所学生学习与不同对象合作的能力。

3. 模拟准备

各小组根据自己所扮任的角色消化吸收材料,准备模拟调解的方案。作为这一案件当事人,不仅要明确己方的诉求,还要分析对方当事人可能在哪项诉求上让步、推测对方当事人的"底线",当然也要筹划好己方在哪一项上可以让步、让步的"底线"是什么。作为调解人一方,也要分析双方在哪些事项上可以让步、如何做好促使当事人让步的准备。

准备时间一般为20分钟。准备时间过短,学生来不及做好准备;但时间过长,不仅受到课时的限制,而且未见得学生就能够给出完整的方案。

场下旁观的学生担任观察员,要对场上模拟学生的表现进行点评,指出己方、对手方、他方学生的优缺点。

# 第二部分　模拟实例

本案例是清华大学法律诊所学生实际办理的案例,基本保持了案件模拟过程的原貌,有关当事人的信息进行了处理。以下是提供给学生进行模拟调解的材料内容。

## 一、当事人基本信息

劳动者一方(申请人):程英女士(姓名已作加工处理,其余个人信息省略)

用人单位:北京市嘉瑞首饰有限公司(公司名称已作加工处理,公司其余注册登记信息省略)

## 二、案情简述及当事人要求

从2008年10月起程英女士入职北京嘉瑞首饰有限公司(以下简称公司),

从事首饰打磨、抛光的工作，双方签有数份书面劳动合同，但所签数份书面劳动合同的期限均为1年，并约定每次劳动合同到期前双方再续签。本次纠纷涉及的这份劳动合同有效期自2013年10月始至2014年9月底，合同约定的程英女士每月的工资底薪为3000元人民币，根据销售业绩每月还有不等的销售额奖金（公司制定有销售提成奖金的办法）。

2013年11月程英女士被查出患有肝炎，起初除去请零星病假并得到公司批准外，仍然坚持工作。之后经过治疗，从2014年2月起程英女士开始在家休养，直至2014年8月底，共7个月时间。在这7个月中，公司先是按照正常工资的80%给程英女士发放了4个月的底薪工资，随后3个月每月只发放了780元的薪水，公司解释此为病假工资。

2014年9月1日程英女士回到公司上班。程英女士所患肝炎属于《北京市医疗保险特殊病种申报审批单》中所列病种，其医疗期要到2015年3月才结束。但公司却在2014年的12月底通知程英女士与其解除劳动合同，理由是公司经营状况不好需要裁员。2014年12月30日程英女士签署了公司提供的《解约协议》，该协议约定2014年12月31日双方解除劳动合同。

单位同意给予程英女士相应的经济补偿，但认为经济补偿的计算基数应当按照其生病休假期间所得薪水即780元计算。同时，公司在2010年以前并未给程英女士缴纳社会保险。程英女士认为，单位应将单位应缴数额直接赔付给她本人。根据北京市规定的社会保险费征收标准，公司每年要支付给程英女士3000元左右，两年未缴社会保险的费用是6000元左右。程英女士多次与公司协商，要求公司支付：6个月工资标准的经济补偿金，按照每月3000元计算，总额为18,000元。程英女士的依据是在公司工作6年，应当得到相当于6个月工资的经济补偿；向其本人支付社会保险补偿金6000元。两项合计为24,000元。

公司因为营业状况不佳而拒绝了程英女士的要求，仅同意按照780元的标准给予其6个月的经济补偿。程英女士向公司所在地劳动人事争议仲裁委员会提起了仲裁申请并向当地区工会反映了情况，在仲裁庭开庭审理之前，双方均表示愿意在工会的主持下进行调解。

目前程英女士提出的证据有：程英女士与公司签署的仍然在有效期内的书面劳动合同及解约协议；医疗诊断证明书；公司内网上下载的程英女士的全部工资单；公司为程英女士开立工资户的银行存折。

## 三、模拟过程

以下是学生在模拟过程中指导教师所做的笔录，正文是笔录的原文。受到记录速度的影响，不能比较完整地记录模拟过程的全貌。课后教师对笔录进行了整理，对重要的缺失部分作了一些完善与补充，但尽量地保持了笔录的原貌。对需要点评或者纠正学生错误之处，用仿宋字体作标识。指导教师完善笔录后上传到清华大学网络学堂，所有选课的学生都可以阅读或下载留存。

### 第一组模拟笔录

调解员：很高兴你们愿意接受调解，希望调解过程中你们双方维护一个良好气氛，我们争取通过协商达成一个你们双方都接受的方案，这样对双方都有好处。

点评：调解员的开场白非常重要。

调解员的开场语，要为双方愿意接受调解定下一个基调。肯定双方愿意接受调解的态度是好的，若能够达成调解协议也会对双方都有好处。同时，为了保持调解过程中双方能够采取与调解人合作的态度，表明调解人尊重事实与法律、尊重双方当事人的意愿，是在合理合法基础上促成双方当事人和解，因为取得双方当事人的信任，也是非常重要的。

劳动者：公司说已经不存在劳动关系，我不同意。现在公司要解除合同我同意,但应当给经济补偿。我患病后有医疗期,此期间届满后公司并没有与我解除劳动关系,而是直到我申请仲裁以后单位才提出解除,我同意从这时开始解除合同。我的主张是有依据的,而且一点没多要,合情合理。希望公司能够满足我的要求。还应当给6个月最低限额的医疗补助费,病假工资最低也应当给80%的工资。

点评:劳动者一方一上来就否认了双方同意解除劳动关系的事实,这点也许是调解员始料不及的!但调解员心中必须清晰地认识双方争议的焦点问题,只有这样才能推进双方缩小差距,促成双方达成调解协议。而一方突然提出超出模拟调解材料所给出范围的事实或理由,或者提出超过原来仲裁请求事项的新要求,无疑使双方的差距不是缩小而是拉大了。调解员在应对上显然准备不足,没有及时作出反应,这为调解失败埋下了隐患。

出现这种情况,调解员应当及时提醒当事人,围绕既定的事实提出自己的要求和阐述理由。在点评阶段还要询问劳动者一方,为什么会偏离教师所给出的材料范围提出新的要求,基于什么考虑,是没有认真消化吸收材料还是另有考虑?

用人单位:我们没有提出解除,之所以你认为公司提出了解除合同,是公司在工作上有失误,使你产生了误解。公司愿意按照规定给病假工资。

解除合同的补偿原则上在2015年年底已经解除了。但我们考虑到了医疗期,到2016年8月医疗期满已经解除了,我们也没有义务再发放工资。

调解员:(沉默)

点评:这时调解员的沉默(无所作为)是不应当的!不仅劳动者一方否认了双方劳动关系已经解除的事实,公司也不承认双方已经解除了劳动关系,完全偏离了模拟调解材料所给出的范围,调解员应当敏锐地查明原因,引导双方在原有诉求基础上朝着缩小争议的方向努力。如果任何一方提出进一步的要求,只会使双方争议越拉越大。

对调解员的要求是,对争议案件的基本事实一定要把握准确,对当事人的诉求一定要心知肚明。在调解员的内心要有一条底线,怎样的结果才是比较公平合理的、双方当事人可以接受的。在调解过程中尽量将双方当事人朝着这个方向引导,这样才有可能调解成功。

劳动者:虽然劳动合同是一年一签的,但是你们没有提出解除,所以劳动关系一直延续。现在我要求解除,你们还应当提供医疗补助费。

用人单位:(沉默)

调解员:劳动者提出8个月的经济补偿要求,你是怎么算的?

劳动者:是按照合同约定的工资数计算的。后来降工资是单位的单方行为,双方并没有书面变更过劳动协议。

点评:双方实际上偏离模拟调解材料给出的范围越来越远了,调解员并没有发现。

调解员:(归纳)用人单位没有正式提出解除合同,争议无非3项:一是劳动合同关系是否已经解除,什么时间解除的?二是病假工资是否已足额支付?三是用人单位是否应当给付经济补偿,补偿按照什么标准计算,应当补多少?

劳动者方面除去仲裁中提到的请求,又增加了给予医疗费补助的要求,是吗?

劳动者:是的,一定要给医疗费补助。

点评:这时调解员才想起要归纳双方当事人所争议的焦点问题,应当在开始调解时就归纳好,才能把控调解的进程,不至于使双方争议越拉越大。如果在调解开始时做好这一步,使双方都认可争议的焦点问题,就不会使调解员的处境越来越尴尬。

用人单位:国家关于工资总额是有规定的,你拿到的全部收入并非全部是工资,你用这个作为工资是不合适的。

点评:公司作出这样的辩解实际上使自己处于不利地位。劳动者有工资单、存折。上面记载着劳动者的货币收入,如果公司不能证明其中哪些部分不是工资,则应当认定其就是劳动者应当取得的货币工资。

**劳动者:你们没有按期发工资,有违法之处。所以我提出解除合同是有依据的,公司应当给经济补偿。**

点评:劳动者一方发现了公司未按时、足额发放工资的"软肋",也许这是劳动者一方提出新诉求的原因。在进入仲裁程序后,劳动者一方当然可以依法增加、撤回、变更仲裁请求,但作为法律工作者必须牢记,这些工作应当是做在正式提起仲裁申请或者起诉之前的。在当事人一方由于不懂法律,又没有聘请律师的情况下,不能苛求其这样做,但作为专业的法律工作者则应当在诉前做好充分的准备。

劳动者一方提出新的利益诉求,一定是在发现对自己有利的事实或者法律规定以后,权衡利弊的结果。在该案中,如果接受劳动关系已经解除的事实,最多可以要求经济补偿、未发或者足额发放的病假工资;但劳动者知悉自己还可以享受医疗期的待遇后,则改变了诉求。坚称劳动关系并没有解除,不仅可以得到在医疗期内的工资、医疗费补助,同时也不影响其获得解除或者终止劳动关系的经济补偿,对劳动者来说可以实现经济利益最大化,最大限度地维护自己的合法权益。这就再次证明了学法、知法、用法的重要性。

**调解员:合同到期应当终止。**

点评:调解员给出"合同到期应当终止"的结论,说明扮演调解员的一方对我国《劳动法》《劳动合同法》及相关制度规定掌握的不足。劳动合同到期后是否必然终止,不能一概而论。我国《劳动合同法》中合同的终止采用的是法定事由终止,并不以当事人的合意为依据。在该案中,劳动者自 2008 年 10 月入职起,已经与用人单位连续签订远超两次的固定期限劳动合同,符合签订无固定期限劳动合同的条件,如果劳动者提出订立无固定期限劳动合同,用人单位对是否签订无固定期限劳动合同则没有选择权,也就不存在劳动合同终止的问题。用人单位只有依据医疗期的规定解除劳动合同的权利。[①]

劳动者：终止也应当给补偿啊！你们既没有提出解除，也没有提出终止，没有办理解除或者终止的手续。现在我是根据公司违反劳动法不按时、足额发放工资要求解除合同的，公司就应当给补偿。

点评：按照我国《劳动合同法》的规定，在解除或者终止劳动关系时，用人单位有义务按照法律规定向劳动者出具相关证明。但劳动者一方以用人单位"没有办理解除或者终止的手续"为由否认劳动关系已经解除或者终止，是对法律理解的误区。劳动合同的解除是一个事实行为，自一方当事人提出之日起该行为已经实施完毕。是否产生劳动合同解除的效力，则是法律判断问题。如果解除行为符合法律规定的解除事由，则会产生劳动合同解除的效力。否则，即使一方实施了解除劳动合同的行为，也不会产生劳动合同解除的法律后果。

用人单位：在调解时你又突然提出了医疗补助费，这是没有道理的。还是按照你原来在仲裁请求中提出的几项要求来商量吧！

点评：用人单位试图将调解的基础拉回到劳动者在仲裁申请中所主张的权利上，这是必要的。对劳动者突然提出的新主张并没有时间作出利弊得失评估、判断的情况下，用人单位不应贸然作出同意或者不同意的决定。因为不同意意味着调解无法成功；同意则很有可能使己方付出更多的代价。因此，公司的上述做法不失为一种缓兵之计，为继续进行的调解赢得考虑的时间，又不破

① 我国《劳动合同法》第14条规定："无固定期限劳动合同，是指用人单位与劳动者约定无确定终止时间的劳动合同。用人单位与劳动者协商一致，可以订立无固定期限劳动合同。有下列情形之一，劳动者提出或者同意续订、订立劳动合同的，除劳动者提出订立固定期限劳动合同外，应当订立无固定期限劳动合同：（一）劳动者在该用人单位连续工作满十年的；（二）用人单位初次实行劳动合同制度或者国有企业改制重新订立劳动合同时，劳动者在该用人单位连续工作满十年且距法定退休年龄不足十年的；（三）连续订立二次固定期限劳动合同，且劳动者没有本法第三十九条和第四十条第一项、第二项规定的情形，续订劳动合同的。用人单位自用工之日起满一年不与劳动者订立书面劳动合同的，视为用人单位与劳动者已订立无固定期限劳动合同。"

坏继续商谈的气氛。

调解员：程女士，总计给你28,000元人民币，你能够接受吗？

点评：调解员突然提出了一个公司给付劳动者28,000元人民币的方案，显得有些突兀，给人的感觉是为调解结案而调解，但似乎也是最后通牒。显然，被劳动者拒绝也应是预料之中的结果。这个方案是经过与用人单位沟通后的结果吗？在模拟调解过程中并没有体现出来！如果劳动者一方接受这个结果，而用人单位一方不接受，岂不更尴尬吗！劳动者在申请仲裁时提出的要求是公司向其支付24,000元人民币，调解员提出的这个方案超出了劳动者请求的数额，显然用人单位是难以接受的。如果接受这个方案，用人单位为什么还要接受调解？

劳动者：我不同意！

点评：果然！劳动者一方断然拒绝了这个方案！

调解员：那双方的差距就太大了，这样我们就不好调解了。

（模拟调解结束）

点评：出现调解无法达成一致的情况，调解过程继续进行下去几乎是不可能的，被迫终止是必然的结果。为什么无法达成调解协议，参与模拟的劳动者、用人单位、调解员能够找出原因吗？

## 第二组模拟笔录

调解员：很高兴你们愿意调解。既然双方都愿意接受调解，我们也会尽量帮助你们达成和解协议。既然双方都有诚意接受调解，也希望你们双方各自都作出一些让步，尽量争取调解成功。

劳动者：10个月的病假工资没发，应当给我，这一点不能让步了；我现在要求解除合同，公司应当给予经济补偿。我要求公司给予42,580元人民币的经济补偿，已经是很低了，已经作出了不小的让步。公司没有与我解除合同，也没通知我来上班,实际上我处于失业状态,没有收入,生活也很困难,希望公司能够考虑我的处境。我现在已经生活不下去了,希望公司能够考虑我的实际困难。

点评:显然劳动者一方采取了先发制人的策略,力争在调解过程中取得主动。也许受到前一组模拟调解的启发,后一组模拟的学生马上改进了调解策略,这是学生反应机敏的表现,值得肯定。只要不断学习、不断改进,就能不断提高。

劳动者一方首先抛出了己方的“底线”:“10 个月的病假工资没发,应当给我,这点不能让步了!”为什么题设材料给出的争议是“7 个月”病假工资如何给付,劳动者一方变成了“10 个月病假工资没发”?显然,在模拟训练前的小组讨论中,扮任劳动者的一方发现了“医疗期”的规定,临时改变了模拟调解材料中所设定的内容。这种情况在法律实务工作中是会遇到的。一方当事人就自己的诉求向律师征询意见,律师会发现因当事人并不了解法律,不知道自己究竟有哪些合法的权利,提不出明确的权利要求,或者提出没有法律依据的要求。而这正是律师存在的价值。律师凭借自己的专业知识、职业技能与经验为当事人提供高质量的法律服务。

是否明确向对方亮出自己的“底线”,或者如何“窥探”出对方的底线,是在谈判中不能回避的问题,也是难题。调解与谈判实际上有本质上的相同之处。谈判是双方当事人直接对话,而调解介入了调解人(第三方)。如果调解人有效发挥自己的主导作用,则更有利于争议双方缓和商谈的气氛、避免陷入僵局、从濒于破裂的商谈边缘拉回到继续协商的轨道、巩固(固定)已经取得的商谈成果、促使一方或者双方作出让步。

劳动者一方首先申明“已经作出了不小的让步了”,其实未见得是不能再作进一步的让步,这种申明往往也是被作为一种策略来使用的。

劳动者一方强调“生活很困难”,是比较常见的在谈判(调解)中采用的“哭穷”方法。这种方法往往会唤起人们对“弱者”的同情，或者取得道义上的制高点。在何种情况下用“示强”、在何种情况下用“示弱”的技巧，取决于对手的情况、争议事项的重要程度等因素。恰当采用可以起到好的作用。

调解员：程女士现在又增加了请求的数额，你能说说理由吗？

点评：调解员敏锐地发现了劳动者一方摆出了新的商谈筹码。通过和缓的语气请劳动者一方申明自己的理由，为调解员对一方当事人为何突然抛出新请求的动机作出判断以赢得时间，同时也会对其新请求的合理性、依据作出判断。

劳动者：公司一分钱病假工资都没给我，我现在也没法上班，这3个月你们也应当给工资呀。你们觉得哪些部分不合理呢？我在公司工作都8年了，也是你们公司的老职工了。我现在不能工作，又没有一分钱工资，让我怎么办呀！

点评：劳动者一方继续发起情感攻势。“你们觉得哪些部分不合理呢？”讲合理性是一般当事人在解决争议时通常会用到的方法。但作为法律工作者需注意：法院不是单纯讲合理与否的地方，人民法院审理案件，是“以事实为依据，以法律为准绳”，讲的是事实、是法律；如果说讲理，也是讲法理。法理不同于一般当事人所理解的道理，也不同于一般的情理。当然，法理不会离社会生活中的一般道理太远。

用人单位：公司现在经营也非常也困难。公司在2011年已经降低了全员的工资，特别是公司经营管理人员降得更多，因为公司经营实在困难，不到揭不开锅的时候，公司领导也不会降工资呀！公司无奈之下才裁员的，哪家公司愿意裁员呢，都是迫不得已呀！所以，你要求给病假工资也好、经济补偿也罢，都应当按照调整以后的工资标准来计算。

点评：用人单位也发起了情感攻势，采用了示弱法。可以判断，用人单位还是愿意推进商谈的过程，希望通过协商达成一致。同时也可以猜测，用人单位对于是否继续履行合同还没有最终作出决定，处于观望与摇摆的状态。如果调解员能够洞察用人单位的心态，因势利导地劝说用人单位一方，或许可以推进调解的进程。

劳动者:我倒是同意按照降低以后的标准来计算工资基数。公司的病假工资仅给了 1 个月,我同意以后几个月也按照这个标准给。

点评:适时作出让步是必要的,劳动者采取以退为进的策略。同意按照用人单位降低以后的工资标准为基数计算病假工资,但应当给付病假工资的月份数不能让步。综合算起来,劳动者一方并没有吃多大亏。

调解员:补偿金按照原工资标准计算吗?

劳动者:补偿应当按照原工资标准计算,即按照 3860 元人民币计算;你现在又突然改变没有了要求,没有诚意谈了。

调解员:补偿金的计算标准是终止或者解除合同前 12 个月的平均工资,每工作满 1 年给相当于 1 个月工资的经济补偿,不满半年的按照半个月工资给。这个法律上有明确规定,双方不应当再争了。按照规定标准给合理合法,很公平。

点评:调解员及时、准确地运用法律法规的规定说服当事人是必要的,可以起到定分止争的作用。在事实已经非常清楚,而且法律规定非常明确的情况下,双方再起争议实无必要。有时源于当事人对具体法律规定的不了解,有时是出于当事人一方解决不让步以获取其他方面更多利益的考虑。这时,调解员要及时为双方当事人讲明依据,多数当事人是可以接受的。

用人单位:程女士一方在调解时突然又提出新的要求,这不合理。

点评:公司一方仅仅抓住对方当事人"节外生枝"或者"步步紧逼"这一环,规避对方的锋芒,再谈"诚意"与"合理性"问题,表明了己方不愿让步的立场,同时又不使协商过程陷于停顿,这时调解员应当因势利导,劝解劳动者一方回到原来已经达成一致的意见上来,固化已经取得的成果。

劳动者:41,500 元人民币是可以给的,是吗?给这个钱我可以继续工作是吗?

点评：劳动者一方采用反问的方式很巧妙，迫使用人单位一方向达成一致的方向前行而不是后退，同时也能进一步试探对方的底线。

用人单位：不考虑给予经济补偿，可以继续履行合同，但只给病假工资。

调解员：程女士是愿意解除合同还是继续履行合同呢？

你们双方能否各让一步？今天就把争议就解决了吧。

点评：用人单位一方已经明确表示同意补发病假工资、继续履行合同了。这时调解员要抓住机会，促成有关劳动合同解除争议的解决。这时，就只剩下病假公司工资如何支付的争议了，协商过程已向前推进。

调解员：这3个月的工资是否要求全额支付？是按照3320元人民币计算吗？

用人单位：这3个月你没来上班，我们怎么给工资？

劳动者：你们没有通知我来上班呀！生病的时候也没给钱，也没来看看我，也没关心过、问过！让人心寒！不来上班是因为你们不发工资。

用人单位：你没来上班，凭什么给工资！为什么要单位通知，你自己应当知道要来上班。

点评：双方就是否应当给工资再次争议，马上又要陷入僵局了。任凭双方争议下去看来也不会取得什么成果。

调解员：现在双方不要再继续争吵了，都应当作出点姿态来，作一点让步不就解决了吗！病假工资双方已经没有争议了，公司也同意给。公司不给经济补偿了，程女士继续在公司工作，这样你们可以继续维持劳动关系，不是挺好的吗！

点评：显然，调解员马上意识到不能任由双方当事人做这种对解决争议无益的争论，要迅速将双方拉回到缩小争议的轨道上来。马上制止“争吵”是必要的；作出归纳总结，及时固定协商已经取得的共识，效果是非常明显的。

劳动者：这3个月没有工作，没有收入，也没有办法找新的工作，这是我要这3个月工资的主要原因。你们是家大公司,要考虑考虑影响啊!你们这样做让老员工多寒心啊!这样吧,公司给26,000元我就答应,这样可以了吧!

用人单位:那就这样吧!

调解员:就这样定了,这多好!

(结束)

点评:看来调解员终于松了一口气,双方达成了调解协议,皆大欢喜。但是,用人单位答应给付的总金额实际上超出了劳动者一方最初的请求,用人单位为什么会答应?除补发的病假工资外,双方不解除劳动关系,对劳动者来说保住了一份工作,应当是满意的结果;而且,用人单位答应补发的工资也超过了预期,这对劳动者来说无疑是取得了额外的收获;但对于用人单位一方来说,真的愿意继续聘用劳动者一方吗?未给劳动者缴纳社会保险的隐患并没有消除;合同期限届满后劳动者如果要求签订无固定期限劳动合同,公司又将如何应对?

教师提问:用人单位方,你们预设的方案是什么?

用人单位:最高65,000元人民币(显然不合理,劳动者仅仅要求40,000元);最低11,000元人民币(因劳动者的过错解除合同,只能要求医疗补助费);中间值为30,000元,朝着这个方向努力。最终劳动者提出给付26,000元人民币,低于我们预设的目标,所以答应了。

## 四、点评归纳

**模拟者自我评论和互相点评:**

大家的临场应变能力比较强,特别是第二组模拟者能够很快总结出第一组模拟者调解失败的教训,吸收其可取之处,促成了调解成功;调解的最终目标一定要明确,之后便要全力达成目标。调解过程中用了法、理、情,用了"示强"法、"示弱"法,对促成调解成功起到了作用。

调解员在手段上一定要采取“引导”与“压力”相结合的方法,“促退”而不是“促进”,促使、引导双方当事人让步而不是使一方或者双方不断“加码”。双方都作出让步才有可能达成一致。什么地方应当让步,什么地方坚决不能让步的分寸把握得比较好。如何把握住这个平衡点则在于调解之前双方当事人、调解人都要做充足的准备,有比较清晰的思路和可进可退的调解方案。

**教师点评:**

1. 对模拟案件材料的把握

诊所学生必须在把握案件材料上下功夫。如果不能紧紧围绕题设材料展开,模拟调解就无法正常进行下去。当一方当事人提出了超出案件材料的话题,调解人或者对方当事人将无所适从。

从模拟过程来看,诊所学生对案件材料的把握还显不足。要在有限时间内厘清案件材料的重点、难点、焦点问题,无疑对学生提出了较高的要求。事实上,作为一名法律工作者,其基本功就是厘清案件材料。律师在法庭上口若悬河、滔滔不绝,其实只是影视作品中的律师形象。律师的口才形象固然重要,但没有扎实的基本功,没有强大的对案件材料的获取、整理、运用和把握能力,是无法为当事人提供优质法律服务的。教学形式的新颖性、模拟对抗的观赏性,使模拟仲裁、调解、审判的教学环节受到法学院学生的欢迎,学生从中也确实学到了很多东西,经受了锻炼,但如果仅仅追求场面上的华丽,却忽视了案头工作,则是本末倒置。这些道理必须被法律诊所的学生所铭记。

2. 法律法规的运用

无论是谈判、调解、仲裁还是诉讼,最有利的武器还是事实与法律。离开了法条去讲理,往往是事倍功半的。

在模拟调解中,诊所学生暴露出对法律法规的不熟悉、不能充分运用法条论理的不足。诚然,法律诊所的学生中很多并没有选修过《劳动法》《社会保障法》的相关课程,对仲裁、诉讼的程序了解也不多,但这不是忽视法条运用的理由。法学院学生不可能在求学期间学完所有的现行法律,况且也会不断出台新的法律。在掌握法学基本原理的基础上,能够自学新法律(包括修订、新立,也包括自己原来没有接触过的法律)是法律工作者的必修课,需要自觉完成。没有这种欲望与能力,则无法适应法律工作。

3. 对调解意义的理解

由于在司法实践中"重判决,轻调解"现象的存在,近年来我国司法机关也越来越重视调解工作,大力推进提升调解结案率,在实践中也取得了较好的效果。但是在具体工作中也有片面追求调解结案率的现象出现,导致一些司法工作人员为达到调解结案率指标工作负荷加重的情况发生,牺牲了司法效率,影响了司法工作人员的积极性;对个别案件无休止、无原则的调解,事实上也损害了司法的公正性。但应当看到,诉讼绝非解决争议的唯一手段,有时也未必是最佳手段。对于当事人来说,诉讼一般不应当成为其解决争议的首选办法,还是应当努力争取通过协商、调解的方式解决争议。无论是诉前的调解还是仲裁、诉讼中的调解,对解决争议都是不可或缺的手段。因此,准确理解调解解决争议的意义,学习掌握调解的技能与方法,对法学院的学生同样是十分必要的。

4. 调解技能与技巧

无论对当事人还是调解人来说,掌握必要的调解技能与方法,对于实现调解解决争议的目标都是非常有益的。善于和恰当运用一些调解技巧,可以起到"化腐朽为神奇"的效果。当然,技能、技巧、方法、手段都是为目的服务的,在使用时必须把握好度和分寸。

在模拟调解中,法律诊所学生已经尝试使用了一些方法,并且取得了效果,这是值得肯定的。但法律诊所学生在技能、技巧的使用上暴露出的问题也是明显的。

例如,利弊得失分析法,有些案件中的劳动者采取"寸利必得"的态度,权利必须捍卫,这是毋庸置疑的。但是,引导劳动者作理性分析,使其明白"有得必有失”的道理也是必要的；肯定其合法权益应当维护的前提下，放弃一些不容易争取到的利益、不当的利益，有助于争议尽早解决；对于用人单位来说，时间就是成本，放弃一些利益，从表面上来看是一种损失，但却赢得了时间，可以通过其他方式弥补损失；且企业表现出了诚意，可能赢得了信誉和尊重。调解员站在当事人的立场上，帮助其分析利弊得失，可以取得当事人的信任，有助于当事人听从调解员的建议。

“背对背”说服法，即在适当的时机请一方当事人暂时回避，做另一方当事人的工作，劝说当事人接受对方当事人的主张，或者作出一定的让步。但可惜，在上述模拟调解案件中，调解员没有使用这种方法。

采用“背对背”的方法，应当避免当事人产生误解，特别是劳动者一方，要帮助其克服负面情绪和不良心理。在实践中，劳动争议案件发生较多的，是解除劳动合同争议、经济补偿争议、工资争议、工伤争议。在这些劳动争议案件中，劳动者大多属于合法权益受到侵害的一方，是利益的受损者。而劳动者通常在心理上也会把自己当成受害者、弱者。但作为法律工作者绝不能以偏概全，应当有自己的客观、独立判断。如果不能有效地纠正劳动者一方（利益受损方）的不良心理，则很难得到劳动者一方的信任；如果劳动者一方不能走出“无论如何裁判，我都吃亏了”的心理误区，调解就很难成功。

在调解中采取“背对背”的方法，更多的是要做当事人的心理疏导工作，动之以情、晓之以理，帮助其作证据占优还是不利、法律规定如何适用等方面的分析，结合利弊得失的分析，引导当事人作出更加有利于争议解决的选择。对争议双方当事人积怨较深、对立情绪比较明显的，还要耐心做劝解工作。

在调解中采取“背对背”的方法时，除给当事人讲些道理、法律外，还要注意采取“压”的办法。所谓“压”，不能一概肯定对当事人一方有利的一面，要使其充分认识到对己方不利的一面，放弃一些明显争取不到的利益，实现整体利益最大化。当然仍需要注意的是，面对比较偏执的当事人，不要使其产生调解员不公正的感觉,否则调解很难进行下去。

## 五、教学特色

诊所法律教育的核心价值,在于使受教育者在实际办理案件的过程中感悟什么是法律,以及怎样学习法律与运用法律。如果问学生什么是法、法的本质与特征?相信任何一位法学院的学生都会倒背如流地给出完美的答案。但是,为什么法律诊所的学生在具体办理案件时会感到现实社会生活中的法与书本上的法有所不同?根本原因在于他们对社会的实际了解不多,因此对法的感悟就不会深刻。模拟调解训练,旨在使诊所学生通过调解方式解决争议时学习如何与人打交道,学习如何运用法律,同时提高与人沟通、相处的能力。

清华大学法学院劳动法律诊所课程中设置了模拟调解的教学环节,选用以往法律诊所学生办理完毕的案例或者本期法律诊所学生正在办理的案件,更加贴近客观真实;通过对所得到的证据进行评估,厘清争议的基本法律事实,以此为主线,寻求双方当事人都可以接受的解决方案,锻炼了诊所学生解决问题的能力。

1. 选择真实案例

从法律诊所学生模拟调解的过程可以看出,即使选用真实发生过的案例或者法律诊所学生正在办理的案件,法律诊所学生在模拟过程中仍然不可避免地给出了超出模拟案件所提供材料范围的新的事实、提出了超出模拟案件所提供材料范围的新要求。如果是教师编纂的案件,这种情况更是不可避免的。在选用真实案例的情况下,指导教师就可以最大限度地还原案件的本来面目,避免当事人或调解人纠结于新出现的情况,偏离案件本身实际情况越来越远的情形的发生。

当然,模拟者提出新的情况、请求,往往是其创造性思维的结果。对此,应当鼓励学生不断涌现新的想法、思路,在点评环节应当予以充分肯定。同时,也要求法律诊所教师在提供模拟调解案例时,尽量做到真实、准确、详尽,以避免因所提供材料的差错误导学生。可以在总结模拟过程的基础上不断完善模拟案件所提供材料的范围,形成越来越完备的模拟案件数据库。

2. 字幕点评与场景再现

现在有很多现代化的设备、工具可以用于完整记录并真实再现法律诊所学生模拟调解的全过程,如录音笔、摄像机。但是,如果使用全部还原模拟过程的音像材料,法律诊所课程的学时根本不允许。况且,需要点评、总结的,值得升华的点并不是模拟的全过程。如果指导教师采取不断叫停的方式及时点评,又会破坏模拟过程的连贯性、流畅性,进而打断模拟者的思路;有时还会破坏学生在模拟中突然闪现的思想、方法的火花。于是,笔者在长期教学实践中摸索出了用字幕点评的方法。

在模拟调解过程中,指导教师在电脑上作记录,将模拟的主要过程用文字记录下来,固定学生模拟的主要过程,特别是将学生模拟中出现的观点和思想的闪光点、暴露出的问题着重记录下来,在模拟完毕后回溯点评。

指导教师的记录是否要让旁观的学生看到?其实指导教师也是有不同看法的。参与模拟的学生肯定看不到现场的屏幕显示,但如果记录直接显示到现场屏幕上,旁观的学生也是可以看到的。这对旁观的学生肯定有所帮助,他们可以吸收指导教师的点评意见、接受指导教师指出的问题,在下一场模拟时马上作出调整与改进,实际上就达到了教育的目的。当然,也可能影响学生已经形成的模拟思路、在小组讨论准备时已经确定的方案。看起来第二个出场模拟的小组表现得可能会比首先登场模拟的学生更好一些,那是他们善于学习他人经验、不断改进的结果。这不正是符合法律诊所教育目的的结果吗?只是后上场模拟的小组可能暴露出的问题少一些罢了。从总体来看,教师的课堂记录同步显示在大屏幕上,使旁观的学生即时看到,对学生的帮助会更大一些。

3. 点评意见的课后加工

模拟调解完毕后的现场点评,包括法律诊所学生的自评、互评,教师的点评无疑是模拟调解的重要环节,甚至是最重要的环节,因为它是纠错的环节、提升的环节。但课后点评意见的加工同样也是不可或缺的环节。该环节最核心的价值在于对模拟环节各种问题进行提炼与升华。如果不重视这一环节,模拟过程中的各种问题往往随着下课铃声响起,就从学生的脑海里消失了。法律诊所学生更加注重模拟过程的体验,注重这种教学方式的新颖性,注重调解的结果,这本身无可厚非;但是“温故知新”的道理往往是学生容易忽视的。对点评意见的课后加工就显得更加重要了,尽管这个环节要花费指导教师大量的时间与精力。

课后加工整理后的点评意见已经在上文“模拟过程”部分中展示出来了。笔者采用在课堂笔录原文的基础上,用修订文本的模式添加、删改,补充点评意见。完成后的文本提交在清华大学法网络学堂上,选课的学生都可以看到。在这份文本中,哪些地方指导教师作了删除、修改、添加,均一目了然。显然,对于有心的诊所学生来说,抽时间阅读指导教师整理加工后的点评意见,思考指导教师为什么作出这样的点评,从指导教师的点评中学到了什么、改进了什么、明白了什么、提高了什么,可以给有心人留下有用的资料。

# 中国人民大学法学院《残障人权益保护和研究法律诊所》课堂实录

崔凤鸣* 郭 锐** 蔡 聪***

## 一、法律诊所简介

为了促进残障事业的发展,同时也为了使学生在参与保护残障人权益的法律实践中深化理论知识,中国人民大学法学院于2011年正式设立残障人权益保护和研究法律诊所。本课程以残障人权益保护的相关法律问题为课程主题,如残障人权利保护的国际公约、人权法及国内外残障人权益保护法。其中,课程特别注重提升有关残障的观念和认识。课程以残障的社会模式为基准和主线,帮助学生建立积极的意识,关注影响推动残障权利保护的环境、信息和社会等方面障碍,通过课内课外的学习与实践调研,培养促进残障研究和法律的融合与发展的意识和能力。从内容的挑选方面来说,无论是阅读材料的挑选、问题的提出还是专业的讲解,教师都注意既涵盖国际范围内相关研究的较前沿内

---

* 哈佛大学法学院残障事业发展项目中国部主任、中国人民大学法学院兼职教授、南京特殊教育师范学院特聘教授。

** 中国人民大学法学院副教授。

*** 一加一残障人公益集团合伙人、文化CEO、有人公益基金会理事。

中国人民大学法学院(硕士研究生)刘连炻、(本科生)何佳怡、李珈铭同学协助整理了部分资料,特此致谢。

容,又密切地对接国内的实际情况,让学生既看到问题的普遍性,也看到特殊的情况和探索发展的空间。从讲解的内容上来讲,既有理论的介绍,又有案例的分析,同时穿插视频,用情景来揭示和诠释理论知识。在讲解的过程中,尽量避免讲座式的灌输,而是选择在开放和激励的课堂氛围中不断地问答、对话、追问和推理,激发学生们进行思考和深度理解。在操作的形式上,整个课程贯穿着"请进来"和"走出去"的方法,每节课都有残障人士代表作为专业人员和权利主体被请来参与和引导课堂教学和讨论,帮助学生听到残障人的诉求、建议和专业分享。同时,学生有机会和这些代表所在的机构建立联系,按照学生的研究和法律援助的兴趣和方向与合适的机构和相关辅导人员对接、互动、交流和学习。在教学实践部分,教师通过设计和带领,促成学生自觉自愿地选题和分组结合,保证学生将主动课堂学习的知识和想法在课题实践中内化,并能够进行更深入的思考,同时也增强学生之间的讨论互动和相互学习。课程要求学生在完成课程的实践后提交实践报告或论文,并在班内进行公开报告。

## 二、典型课堂简介

(一)案例一:残障与就业

1. 教学设计

(1)课前材料阅读;

(2)基础知识讲授;

(3)老师、学生与残障人自助组织(Disabled Persons' Organization,DPO)的工作者提问与讨论;

(4)课后材料发放以及自主提出问题。

2. 教学目标

(1)了解企业社会责任概念的发展;

(2)了解企业社会责任法律化的进程;

(3)了解中国的残疾人就业保障金制度与残障人按比例就业制度;

(4)能够分层次分析残障人融合就业对企业与社会的价值;

(5)运用合理便利、不歧视等概念分析残障人面临的就业障碍;

(6)理解就业权对个体的意义。

3. 完成情况

本课程的学生讨论了企业存在的目的是否仅仅是创造利润。答案是否定的,企业需要承担一定的社会责任。退一步说,即使就创造利润本身而言,能够承担企业社会责任的企业在此方面的表现至少并不差。此外,本课程还着眼于现代社会企业社会责任逐渐法律化的趋势,如我国施行的残疾人按比例就业制度、企业对环境保护的责任与污染环境的惩罚等。

学生结合自身对工作的需求,探讨了就业对于个体的价值。其一方面,是创造价值,换取报酬;另一方面,也是实现社会化的过程,结合个人需要自我实现,从而理解就业权作为人权,之于残障人具有同等价值。以此出发,结合残障概念的演变(课程的基础)分析了目前我国在残障人就业权实现过程中政策上的"安置"态度和无法融合就业的结果。

结合中国的具体情况,学生探讨了残障者就业权实践的具体路径,由初级的企业满足残障人按比例就业,避免缴纳残疾人就业保障金(罚款)的需要,到中级的低端劳动密集型产业对稳定低廉劳动力的需要,到高级的企业认可残障能够为企业多元文化发展做出贡献。

在实践过程中,学生结合自身的经历,探讨了在教育、实习、招聘、同工同酬、晋升等各个环节,残障人所面临的多重歧视,并分析了合理便利与过度负担之间的区别和举证义务。

(二)案例二:残障平等与不歧视

1. 教学设计

(1)课前材料阅读;

(2)基础知识讲授;

(3)老师、学生与 DPO 工作者的提问与讨论;

(4)课后材料发放以及自主提出问题。

2. 教学目标

(1)理解基于残障的歧视;

(2)明确拒绝提供合理便利属于歧视;

(3)结合教育、就业、出行等具体领域分析基于残障的歧视。

3. 完成情况

学生阅读了联合国《残疾人权利公约》中"基于残障的歧视"的相关概念,分析探讨了其构成要件。并着重探讨了"合理便利"的概念。

结合残障人面临的歧视,学生探讨并理解了形式平等、过程平等、结果平等和实质平等之间的区别与联系,概念的发展和不同边缘群体的关系。

学生明确"合理便利"是残障对于反歧视领域做出的巨大贡献,从残障领域的运用,回溯至所有边缘群体乃至个体平等参与权的实现。

以某学校要接受轮椅学生为例,探讨了在此过程中学校如何为轮椅学生提供合理便利,以及发生争议时,关于"不当或过度负担"学校的举证责任。

(三)案例三:无障碍

1. 教学设计

(1)课前材料阅读;

(2)基础知识讲授;

(3)老师、学生与 DPO 工作者的提问与讨论;

(4)课后材料发放以及自主提出问题。

2. 教学目标

(1)明确无障碍的范围与概念;

(2)明确无障碍是国家义务;

(3)理解障碍的来源并非伤残;

(4)理解人人都需要无障碍;

(5)了解通用设计的概念;

(6)分析无障碍与合理便利之间的区别与联系。

3. 完成情况

结合周身日常情况,学生从无障碍洗手间的使用者出发,探讨了无障碍与“残障人专用”的联想和歧视。明确了空间对于不同群体的压迫是存在的事实。

结合残障概念的演变,学生理解到在设计不合理的物理环境面前,每个人都会遇到障碍,都需要用到无障碍设施。

从英语和中文语境的不同理解,学生探讨了无障碍与可及性两个语境背后的目的差异、主体性差异。

从尊重个体需求和宏观环境发展,学生探讨了无障碍与合理便利的关系。综观时代的发展,回顾了无障碍概念的诞生,从物理环境无障碍发展到信息无障碍、制度无障碍和态度无障碍。

两组学生结合新近发生的新闻,选择了研究视障人士互联网接入信息无障碍和视障人与自闭症人士出行无障碍的课题进行课后实践研究。

## 三、课堂实录——以第一节课“认识残障”为例

“认识残障”这个专题包括几个重要的议题:有关残障的负面认识对残障人的处境和社会整体的发展带来的影响、残障概念和称谓的演变及意义、看待残障的主要不同模式,以及对联合国《残疾人权利公约》与残障的社会模式提高认识。“认识残障”被确定为本课程的第一节课,是因为其他后续的相关主题,如“受教育权利”“平等参与”“工作和就业”“法律权利能力和司法保护”“无障碍”,这些主题都从认识残障的属性和视角开始。认识残障与上述主题密切相关。有关残障的观念和认识问题,一直是残障研究和实践的核心问题。

在特定环境中,一种主导的残障模式会对有关残障的法律政策的制定和实施、学术研究和学科建设、专业的设置、发展和培养、资源和服务的分配和整合、残障人的参与机会和能力建设以及社会融合等方面的主要工作带来多层次、多维度的综合性影响。从这个意义上来说,在法律诊所课程中,“认识残障”这个主题不仅为后续的课程内容作了基本铺垫,而且是贯穿整个课程的主线,是课程进行各个不同主题时不可避免地要不断涉及、拓展和深入的话题,帮助学生从积极的视角切入,以了解和掌握在我国的相关法律和政策背景下有关残障权利保护的重大议题和国际人权法在本土的落实和影响,致力于参与有效的政策和实践的倡导。

(一)授课老师的教学设计

1. 教学背景

研究表明,一个社会看待残障人的视角和形容他们的词语能够折射出这个社会环境中的价值观。关于残障称谓的界定,在世界范围内都经历了不同进度的演变过程。在过去的1个多世纪中,随着残障权利保护进程的推进和社会文明的进步,“残障”这个称谓和概念在我国走过了这样一个演变的进程:残废—残疾—残障。在20世纪80年代末之前,“残废”——简言之残即废,被普遍和正式地用来形容不同身心功能的局限特征,而具有这些特征的群体,被称为“残废人”。与此同时,和残废相关的还有很多比较现代的、刻薄和贬损的称谓,针对的是有不同功能缺陷的群体,如“瘸子”“瞎子”“傻子”“弱智”“疯子”“哑巴”等。然而社会的不断进步使“残废”这个词语和概念本身涵盖的负面性越发凸显,公众不仅逐步体会到“残废”这个称谓和概念的伤害性和贬损性含义,而且对这个词所导致的对功能损伤和具有这些损伤的人的误解、污名、歧视和偏见的认识也逐步提高。“残废”这个词继续存在的合理性也因此遭到质疑,自20世纪80年代起,“残废”逐步被“残疾”所取代。然而,在过去的10年间,“残疾”和“残疾人”这两个称谓和概念的全面性、科学性和客观性也遭受质疑。尤其是残障人自组织和家长机构等助残组织中间的先行者,更是呼吁应用更能体现对生命的尊重、对个体的社会性认识和对平等参与的保障的称谓,来替换偏狭和落后的称谓和概念。“残障”也就是在这样的情况下出现的。

“残疾”和“残障”这两种称谓,前者代表以医学认知和干预矫治为主导的个人模式,简言之就是残即疾。在个人模式的框架下,“残”所体现的个体的不同功能差异和局限是一种纯粹的病理现象,是个人的残缺和不正常的悲剧性问题,绝对地从个体的功能区别来切入和定义,把个体和其所处的环境隔离开来,强调个体功能局限需要矫治,使之正常才能够被纳入所谓“正常人”主导的主流环境中,否则就作特殊安置和对待。“残疾人”这个群体被定义为需要被动地医疗矫治、福利对待、隔离安置的对象。而后者“残障”是强调个体的社会性的社会模式,简言之就是“残 + 障”,即残所代表的个体不同功能差异和局限与外部环境客观和主观的各种障碍相互作用的综合结果。这种模式明确提出,置身于一定社会中的个体,无论他们具有什么样的功能局限,其参与社会的程度和能力都会受到环境因素的影响。残障的社会模式,对解决残障问题给予了新的定位和切入点。它告诉我们,片面地矫治个体的功能局限而忽略对环境中负面因素的消除和改变是错误的,无论对残障人这个群体还是对整个社会都是不利的。环境中的负面因素,对整个社会具有普遍影响。

可以看出,对一个群体特征的称谓,已经超越了文字符号这样一个范畴,这样的概念演变的进程伴随对残障问题的不断深入的理解仍在继续,逐步趋向于更客观、先进、全面的概念。这样一个勇于不断趋近完善概念的思想和行动过程,体现的是时代的进步和要求,挑战的是人的观念和态度。

与这个进程切实相关的重大事件,是2006年12月13日联合国大会一致通过的《残疾人权利公约》(以下简称《公约》)。这部21世纪的第一部人权公约,是许多个人、非政府组织(Non-Govenmental Organizations,NGOs)、残障自组织和不同国家的政府代表近20年倡导努力的巨大成果,也是多方共同合作、主体参与的结晶。《公约》自通过以来得到世界许多国家的空前拥护。截至2017年4月8日,已经有162个国家签署,180个国家批准,94个国家签署和批准了《公约》的"任择议定书"。中国政府不仅在《公约》的起草过程中是重要的支持者和推动者,也相继于2007年3月30日和2008年8月1日率先签署和批准了《公约》。《公约》把提高认识放在最重要的位置。《公约》在"序言"五中提到:"(本公约缔约国)确认残疾是一个演变中的概念,残疾是伤残者和阻碍他们在与其他人平等的基础上充分和切实地参与社会的各种态度和环境障碍相互作用所产生的结果。"这一条清楚地表明,在一定的社会环境中,有不同的功能特点和损伤的个体所受到的限制在很大程度上是社会环境和负面态度障碍所导致的。《公约》的第8条"提高认识"中要求缔约方"提高整个社会,包括家庭,对残疾人的认识,促进对残疾人权利和尊严的尊重;在生活的各个方面消除对残疾人的定见、偏见和有害做法,包括基于性别和年龄的定见、偏见和有害做法;提高对残疾人能力和贡献的认识"。毫无疑问,《公约》要求缔约方从残障的社会模式出发,以平等的权利保障为原则,为认识和解决残障相关问题指出了侧重消除外部障碍的要求和努力方向。

2. 教学目的

结合法律诊所教学的目的,本节课的教学目的在于帮助学生了解和思考有关"残障"的概念认识,对比主要模式、主要影响以及《公约》中以切实保障平等权利为原则对待残障人的社会模式以及对我国的现实意义,旨在增强学生对残障观念的认识和视角的转换,提高学生在先进理念的指导下分析相关法律政策和实践以及提高法律援助和相关实践的能力,帮助他们更专业地解读相关法律政策、识别法律和政策改善的空间和方向以及提高法律援助的观念意识、策略和各种技能。

3. 教学目标

鉴于残障权利保护的法律诊所课程时间短、课程内容复杂,学生的相关经验和背景知识积累比较薄弱,各种内容不能面面俱到,课程的目标定位于专业方向的引领,培养学生的兴趣,教授学生今后继续探索的思路和方法,调动学生实际操作的主动性,帮助学生在今后从事的法律实践中保持敏感的残障权利意识,同时为学生提供各种资源并搭建桥梁。

4. 教学设计

以"认识残障"为主题的课程,在课前准备、课堂进行和考核几个方面包含以下设计环节。

第一,从课程一开始,在对整个残障权利保护实践与研究的法律诊所课程的总体构架和脉络的综述中,就清楚地介绍"提高认识"的主题内容、关注点、重要性和在整个课程中的地位和作用,同时要求学生在考虑贯穿课程始终的课程实践的设计规划和进程要求时有意识地审视背后所蕴含的有关残障的观念和意识问题。

第二,在"认识残障"课程开始 1 周前为学生提供经仔细挑选的必读和推荐阅读材料(中英文)和思考问题。主要的阅读材料包括联合国《公约》的"序言"、第 1 条"宗旨"、第 3 条"一般原则"和第 8 条"提高认识"中英文,《残疾人保障法》节选和阿琳·堪特(Arlene S. Kanter)教授的文章《残障研究与法律之间的关系》(The Relationship between Disabilities and Law)(英文)等。这些精心挑选的阅读材料,要求学生精读思考,是为了保证学生能够了解观念意识在总体残障权利保护中的地位、作用和意义。材料的国际和比较的角度能够帮助学生认识有关观念和意识方面的共同现象和本土的特别体现。在提供阅读材料的同时,老师也提出一些关键的问题供学生思考。这些问题帮助学生带着问题和思考进行阅读,为上课做准备,从而培养学生对这个主题的兴趣,同时也为活跃的课堂讨论和即将要按照课程要求进行的相关法律项目实践提供综合的理论框架和思考角度。

第三,在对学生的教学实践的指导方面,注重学生的独立性,从第一节课开始,就进入课题设计的思考,让学生有意识地不断反思课题的设计思路和观念意识之间的关系,不断澄清思想误区。

第四,在课程设计之初,就充分地调动和整合各种帮助学生切实地进行法律实践的资源的支持,包括相关的残障者自组织、家长机构、专业的律师机构及相关专业的专家等。学生通过课堂教学互动机会、专门为课程建立的社会媒体平台等不同的便利、全面和深入的方式,利用他们提供的资源学习专业知识、进行实践活动。同时残障人权益保护和研究法律诊所的学生也和他们的法律实践所代表的残障人个体、相关机构和社会群体紧密地结合在了一起。这样的一个资源整合和关系建立的过程还有一个重要的意义:将课程讲解的内容在实践中予以运用和体现出来,让知识活起来、让实践有专业引领。

(二)课堂开展情况

1. 学生参与、互动情况(学生发言、提问、教师解答等)

(1)基于课前阅读材料提出问题

学生在上课之前按照任课老师提前布置的相关阅读材料和思考问题为上课做充分的准备。阅读相关阅读材料之后,进入课堂学习。

关于“认识残障”这个主题,任课老师布置的思考问题为:

①为什么要了解和认识残障?

②有关残障的概念界定有什么意义?

③你对残障或残疾的认识在阅读材料之前和之后有什么变化?

④阅读材料中你认可和不认可的方面有哪些,原因是什么?

⑤探讨残障概念对相关法律诊所的理论和实践有什么意义?

在课程的开始阶段,老师基于学生课前阅读的材料,提出以上问题,带学生一起共同进入对课程主题的思考,同时也深入观察和了解学生的理解程度和原本的想法,帮助学生带着一定的问题和思考进入老师的内容讲解部分。在与学生就以上问题逐个进行互动时,老师会就上述问题,根据学生的回答进行追问。

(2)围绕问题、相关事例或阅读材料进行讨论

在明确本节课要解决的问题之后,展开课堂对话和讨论。在这一过程中,主要是基于开始上课时提出的问题,由学生发表自己的观点和看法;老师根据学生的反馈补充发问,或者援引相关事例,还有残障人的亲身经历介绍,引导学生就相关问题、现象、概念进行思考。

比如,在探讨关于"残疾"和"残障"这两个概念时,有些同学说,通过阅读材料,感觉"残疾"侧重的是身心功能单方面的问题,认为这是一种病态的存在,而"残障"包括的因素更全面,强调个体和外界的互动导致的状态。根据学生分享的观点,老师继续问了以下几个问题:

①你们以前的生活和学校教育过程中接触过残障人吗?

②那么你们认为残疾是不正常的病态吗?

③如果有人成为残障人,你们觉得他(她)很悲惨、可怜吗?

④残障人在受教育、就业和参与社会方面的情况不好,主要是他们的功能限制造成的吗?

⑤你们觉得帮助残障人最恰当的方法是什么?

在这个时候,老师请到课堂的一位视力障碍人士简短地分享他失去视力时的情景,生活随之被迫发生了哪些变化,以及这些变化有哪些直接由他的视力障碍所导致,哪些是因外界因素所导致,这些变化给他带来什么影响等。

这样层层深入地从平时生活中司空见惯、想当然的情景中提出相关问题,把学生带到一个对已有的对残障约定俗成的认识开始审视的状态下,一方面,是本节课教学目标的要求;另一方面,带着问题进入老师相关内容的介绍,能够帮助学生更加积极主动地参与课堂。

(3)相关议题的讲解

在讨论的基础上,老师进入这部分的核心议题的讲解过程。这部分的内容包括"概念的演变与意义""残障的不同模式及其影响"及《公约》的相关内容。

主讲老师逐步引入残障人权益保护研究中的有关残障的专业概念、进程和趋势,以及面临的主要挑战。在对相关概念进行讲解时,主讲老师既从纵向的维度,对以上三方面内容的发展进行纵向梳理;同时也从概念演变的影响方面进行涉及其他主题的横向揭示,对不同概念进行进一步的澄清。

残障人权益保护的研究,相关概念的定义、认识问题的视角在不同阶段有所不同。因此,通过对概念演变进行梳理,展现残障人权益保护研究专业性的提升,是贯穿本课程的一条主线,包括残障概念的演变、残障的主要模式两大方面。

关于残障概念的演变,在不同时期不尽相同,历经了"残废—残疾—残障"3 个阶段,而在当下,定义为"残障"也意味着相关领域研究和实践的视野拓展和方向调整。同时,强调要以发展的眼光,以开放和科学的态度,不断精确地对相关概念进行定义。

关于残障的模式,在讲解中详细说明从个人模式向社会模式的变迁和了解不同模式的原因,其中主要分析了社会中占一定主导地位的模式在以下方面的影响:对法律政策制定和实施、公众对残障权利的认识和关注度、残障群体及其家庭对自身和环境的认识、服务和资源的分配和提供、相关专业发展和专业人员的角色作用。

在阐述个人模式和社会模式的部分,解释了什么是个人模式和社会模式,仔细地分析和对比了两种模式的特点,然后对两种模式可能带来的影响进行了分析和对比。此时,老师在课堂上提出的一个主要问题就是让学生们思考自身所处的环境中哪种模式占主导作用并说明理由,由此展开一次丰富的课堂讨论,在讨论中和学生一起加深对残障模式的了解。

在过渡到《公约》的内容时,主要是基于学生在阅读材料的预备下,通过提问讨论的形式加深学生对《公约》中"序言""宗旨"和第 8 条"提高认识"的相关内容的理解。

残障模式的变迁,一方面启发学生反思"刻板印象",另一方面也为残障人权益保护研究的深入,提供了全新的视角。

(4)对课堂内容进行总结

残障人权利保障法律诊所课程的开展,主要是通过课堂讨论的形式进行的,在不断讨论的过程中,启发学生对于相关问题、现象、概念进行思考。在每节课结束时,教师会根据学生讨论的情况进行总结,归纳本节课讨论的主要问题,或进行简要的点评。

(5)对课堂内容进行回顾

每一节课结束后,老师会组织学生对讲解内容通过完成课下作业的形式内化和吸收。老师提出的要求包括:

①查找和列举一个与残障的观念和态度相关的事件;

②对事件进行深入分析,找出解决的办法或提出看法;

③准备文字书面材料以备下次课前分享并听取其他同学的问题和建议。

每次变换主题的那节课开始之前的上节课回顾,都起到承前启后、温故知新的效果。

2. 学生课堂成果展示(课程报告的摘要和逻辑框架)

课堂成果部分展现的方式主要是通过法律诊所课程学生分小组通过访谈、问卷调查等形式,实地调研的研究成果展示。在残障人法律诊所课上,首先,由学生自行确定调研主题,通过与任课老师进行可行性探讨,形成最终的调研课题。其次,由任课老师根据学生的需要,提供相应的调研资源,由学生自行调研,在之后的每次课上定期汇报调研进展,在最后一次课上呈现调研成果。以下将对部分调研成果进行展示。

(1)《视障者信息无障碍权利保障的法律研究——兼以腾讯公司为个案研究》

在这一份报告中,学生从介绍信息无障碍的概念和内容入手,从广义和狭义两个层面对于信息无障碍的内涵进行了梳理。在厘清概念内涵的基础上,对其外延进行了界定,主要包括平面媒体、辅助用品用具、通信产品和服务、软件产品、网络服务、公共设施服务、电子产品。

在界定概念的基础上,该报告作者对国内外信息无障碍相关的法律规范和行业标准进行了概括性的梳理,并详细介绍了信息无障碍在美国的立法实践。

之后,将目光由规范转向实践,以腾讯公司为例,介绍了腾讯公司作为一家互联网公司在推动中国信息无障碍事业方面的成功实践。腾讯公司于2012年加入万维网联盟(World Wide Web Consortium,W3C)组织,并于2013年年初与W3C达成战略合关系,成立了W3C在中国的第一个社区小组(Community Group)。在推动信息无障碍建设方面,主要从以下几个方面做出了突破:①实现产品无障碍,提升视障用户的互联网体验;②鼓励视障人士编程,开拓就业新途径;③促进行业协作,共同营造无障碍的互联网环境。

腾讯公司的成功经验无疑为中国信息无障碍事业的建设和推进提供了良好的范式。据此,该报告作者从意识观念的转变、相关规范的制定和落实、推进理论与实践的结合3个层面,就中国信息无障碍事业的推进,总结提出以下几点建议:①大力推广信息无障碍概念,提高社会信息无障碍意识;②标准制定方面,继续完善现行信息无障碍标准体系的内容;③在标准落实上,出台鼓励引导性政策,鼓励企业积极落实相关信息无障碍标准;④支持DPO组织的建设和发展,推动残障倡导和维权专业化。

(2)《视障人士乘车软件信息无障碍研究》

这一份报告同样是研究信息无障碍,但考察角度有所不同。该报告作者立足于乘车出行的信息无障碍实践,对视障人士使用乘车软件的现状进行了梳理,指出了现存问题并分析了问题产生的原因,在此基础上对解决乘车软件在信息无障碍实践中存在的问题提出了完善的建议。

就视障人士使用乘车软件的现状而言,该报告对视障人出行的方式和使用出行软件的情况分别进行了统计、分析，得出结论：视障人士在市内短途出行时，使用公交车的频率最高；在出行软件中，“滴滴出行”的使用频率最高。同时也反映出，对视障人公交车乘车软件和出租车打车软件中信息无障碍的系统设置情况进行深入了解具有现实的必要性。

关于视障人士使用出行软件中存在的问题，基于第一部分“现状梳理”得出的结论，这一部分主要围绕公交车乘车软件和出租车乘车软件中的问题进行了梳理。目前，公交车乘车软件中的问题主要包括：第一，软件提供的信息不十分准确，无法准确知晓所乘公交何时进站，停靠何处，占比 78.57%；第二，软件所涵盖的公交线路不完整，部分线路信息无法获得，占比 42.86%；第三，软件始终处于更新状态，读屏软件选站难以及“其他”问题，占比 28.57%。而出租车乘车软件中的现存问题主要包括：第一，读屏软件无法读取有关控件或只能读出源码及英文，占比 53.57%；第二，软件界面缺少控键，读屏软件无法工作，占比 42.86%；第三，在评价时，读屏焦点无法对准，占比 39.29%；第四，电子产品的无障碍设计（如“voiceover”等）与软件之间不兼容，占比 32.14%；第五，添加过多不应有的提示，导致信息冗长以及“其他”问题，占比 28.57%。

在明确问题的基础上，该报告作者对于问题产生的原因进行了分析，得出了以下几点：第一，企业开发无障碍软件的意识缺失；第二，缺乏建设信息无障碍的行业标准；第三，开发无障碍软件缺乏经济效益；第四，关于信息无障碍的法律规定的缺失；第五，学校教育缺乏对建立无障碍环境意识的培养；第六，官方无障碍联盟的介入，致使导向偏差。

在明确问题和问题产生原因的基础上，该报告作者对解决乘车软件信息无障碍问题提出以下几点建议：第一，增强对视障人士本身及其需求的了解；第二，增强企业开发信息无障碍软件的意识；第三，将信息无障碍设计纳入企业开发机制；第四，将信息无障碍设计列入软件开发行业标准；第五，法律应明确规定软件设计的无障碍标准；第六，国家支持建设信息无障碍环境，使其能够产生经济效益;第七,学校教育应重视对无障碍意识的培养。

同样是对信息无障碍实践理论及实践的研究,两份报告从不同的角度进行了考察:前者从企业的角度,宏观上介绍中国企业在推进信息无障碍事业上的实践;后者从视障人群体的角度,微观考察信息无障碍实践中存在的问题。眼光流转于理论和实践之间,也对如今我国信息无障碍事业的推进和完善多了一份思考。

(三)课堂总结

1. 教学目标的完成情况

教学目标完成得比较顺利,在不少方面有很大的突破。同学们对重大核心问题理解的视角发生的积极变化就是突出的一点。这门课程相对国内的法学院来说是一项开创之举,开课年限短,绝大多数中国人民大学法学院的学生对这门课深的了解并不多。在进入正式的课程学习后,在很短的时间内,便能看到学生在互动和参与方面的诚恳态度和专业的投入,主动性增强。学生迅速找到了实践项目的兴趣点和方向;学生在从事实践调研的过程中,都有实践经验丰富的残障机构专业负责人、律师、教育和法律等领域的专家随时提供专业支持和平台;启发式的教学充分保证了学生参与互动的最大化。宽松和相互尊重的课堂氛围使学生能够畅所欲言,表达观点或提出有挑战的问题,即使在绝大多数情况都有残障人士代表在场的情况下,也是如此。

2. 学生的意见反馈

非常有意思的是,从学生的反馈意见来看,涉及"认识残障"这一主题的反馈较多。同学们反馈说:

残障人法律诊所这门课程对我来说最大的收获就是改变了我看世界的方式。生活是多样的,我们不能凭一己之见认为他们是不幸的。虽然中国社会对残障人的普遍意识仍停留在怜悯阶段,但这也意味着需要更多的人去提高人们的意识,不仅在物质上,也要从精神上真正做到平等对待。

"障碍"不再是障碍,这是我的收获。你可能有行动障碍,我可能有视力障碍;你可能到一个陌生的环境有语言障碍,我到新的工作环境可能有沟通障碍。正因如此,我们要接纳身处障碍的自己,积极消除自己身上的障碍,从而懂得配合和支持别人消除障碍的需求。因为,你我一起是构成这个世界的点点滴滴。

这门课程给我的收获更多的是一种思想意识上的改变与对生活态度的重新认知。通过在课堂上一次次的讨论、交流,让我更好地了解到"残障并不是一种病态,障碍也不等于残缺"。残障群体虽然被社会大众归为弱势群体、或多或少遭受着来自各方面的压力与不公平对待,但他们并不是孤立无援的对象,他们也是权利的享有者与社会生活不可或缺的一部分。我们不应该划为"他们"和"我们",我们的社会应当更加包容、多样化,为每一个生命的独立成长提供最和谐、舒适的环境。

残障人权益保护这门课程带给我最大的感悟便是让我处在一个感同身受的视角去理解这个群体,而我们中的任何一个人都可能因为处境的改变而成为这个群体中的一员。的确,我们看到他们与常说的"四肢健全"的正常人有所不同,在的确存在这种不同的时候,我们需要做的不是放大这种不同进而使其成为彼此沟通交流的隔阂,或者成为这个社会拒绝他们的理由。同时,我也觉得如果作为残障人士,也要勇敢地走出去,勇敢地去与这个社会的隔阂与偏见抗争。每个人身处在这个世界上,无论健全与否,都会面临这样或那样的困难和磨练,也正是因为残障人士的勇敢,才能让我们这些浅薄无知的"正常人"知道自己是多么狭隘。非常感谢能够有机会上这门课,认识你们这些可爱的人们!

针对课程教学的不同方面,老师提出了一些问题,听取了学生们的意见和建议。主要的问题反馈如下:

(1)阅读内容切合课堂内容,对于课前理解教学内容有很大的帮助,阅读量后期有所减少,个人感觉可以增加一些案例以增强大家的理解和独立思考能力。

(2)课堂互动很充分,每个学生都有充足的机会和时间发表自己的看法,老师循循善诱,很好地引导我们深入思考,使我对学会用平等、理解、尊重、包容的眼光去看待残障这一现象。一个小建议就是希望老师能稍微把控一下讨论的方向,有时候讨论有些偏离了课堂讨论的中心,陷入不太相关的争论中是不太必要的。

(3)老师能够调动多方资源进入课堂,让学生对残障人这一群体以及他们所面临的问题有了更加直观、清晰的认知。残障 DPO 领袖们的思想和智慧也在潜移默化中影响了学生对残障的看法,加深了学生对问题的思考和认识。

(4)在课堂学习之外学生独立完成调研,并通过调查、访谈、文献调查等方式形成最终的调研报告,法律诊所实践深化了学生对问题的认识,也很好地促使学生去深入了解问题。这门课程很好地完成了法律诊所课程应有的教学任务。

(5)从残障人士的视角重新解读相关法律政策就会发现很多在之前没有发现的问题,例如,我国对于残障人合法权益的保护是不足的,仍然有很多地方需要改进,但立法修法应该更多地让残障人、残障人组织参与其中,这样法律才能真正切合他们的需要。

(6)有学生认为,现在社会对于残障的理解是存在误解的,就像在没有上课之前学生也仅仅把残障视为疾病、把残障人当作需要社会救助的对象,而没有认识到残障人在社会中遇到种种不公对待的根源即在于社会主流人群包容、平等意识的缺乏给他们造成了种种障碍。学生反思,其实世界应该无所谓"我们"与"他们",加强这种包容意识教育在我国是十分必要的。

3. 对课堂的改进想法

对"认识残障"这部分课程今后的改进有如下考虑。

首先,主要在阅读材料的挑选方面,开始考虑尽可能增加一些国内有关残障权利保护典型案例的文字性材料供学生们阅读、分析、讨论。在已经结束的课程中,这部分的内容是通过老师或邀请的代表以口头的方式呈现出来的。以文字阅读材料的方式提供,让学生能够在课前把这些案例和其他的法律文本和研究型文章一起阅读,更能引发对材料的综合且深入的思考。这样也可以避免当讨论层层深入时,各种复杂的情景能够始终聚焦。

其次,关于课程计划中所有准备阶段已经挑选好的丰富和综合的阅读材料按课时发放的问题,进一步把握好跟进学习和阅读进度较快的学生和较慢的学生的平衡,主讲教师不再考虑随机减少阅读量。

最后,与以上情况相关,因为对残障人状况的陌生的情况在学生进入课程初期也有较明显的体现,因此需要加强“认识残障”这部分内容在后续主题中通过多样性方式的影响渗透。

## 四、结语

在法律诊所课程的总体设计和开展过程中,把握了以下几个方面的平衡:课时的限制和综合复杂的内容之间的平衡,对学生法律实践的逐步推进和课堂核心内容的介绍之间的平衡,还有基于学生对特定主题的兴趣的支持和对整个残障权利知识构架的介绍之间的平衡。在这几个方面的平衡,是能够顺利完成诊所课程教学目标的关键。笔者期待,本文所介绍的内容能够帮助残障权利保护法律诊所在全国各法学院系的兴起与发展。

# 天津大学诊所式法律教育在线开放课堂实录

吕斯轩[*]　张夏昱[**]　刘文文[***]

## 一、诊所简介

从2016年9月起,诊所式法律教育在天津大学“课程质量提升计划”第二批建设课程中作为在线开放课程立项,开始建设3学分48课时的课程,在2017年2月录制完成并上线开始进行试运行。课程形式为网络线上教学、结合线下学习和实践,教学方法是理论和实践交替进行,每完成一个部分的理论学习(线上课程)后,会布置相应的案例或任务由学生完成(线下课程)。一共有8次作业对应整个课程的会见、事实调查、法律研究、咨询、谈判、调解、文书和诉讼写作8个部分。每次作业将全班分为若干组,每次作业的分组不同,目的是增强团队合作,熟悉同学和提高分数区分度,小组得分为每位小组成员作业的分数。小组每次作业需要线下完成模拟实践,并且按要求制订行动计划并填写工作备忘,进行自我评估或者完成法律文书等书面材料的制作,教师会根据学生的模拟实践表现和书面材料的写作给出相应的分数。

在实践环节中,学生可以参与天津大学校内的法律援助中心。作为法学院

---

* 天津大学法学院讲师,作为项目负责人在天津大学“课程质量提升计划”第二批建设课程中开设《诊所式法律教育》在线开放课程。

** 天津大学法学院法律硕士,“特德·比尼恩案”事实调查讲稿作者。

*** 天津大学法学院法律硕士,“达利耶·鲁捷案”事实调查讲稿作者。

内设组织，法律援助中心成立于2009年，方向为民法。根据截至2016年12月的数据统计，参与法律援助中心实践的学生人数140人，自开办以来接办案件的总数为410件。2016年学生人数为20人，案件数为57件，涉及案件当事人100余人次，每起案件由2个学生负责办理，每个学生以在校学生的身份平均办理6起案件。法律援助中心的学分为2学分，每周课时数为4课时。除社会案件外，2016年法律援助中心还接受指派，深度参与并处理了天津大学校医院案件、建筑学院学生溺亡事件、马克思主义学院教学事故等校园法律问题。学生除可以到法律援助中心进行实践外，在诊所式法律教育课程考核优秀的学生会被推荐代表天津大学参加杰赛普、国际人道法以及国际刑事法院国际法模拟法庭比赛以及到校外的公检法机关、律师事务所和企业实习。

## 二、课堂简介

诊所式法律教育为法律实践类型的课程，需要训练学生综合运用法律知识和研究方法解决实际法律问题的能力。本课程面向法学本科高年级学生、法律硕士以及法学硕士开设，要求学生已经掌握了一定的法律基础知识。效仿医学院学生医疗诊所临床实习的做法，在法学教师指导下针对案件提出法律意见和服务的“诊断”，培养学生的职业技能和职业道德，将理论与实践相统一。诊所式法律教育起源于美国，在美国各大知名法学院都作为选修课开设。2016年9月21日天津大学法学院经诊所法律教育专业委员会(The Commitee of Chinese Chinical Leqal Education，CCCLE)常委会讨论，被批准成为CCCLE第198位会员单位。[①]

相较作为诊所式法律教育发源地的美国，中国目前主要有以下三个方面的

① 载中国诊所法律教育网：http://www.cliniclaw.cn/article/？1711.html，最后访问日期：2019年2月1日。

不足。

第一,生师比相对较大。在美国的法学院,诊所式法律教育是小班教学,一名非常有经验的律师只带2~3名学生进行教学和实践,这样就可以保证能手把手对每个学生进行充分的训练和问题解答。而在中国的多数法学院很难保证在该门课程上能够进行小班教学,就使学生在实践中得到教师悉心且全面指导的可能性大大降低。

第二,课程仍然偏重理论。由于在美国法学院强调从律所、法院和检察机构等法律实务部门引进兼职教师来教授诊所课程,使课程的实践性有所保障。而在我国,我国法学院在从事诊所式法律教育研究的教师实务经验有限,无法保证课程的实践性。

第三,相关制度不够健全。在美国有严格的律师执业程序和职业道德操守,保证法学学生以见习的身份参与到律师执业中,并且受到有执行力的职业道德操守约束,法律诊所接待的客户也往往是经济困难而无法承担律师费用的穷苦人民。而在我国,法学学生参与执业的身份没有明确的法律界定,又缺乏有执行力的行业道德准则,使有的法律诊所变相成了"律师事务所"。

将本课程作为在线开放课程的优势符合网络时代和职业市场的要求,有诸多优势。

首先,在线开放课程可以鼓励学生利用零散时间学习。由于诊所式法律教育的知识点小而杂,适合学生利用零散时间进行学习,而不需要使用其大量的专门时间。法律诊所将课程全部上传网络,使学生可以根据自己的学习情况自由选择学习时间。

其次,在线开放课程交流更方便、快捷。诊所式法律教育需要在实践中学习,每个学生针对同一个案件事实可能会有不同的困难和问题,利用网络平台进行交流,可以让学生及时提出问题,教师在线反馈,减少了交流屏障,不再需要固定时间和教室来与教师探讨相关问题。

最后,在线开放课程更方便学生复习和总结。由于诊所式法律教育的相关内容比较丰富,需要在学习中不断复习和总结,利用在线开放课程的平台,学生可以定期重温已经学过的课程,并且随时进行回顾和总结。

本课程在设计上有以下三大原则。

第一,注重实践能力培养。不同于以法学理论知识为主的传统法学院课程,学生可以通过参与真实案件的过程和细节,掌握解决法律问题的方法和技巧。

第二,激发学生学习兴趣。不再由教师满堂灌输法律知识,而是强调学生参与到实践当中,通过角色扮演、"头脑风暴"、分组讨论和案件模拟的教学方法让学生具备真实的办案经验。让学生由被动学习转为主动探索。由于案件本身没有唯一正确的答案,只有解决办法的好与坏之分,那么就需要学生主动探究而不是为了寻找正确答案而被动学习,如此一来可以充分调动学生的主观能动性。课程摆脱了应试教育模式,而突出对解决法律问题的能力进行培养,没有一般的书面考试,但是更注重考核学生的综合法律实践技能。

第三,训练学生团队合作。法学专业毕业生在毕业后面对真实的案件,往往需要一个大团队的配合才能处理复杂的法律事务,因此,在完成作业中分组合作可以训练学生的团队合作。

## 三、课堂实录

截至2016年12月20日,诊所式法律教育在线课程已经录制完成第一章"会见"和第二章"事实调查"的内容。以下课堂实录是这两章的讲稿。

### 第一章 会见

会见是律师与客户、证人、对方律师、检察官、法官等案件相关人员的谈话。本章我们主要介绍律师与客户的会见。

## 第一节　会见常见的注意事项

让我们先来看一下会见常见的注意事项。

第一,在会见前我们需要进行客户调查。

从积极方面来说,这样可以促进律师与客户合作的达成。客户调查目的是了解客户的相关背景从而进行相应的准备工作。律师行业其实是一个专业服务行业,如果在客户来之前对客户可能遇到的相关问题进行预测,或者对客户的法律需求领域进行了解,并且进行一定的相关法律研究,那么在会见客户时就会更从容,客户也会感觉你的表现更专业,更愿意和你建立合作关系。从消极方面来说,可以前期筛选掉不良客户。在美国,可以利用 Lexis 和 Westlaw 的法律检索系统查询个人信用和犯罪记录。在中国,犯罪记录一般要通过公安部门查询。但也有许多其他途径可以了解客户信息,首先,可以通过客户预约的信息和社交网站(如 Linkedin),查询客户的一些基本信息,从而可能判断客户是否为不良客户。也可以在客户授权下通过中国人民银行现场或者其征信中心官方平台进行客户个人信用记录的查询。最后,可以通过相关国家机关的信用名单来判断客户的个人信用,如最高人民法院的失信被执行人名单、国家旅游局公布的旅游黑名单等。

第二,一般按照客户的态度可以将其分为合作型和不合作型,不合作的主要表现为不提供有效信息和具体案件事实、情绪激动无法安抚、无理取闹、傲慢无礼、对律师出言不逊等。通过预约和现场会见的交流,律师应该很快判断出客户是否合作。对于不合作的客户,可以尽力争取,转变为合作客户,但是对于无法转变的客户,及时拒绝服务则是最好的选择。另需注意的是,律师在代理案件的整个过程中,客户态度不是一成不变的,有从合作变为不合作,或从不合作到合作,或不停反复变化。总体来说,随着客户对律师的信任度加深,合作会越来越和谐。

第三,寒暄是非常有必要的,特别是在第一次见面时,要让客户感觉到你的真诚和热情。一般可以简单了解一下客户是否可以很容易找到你的办公地点,或者简单介绍一下自己所在的律师事务所或者法律服务机构;再如,递上茶水给客户,这都会是非常好的会见开始。但是由于会见时间有限,也不需要花费过多时间寒暄,适度寒暄后马上进入正题,展现专业态度。

第四,律师的代理费用要符合2006年4月13日国家发改委、司法部联合发布的《律师服务收费管理办法》。代理费用一般是很多客户开门见山就想了解的内容,但是在会见开始阶段对于代理费用的把握往往不是很准确的,所以要学会告诉客户代理费用一般根据案件种类、案情复杂程度、律师的工作时间等进行综合考量后才能得出。当然,律师也可能接受风险代理,但最好是先把案情的基本情况了解完毕后再进行代理费用预测比较保险。

第五,代理范围一定要确定清楚,在会见的时候一定要明确客户需要律师事务所解决的问题。一般大型的综合性律师事务所,可能所有类型的案件和相关的争议焦点都有专门的律师进行负责;但是对于一些专攻部门法业务的中小型律师事务所,一定要明确告知客户其代理案件的范围,如只能代理移民案件或者刑事案件,对于相关部门法专业领域外的法律问题,要向客户说明需委托给其他律师事务所执行。在代理范围的确定上一定不要大包大揽,对任何类型案件甚至自己不擅长、没有经验的案件都接手是非常不明智甚至危及职业生涯的错误决定。

第六,会见往往是律师和客户见的第一面,第一印象非常重要,要尽量在会见中就取得客户的信任。一般而言,展现自己的法律知识素养和专业能力可以使客户产生信任,可以告诉客户你毕业的法学院属于知名法学院,你的职业年限已经很长,处理过较多类似的案件等。如果是初入行的律师,一般不会直接在会见中直接接触客户,做好配合工作即可。

第七,对于会见中客户提供的证据材料,在客户允许的情况下,需要复印或者拍照保存,并把原件当场还给客户。客户光有口头陈述而没有办法提供有效的证据材料,可能会导致证据不足而无法进行法律程序。缺少证据材料的客户,除非有取证的可能性,一般要选择不代理这起案件。

第八,根据我国2017年修正的《律师法》第38条以及全国律协2011年修订的《律师执业行为规范》第8条和第52条都类似规定,即律师具有保密义务,对于客户的资料要用严格的程序进行保密,如不随意把客户资料带出办公室,防止在私人电脑和手机上浏览客户资料,对于特别机密的文件采取加密措施等。对于客户的保密要求,律师应该详细解释其保密程序,并且和客户进行保密协定。甚至对于会见后决定不接手的案件,律师也应该对客户信息进行保密,并且要将已保存的证据材料进行销毁。

第九,综合考量客户的信用背景、合作态度、代理费用、代理范围、证据材料等因素后,根据律所的实际情况决定是否接受案件。永远记住,学会拒绝一个案件比接受一个案件更重要,哪怕有一点儿勉强和疑虑,都不要硬着头皮承担能力不及的案件代理,以免给自己未来的职业生涯带来风险。

第十,在会见中,要谨慎地给出法律意见。在没有完整进行事实调查和法律研究时,仅仅根据简单会见就对案件进行断然判断,是极度不专业的行为。有的客户会在会见中急切地想知道可能的法律结果,但是在会见阶段,你可以教育你的客户,律师需要全面了解案情并且进行法律研究后才能给出最全面、正确的解释和预测。但是对于常识性的简单法律问题,你可以适当进行解答,展现自己的专业能力,同时可以赢得客户信任。但在会见阶段,给出法律意见一定要把握好尺度,你不会希望在会见阶段就倾囊相助,而最后客户并不和你签约付费,那么就免费提供了法律意见。始终记得,商业律所都是需要营利的,不能过多提供免费服务。

## 第二节 会见记录

俗话说,“好记性不如烂笔头。”一个律师可能每天都要接待好几个客户的会见和处理各种客户的疑难问题,就算是记忆力超群,也很难说把细节都毫无遗漏地记录下来。

另外,如果律师是按照工作量来计算报酬的,好的记录习惯也可以为客户提供充分的证据材料,证明自己的工作量。记录最好是从会见开始,如果形成代理关系,应该持续到代理关系全部结束为止。

对于大型的律师事务所,往往会使用专业的记录系统,如英文的有PCLaw、Time Matters,中文的有律通、天行通等软件系统。这种管理系统可以综合进行行政办公、流程控制、案件和财务管理,结合法律数据库系统使用,方便律所的管理、资料存储和收集,可以基本做到无纸化办公,在任何有网络的地方都可以继续解决客户的问题和查询客户资料。

但专业的记录软件往往需要收取高额的服务费用,且有律师事务所对此类第三方软件的保密性存在质疑,而律师事务所自己开发和维护自己研发的软件成本会更高,所以还是有采用纸质文件档案方式存储客户信息的律师事务所,但这样可能就不能在律师事务所外进行办公,并且纸质文件档案的储存和管理成本会增加。综合而言,可以将软件记录和实体记录进行结合,对于重要的客户信息可以进行软件和实体同时备份。

一般对于会见,我们在记录时,可以使用计划表、备忘录和评估表。注意制作的每个表格都需要写明页码斜杠总页码,如“第 2 页/共 10 页”,这样方便检查是否有遗失页码的情形。

计划表用于会见前的客户信息整理,需要记录首次建立联系的方式、日期、时间、客户的姓名、工作单位、联系电话、电子邮箱、地址、法律问题的基本类别、预约见面的时间和地点、其他关于客户的背景资料、预计出席会见的律师名单等。

律师备忘录是用于会见时客户陈述的案件相关事实记录和证据列表。需要写明案件类别,案件事实,证据列表,案件主要的争议焦点,会见的方式、日期、时间、地点,客户的姓名、工作单位、联系方式,记录人姓名,参与会见的同所律师姓名等内容。记录案件事实的时候,可以采用一问一答的形式,也可以为陈述案情的形式。最后要留有客户签名的地方,在存档前给客户过目,最好能由客户确定内容正确并且签字。

评估表是对整个会见过程的一个评价,对是否形成代理关系进行论证。律师可以用此来确定是否接收一个客户,客户也可以此来确定是否聘请律师。评估表需要写明评估人和被评估人,分析接纳此客户或者选择该律师事务所的利弊得失,结合案件的复杂程度、律师以及客户的实际情况,综合论理得出是否形成委托代理合同。

随后诊所课堂请学员观看 3 个模拟会见。观看时,请学员结合老师之前讲过的会见常见注意事项,分析和评价每次模拟会见。每次模拟会见都由两位学生分别扮演客户和律师,在模拟前,笔者给了扮演客户的同学充分的案件事实和所需要表演出的人物特点,又给了扮演律师的同学一定的案件背景材料,两位模拟的同学互不知晓对方的材料内容。通过会见,我要求扮演律师的同学尽量从扮演客户的同学那里获取有效的信息来决定是否代理案件。

## 第三节　模拟会见一

客户:你是个有钱人,作为一家上市公司的 CEO。一家上市公司决定私有化股权,上市初期公司的股票价格是 23 元人民币,现在已经跌倒 5 元人民币,公司私有化的决定是用 7 元人民币收购股票进行私有化行为。(请表现得非常傲慢无礼,先不谈案情,只谈自己有多么成功,年收入过千万元,有多少豪宅,有很多名车。还很瞧不起律师这个行业,可以问“你们一年才挣几个钱”?)其实这种私有化行为颇受争议,已经有中小股东准备起诉他侵犯股东权益。

律师:你代理的人是一家大公司的老板,想咨询关于私有化上市公司的问题。你了解到这家公司上市初期的股票价格是 23 元人民币,现在已经跌倒 5

元人民币。其实这种私有化行为颇受争议,已经有中小股东准备起诉他侵犯股东权益。但是,假设法律规定只要高出公司股票现在的市价就可以进行私有化股权收购。

## 第四节 模拟会见二

客户:你是个有秘密的人,有在美国私藏和传播儿童色情影片的行为,但是还没有美国被联邦调查局(FBI)发现。(请不要那么直接地告诉律师你的违法行为,可以东扯西拉,不点题,和说律师废话,自由发挥。而且怎么开始提出你想咨询的问题,你可以自由发挥,你还可以假装不想透露姓名进行咨询。)

律师:你是专门的美国法律师,在美国传播和持有儿童色情影片是联邦罪名,但是传播和持有成人色情影片是不违法的。如果儿童色情影片是由成人假扮儿童的,也算是联邦罪名,根据美国判例法主要是根据"所见即可判断的标准"(When you see it, you can know it),以客观观察者的角度认为是儿童色情图片即可判罪。

## 第五节 模拟会见三

客户:你是个有怨气的即将准备离婚的妇女,对丈夫有诸多不满,比如,丈夫出轨(无证据)、丈夫不把全部工资上缴(无证据)、丈夫暴打她(无证据)、不抚养教育孩子……你可以自由发挥。

律师:有个妇人想来咨询离婚的事情。

## 第六节 法学学生求职面试技巧

客户会见和工作面试有很多相似之处,所以我想在此处介绍一些法学院毕业生求职面试的技巧。面试和会见类似,都基本上是初次见面的交流,都是一个双向选择的过程。那么在会见中一般由律师掌控全局,在面试中到底是被面试者还是面试官来掌控全局?其实有经验的被面试者,应该学会由自己引导面试过程而不是被面试官主导。同学们可能会问,一般由面试官来提问,我来回答,怎么能由我来掌控全局?其实,方法很简单,就是知己知彼。

知己就是了解自己的简历内容。好的简历会突出自己的优势和特点,而这往往就是面试官关注的重点和兴趣点,这就可以自然而然地引导面试官朝着自己希望的方向进行提问。另外,自己永远是最了解自己的人,所以对于简历上所写的每一项,都要准备好面试官可能的所有发问。

例如,写了到某单位实习过,那么一定要准备好能陈述实习过程中的主要任务、实习期间的领导、职责和收获等内容。再如,简历上写了自己的论文,一定要能简要讲出主体思路、论理和结论等内容。在回答中,特别要注意给出特定的细节,不能泛泛而谈。泛泛而谈会使面试官怀疑简历内容的真实性,适当给出一些地点、人名、专业术语都会使面试官眼前一亮,获得面试官的赏识。

知彼就是了解自己面试的单位和面试官。同学们在面试前一定要采用与会见客户调查相类似的方法去了解自己的面试单位,例如,律师事务所的主要业务是什么,代理过和最近在代理的主要案件是什么,企业文化和执业理念等内容。对这些内容要加入个人理解转化为自己的表达,切忌死记硬背。

如果可能,可以主动询问通知面试的人力资源,面试官是谁?或者搜索单位管理层人员的背景信息。尽量找到可以和自己的经历契合的地方,例如,毕业院校和你相同、都在同一个国家留学过、都在某个单位实习过、最近在关注的法学问题相同或相似等,以此来丰富面试的谈资。大家要注意的是,专业背景是非常重要,但是你也要知道面试的目的是招到一个未来的同事,所以展现出良好的个性,容易和面试官产生共鸣,这样在未来工作中可能会有更好的配合,那么面试官就会更倾向录取你。

总体来说,知己知彼就是要让面试官对你产生兴趣,跟着你的思路走。如何把自己推销出去,是需要你在简历和面试上下功夫,突出优势、避开劣势,把面试官的注意力始终集中在你所熟悉和擅长的领域进行交流,这样就可以掌握全局。另外,就是敢于多面试,最开始的几次多数都会紧张和遭遇失败,但是只要面试次数多了,就慢慢会了解一般面试官的面试套路,经验丰富了,自然表现得更优异。最后提醒大家,不要过分试图在面试中,特别是有多轮面试的非终面环节,与面试官讨论薪资待遇问题。正规单位的薪资待遇都很公平,而且在网上可查阅到。

## 第二章　事实调查讲稿

对很多案件来说,并非法律上有很大争议,而是事实不明。事实调查是通过调查手段收集案件事实材料,了解案情并加以分析,最终获得有关案件证据资料的过程。

### 第一节　事实调查的重要性

诊所教师曾经在线下课堂的 3 个班级中做过测试,要同学们用 10 秒钟观察 1 幅图片,然后回答 6 个问题。这个图片观察测试,就是想模拟同学们如果在路上,遇到一个类似的场景,一般来说作为目击证人不作停留,可能也只能看上 10 秒钟。这么短的时间,我们到底能够记住多少与事件相关的信息?在被测试过的线下课堂的 3 个班级中,平均每个班有 30 人左右,没有任何一次全班所有人都能把这 6 个问题答对,正确率在 80% 左右。那么在现实生活中,对于案件的目击可能比这个图片更难以记忆,而且一般来说不是当场采集,会产生遗忘,所以事实调查至关重要。

大家肯定都听说过号称"世纪审判"的"辛普森杀妻案"。橄榄球超级明星 O. J. 辛普森在美国因为被怀疑谋杀其妻子尼克儿 · 辛普森被起诉,但最后被宣判无罪。我们暂且不论他豪华律师团队的作用,一双手套起到了关键证据的作用——因为他很艰难地才带上这个在案发现场找到的,疑似行凶时凶手戴的手套。可以看出,一个“世纪审判”的输赢关键可能就在一个细微的证据调查。美国前任总统克林顿也曾经因为在一条裙子上展开的事实调查,遭受伪证罪和妨碍司法公正罪的起诉,差点儿遭受弹劾。连美国总统这样位高权重之人也可能被事实调查扳倒。举上述例子,是为了强调证据调查的重要性。

## 第二节 举证责任与权利

举证责任,是指法律规定的向法院提出证据证明案件事实的责任。民事案件遵循“谁主张,谁举证”的证据责任原则,刑事案件一般由公诉人承担举证责任,行政案件由被告对其具体的行政行为承担主要举证责任。值得注意的是,事实调查的范围往往广于举证责任的范围,因为事实调查具有主动性,是为了了解案情而进行的证据收集,目的是胜诉。

举证权利是当事人向法院提交证明自己观点或者反驳对方观点证据的权利。举证权利可以自由处分,即可以选择行使或者放弃。总体来说,事实调查一般并不仅仅在于履行举证义务,而是在行使举证权利。

## 第三节 证明标准

接下来,将从民事、刑事和行政诉讼上来介绍一下证据的证明标准。我们需要知道,民事诉讼证明标准和刑事诉讼证明标准是两个极端,是行政诉讼证明标准的上、下两个极限。

民事诉讼当事人之间的权利义务是对等的,一般采用优势证明标准(又称“占优势的盖然性”标准);最高人民法院《关于民事诉讼证据的若干规定》第73条规定:“双方当事人对同一事实分别举出相反的证据,但都没有足够的依据否定对方证据的,人民法院应当结合案件情况,判断一方提供证据的证明力是否明显大于另一方提供证据的证明力,并对证明力较大的证据予以确认。”

刑事诉讼当事人之间的权利义务不对等程度最高,一般采用排除合理怀疑标准(又称"案件事实清楚,证据确实、充分"标准)。我国《刑事诉讼法》第55条对刑事案件的证明标准作出了新规定,即"证据确实、充分,应当符合以下条件:(一)定罪量刑的事实都有证据证明;(二)据以定案的证据均经法定程序查证属实;(三)综合全案证据,对所认定事实已排除合理怀疑。"

关于行政诉讼的证明标准学说很多,一般认为,行政诉讼当事人的权利义务不对等程度介乎民事、刑事两者之间,应采用严格程度介乎其间的证明标准,即明显优势证明标准(又称"清楚的、明确的、令人信服的"标准),只是在特定条件下才采用优势证明标准或排除合理怀疑标准。采用优势证明标准,是接近民事诉讼的证明标准,适用的案件包括:(1)行政机关适用简易程序作出具体行政行为的案件;(2)涉及预测性事实的行政案件;(3)行政裁决案件;(4)行政机关采取临时保全措施的案件。采用排除合理怀疑标准,是接近刑事诉讼的证明标准,适用的案件包括:(1)剥夺人身自由权的行政案件;(2)行政机关适用听政程序作出具体行政行为的案件;(3)行政机关适用一般程序作出具体行政行为的案件;(4)法院作出变更判决和履行判决的案件。①

## 第四节 非法证据

我国在刑事、民事和行政诉讼中,都否定了非法证据的证明效力。

刑事诉讼上的非法证据排除可以参见2010年最高人民法院、最高人民检察院、公安部等《关于办理刑事案件排除非法证据若干问题的规定》。该规定第1条规定:"采用刑讯逼供等非法手段取得的犯罪嫌疑人、被告人供述和采用暴力、威胁等非法手段取得的证人证言、被害人陈述,属于非法言词证据。"第2

① 参见房士辉:《论行政诉讼证明标准》,载人民法院网:http://www.chinacourt.org/article/detail/2003/11/id/92906.shtml,最后访问日期:2003年11月24日。

条规定:“经依法确认的非法言词证据,应当予以排除,不能作为定案的根据。”

民事诉讼上的非法证据排除可以参见 2002 年最高人民法院《关于民事诉讼证据的若干规定》第 68 条的规定,即“以侵害他人合法权益或者违反法律禁止性规定的方法取得的证据,不能作为认定案件事实的依据”。另外,2015 年最高人民法院《关于适用〈中华人民共和国民事诉讼法〉的解释》第 106 条规定:“对以严重侵害他人合法权益、违反法律禁止性规定或者严重违背公序良俗的方法形成或者获取的证据,不得作为认定案件事实的根据。”

行政诉讼上的非法证据排除可以参见 2002 年最高人民法院《关于行政诉讼证据若干问题的规定》第 58 条的规定,即“以违反法律禁止性规定或者侵犯他人合法权益的方法取得的证据,不能作为认定案件事实的依据。”

不能作为定案依据的证据,我们以行政诉讼为例。2002 年最高人民法院《关于行政诉讼证据若干问题的规定》第 57 条规定,下列证据材料不能作为定案依据:“(一)严重违反法定程序收集的证据材料;(二)以偷拍、偷录、窃听等手段获取侵害他人合法权益的证据材料;(三)以利诱、欺诈、胁迫、暴力等不正当手段获取的证据材料;(四)当事人无正当事由超出举证期限提供的证据材料;(五)在中华人民共和国领域以外或者在中华人民共和国香港特别行政区、澳门特别行政区和台湾地区形成的未办理法定证明手续的证据材料;(六)当事人无正当理由拒不提供原件、原物,又无其他证据印证,且对方当事人不予认可的证据的复制件或者复制品;(七)被当事人或者他人进行技术处理而无法辨明真伪的证据材料;(八)不能正确表达意志的证人提供的证言;(九)不具备合法性和真实性的其他证据材料。”

## 第五节 职业道德

职业道德从以下三个方面来介绍。

第一,承认对我方不利的证据。2002 年最高人民法院《关于民事诉讼证据的若干规定》第 74 条规定:“诉讼过程中,当事人在起诉状、答辩状、陈述及其委托代理人的代理词中承认的对己方不利的事实和认可的证据,人民法院应当予以确认,但当事人反悔并有相反证据足以推翻的除外。”

第二,遵守法律进行事实调查。2001 年《律师职业道德和执业纪律规范》第 27 条规定:“为维护委托人的合法权益,律师有权根据法律的要求和道德的标准,选择完成或实现委托目的的方法。对委托人拟委托的事项或者要求属于法律或律师执业规范所禁止的,律师应告知委托人,并提出修改建议或予以拒绝。”

第三,不得泄露当事人的隐私。我国 2017 年修正的《律师法》第 38 条规定:“律师应当保守在执业活动中知悉的国家秘密、商业秘密,不得泄露当事人的隐私。律师对在执业活动中知悉的委托人和其他人不愿泄露的有关情况和信息,应当予以保密。但是,委托人或者其他人准备或者正在实施危害国家安全、公共安全以及严重危害他人人身安全的犯罪事实和信息除外。”

## 第六节　事实调查的原则

事实调查的原则有实事求是、讲求效率、随机应变。

第一,对于一起案件,我们需要以事实为依据,以法律为准绳进行判断,所以需要在事实调查阶段实事求是。律师和调查人员在进行事实调查时,要尽可能地还原事实的真相,避免弄虚作假、浅尝辄止、主观臆断和先入为主。另外,对于案件真相的追求不能走极端,因为法律上相关证据认定的事实不一定和案件事实完全一致,可能会由于客观条件的限制而造成一定的偏差和影响。

第二,案件的事实调查需要讲求效率,律师和调查人员要考虑实际的时间、成本、案情来决定如何高效率地进行证据收集、整理和分析。对于证据,要学会在有限时间和成本下最大限度地取得在证据效力上更优的证据。例如,原始证据优于传来证据,直接证据优于间接证据,公文文书优于其他书证,经过公证的证据优于一般证据,其他证人证言优于亲属或者利益相关证人对当事人有利的证言。

第三,案件事实会发展变化,而不是一成不变。所以在一个具体的案件事实调查中,需要随机应变,而不能仅仅依赖一种证据或者一位证人。律师和调查人员需要具备一个开放的思维,利用如互联网侦查、大数据、电子证据等相关的新技术、新方法进行调查。

## 第七节　事实调查的模式

事实调查的模式可以是法律要素、时间顺序、因果关系。这 3 种模式各有侧重,在实践中往往结合在一起使用来调查复杂的案件。

法律要素调查模式是根据具体法律法规中对于犯罪构成要素的规定,逐一进行调查。如我国刑法规定的犯罪,从构成要件上进行分析,每一种犯罪都具备 4 个方面的要件,即犯罪主体、犯罪的主观方面、犯罪的客观方面、犯罪客体。

时间顺序调查模式是根据案件已知发生的重要时间点为依据,来进行调查。如在调查中为了证明一个长期的偷税漏税记录,那么最好的方法是采用一个时间顺序,将可能发现的偷税记录按照时间的先后顺序进行排列。

因果关系调查模式可以有两种:第一,由因到果,出现原因情形肯定将导致结果产生,那么此时就需要通过调查事实来证明原因的存在,从而揭示结果产生的原因;第二,由果到因,即首先看见了结果的产生,然后通过事实调查逐个分析可能产生该结果的所有原因,逐项排除不可能的原因,最后获得可能的原因。

## 第八节　事实调查的方法

一般案件的事实调查可以分为准备阶段、实施阶段、分析阶段。在不同的阶段适用不同的调查方法。

在准备阶段,需要明确已知证据和制订详细计划。对于已经掌握的证据,大致可以分为对我方有利和不利的两类证据。对于证据,要看是否存在原始证据、直接证据、公文文书、公证、非亲属和利益相关证人有利证言等效力较高的证据,如果只有传来证据、间接证据、非公文书证、一般证据、亲属或者利益相关证人对当事人有利的证言等效力较低的证据,就要想办法在调查阶段获取更多效力较高的证据,来强化对我方有利的证据或驳斥对我方不利的证据。同时,还需要制订一个计划,包括调查的范围、如何进行分工协作、调查顺序、时间节点、截止日期等。对于依照推测产生的潜在证据,需要确定是否客观合理、是否可能,再进行进一步调查,避免不做计划盲目调查。

在实施阶段,针对时间、地点、人物的选择是调查的关键,需采用多样化的调查方法,并且排除个体局限性,形成完整的证据链。

时间方面,除非事情紧急,一般在民事和行政案件取证时,要在被调查对象方便的时候进行,以免造成其反感和不配合。调查时要时刻关注诉讼时效,以免超过时效。对于伤残等非固定状态的鉴定或者对于冷鲜不易保存商品的取证,需要在案发时尽快进行,以防取证因为时间拖延而变得不准确。但是,刑事侦查中有时候会突击进行,不会过多考虑被调查者是否方便,以防其毁灭证据。

地点方面,一般在民事和行政案件取证时,尽量选择让被调查人轻松愉悦的场所进行调查。刑事侦查中不会考虑地点。

人物方面,被调查人一般可以分为以下三类:第一类,有利证人,包括我方当事人、其亲友和利益相关人。有利证人的调查取证可能比较容易,但是证据效力较低。第二类,不利证人,包括对方当事人、其亲友和利益相关人。不利证人的调查取证难度可能较大,但是证据效力较高。要多注意这类被调查人口供中相互矛盾的地方,看是否可以用来攻破对方的证言。第三类,中立证人,包括围观群众、邻居、专家证人等。对于一般的旁观者,最好多采访几个人来确定他们的记忆是否准确一致。对于专家证人,如医生、鉴定人员等,要关注他们的专业技术水平、专业领域、鉴定经验、个人声誉、利害关系等。事实调查要在法律允许的前提下,应采用多样化调查方法,可以动用现代先进的科学技术获得传统的书证、物证、证言、笔录等证据以外的证据。对于单个证据和唯一的证人证言,最好可以通过更多的证据排除个体认知的局限性,形成完整的证据链。

最后在分析阶段,律师需要理顺相关的证据材料,清楚每个证据材料的效力,明白证据支持或者反对的案件争议焦点,在最小的风险和成本下最大限度地保护当事人的合法利益。

## 四、事实调查学生作业展示

笔者将国外真实的犯罪现场调查案例提供给学生作为作业,要学生自行选择作为检察官或者律师来进行事实调查分析。

### "特德·比尼恩案"①

以下展示的是"拉斯维加斯埋藏的秘密"案例进行事实调查的过程和分析。

首先简单介绍案情。1998年9月17日约中午12时在内华达州拉斯维加斯帕洛米洛路2408号,马蹄俱乐部赌场老板特德·比尼恩死亡。死者身上无明显伤痕,头上无枪伤,脖子上没有勒痕,尸体上有一些小伤痕。现场只有一个空的阿普锉仓瓶子和吸食海洛因的器具。比尼恩死后一天,尸体解剖得出死因——典型的吸毒过量,而死者已吸食海洛因约20年。警方认定,比尼恩死于吸毒过量,拉斯维加斯警察正式结案。

比尼恩的家人雇请私人调查员,提出死者的26岁女友桑迪·墨菲以及她的情人,来自蒙大拿的33岁企业家里克·塔比什为财谋杀了比尼恩。2000年

① See *Tabish v. State*, 119 Nev. 293, 72 P.3d 584 (2003).

2 人涉嫌谋杀被捕,但没有人说得清比尼恩到底是怎么死的,检方坚持认为,是桑迪和里克的强迫使比尼恩过度服药而死。法医迈克尔·巴登医生则认为,比尼恩因窒息导致缺氧而死。而造成其窒息的这种谋杀手段被称为"博肯因",即杀手坐在受害者胸口使其窒息。巴登的专业意见影响了法庭和陪审团。审判开始后不到两个月,陪审团判决被告人有罪,认定其使用致命武器进行谋杀,犯一级谋杀罪,判处其 20 年有期徒刑。2004 年 10 月辩护律师艾伦·德肖维茨提出,检方呈上了两个法医的说法,指出比尼恩也许死于窒息,也许死于被迫服药过量,但二者不能同时存在,因此,两名被告人再度被提审。最终,陪审团认定只有 1 条罪名,即阴谋谋杀并抢劫,但 2 人都未因谋杀获罪,而是因偷窃钱财获罪。桑迪对该决定提起上诉,最终重获自由,里克也在 2008 年获释出狱。

在简单了解案情后,现在开始陈述事实调查内容,包括调查模式、证明标准、调查原则、证据收集方法、被调查者的选择及非法证据排除 6 个部分。

第一部分是调查模式,包括法律要素模式、时间先后模式以及因果关系模式。

1. 法律要素:本案发生在美国内达华州的拉斯维加斯,涉及谋杀罪。美国大多数州,一般把谋杀罪分为两级,即一级谋杀罪和二级谋杀罪。一级谋杀罪,包括预谋杀人,由于过失致多数人死亡,以及在犯其他重罪(如纵火罪、强奸罪、抢劫罪、夜盗罪及掳人罪)过程中杀人的情况。二级谋杀罪包括一级谋杀罪以外的其他情况的杀人罪,如行为人并无预谋,又非在犯罪过程中杀人,而是临时起意杀人的,或从其使用的工具、杀伤的部位和用力的大小,推定行为人有杀人的故意,或其他非造成多数人死亡的过失杀人,以及意图重伤而结果致人死亡者等情形。

2. 时间先后:1995 年桑迪(23 岁)与比尼恩相识,两人感情极好;1998 年比尼恩疑心变得很重,安装摄像头监视桑迪。比尼恩吸毒酗酒,并虐待桑迪。在死亡之前 6 个月,比尼恩与里克相识,里克有一家大型货车运输公司。比尼恩让里克去埋藏价值500万美元的稀有银币,而当时里克欠美国国税局30万美元。在死亡之前4个月,桑迪、里克开始约会。在死亡前1天,比尼恩告诉律师:“如果她今晚没杀了我,就把她从遗嘱中删除,如果我死了,你会知道发生了什么。”在比尼恩死亡当日12时,桑迪打电话告诉已经约好的比尼恩的房产经纪人不必到屋赴约。1小时后,桑迪出门办事。4小时后,桑迪回家,发现比尼恩死亡并呼叫“911”。比尼恩死后1天,尸体解剖得出死因,典型吸毒过量。比尼恩死后2天,里克挖掘为比尼恩埋藏的价值500万美元的银币,并因此被抓。2000年桑迪与里克两人涉嫌谋杀被捕,被陪审团认定为犯一级谋杀罪,判处20年有期徒刑。2004年10月2人被提审,认定只有1条罪名即阴谋谋杀并抢劫,认定不成立因此被告无罪,2008年里克获释出狱。

3. 因果关系:合理推测人物心理、故事环境、实施手段等。在本案中,推测比尼恩因毒瘾而对生活感到绝望,难以掌控赌场,只能将其交由桑迪管理。但他吸毒后会打桑迪,他自己也感到愧疚,可是无法控制自己。直到发现桑迪可能与里克有奸情,他开始监控桑迪。在发现桑迪确实背叛了他之后,想要修改遗嘱。两人经常吵架,使比尼恩更加绝望。死前1天,邻居给比尼恩开镇静剂,比尼恩和桑迪一晚没睡。比尼恩毒瘾又犯,于是开始吸食海洛因,并且服用镇静剂,但是药物之间的增幅效用使他吸食过量而亡。

第二部分是证明标准,即合理性怀疑被穷尽。

1. 毒瘾使比尼恩难以掌控马蹄俱乐部赌场,使其具有极大的自杀可能性。记者杰夫·格曼认为,比尼恩深受海洛因的影响,1997年内华达州博彩委员会曾吊销他的执照。最后比尼恩对委员会说:“这就是我的生活,我无处可去。”他表示很绝望,自己只剩下桑迪。律师约翰·莫默特(比尼恩的朋友)说:“他爱海洛因胜过爱她,这阻碍了桑迪和比尼恩的关系。他沉迷于海洛因已有15~20年了,当他吸毒时,意识不到自己的底线。吸完毒他就服用阿普锉仑,都不知道自己身在何处。”因此,死者具有自杀的可能性。

2. 犯罪现场调查显示，比尼恩是吸毒过量而致死亡。犯罪现场调查员麦克·铂金斯说："比尼恩身上无明显伤痕，头上无枪伤，脖子上没有勒痕，尸体上有一些小伤痕。现场只有一个空的阿普锉仓瓶子和吸食海洛因的器具，证明他是吸食海洛因过量死亡。"结论：犯罪现场调查员没有发现任何可疑的地方。

3. 尸体解剖证明死者死于典型的吸毒过量。病理学家西里尔·韦克特博士认为，死者死于混合药物中毒，包括海洛因、阿普锉仓及安定，尸体上没有打斗的痕迹，胸膛中间有一个小红点，上唇处有一处小的擦痕。这些说明尸体在现场曾经面部朝下，尸体被发现时，面部是朝上的，而这些情况说明，在死者死后的一段时间内，尸体的面部是朝下的，后来才被转过来向上的。

4. 毒品和镇静剂不可能来自桑迪和里克。是比尼恩买了毒品，也是他从邻居那里拿了阿普锉仓片剂。桑迪和里克不是医护人员，也不是法医学家，两天之内没办法弄到毒品和处方镇静剂。桑迪和里克找来毒品和镇静剂最终导致死者死亡的可能性不存在。

5. 里克和桑迪被陪审团认定为一级谋杀罪是误判。

首先，审判庭最终判定两人有罪有其他原因。(1)当陪审团审理杀人案时，多数会想，若此人没做什么，就不会被起诉。婚外情或者偷情事件会成为陪审团主要考虑的事情，即使这些和案件没有直接关系。(2)此次案件是第一次在电视上直播审判现场，由专门报道法庭审判实况的频道转播，舆论极有可能影响陪审团的公正判决。(3)迈克尔·巴登医生认为，死者是因窒息导致缺氧而死。而造成其窒息的这种谋杀手段被称为"博肯因"，即杀手坐在受害者胸口，使其窒息。巴登的专业意见影响了陪审团，因陪审团大部分未上过大学，没见过化学和物理实验室，也没见过解剖尸体，他们根本无法理解。

其次，法医迈克尔到法庭，是因为死者家人的请求，是死者家庭雇来的"一把枪"。而且，正如病理学家西里尔所说，坐在胸口不会留下挣扎的证据，不会在脖子上留下痕迹，不会伤害颈部皮肤下的软组织，99%的医生都不知道这种方法,95% 不做法医的病理学家也不知道这种方法,只有百万分之一的法医才会把这种方法判定为死因。而且,还未见过使用此方法的案件。

最后,最重要的是,检方呈上了两位法医的说法,指出比尼恩也许死于窒息,也许死于被迫服药过量,但二者不能同时存在。因此,此次审判确实有误。

6. 里克位于屋内,与桑迪共同谋杀尚存疑点。

(1)当时,桑迪打电话告诉比尼恩的房产经纪人,因比尼恩正在吸毒无须来找他。这只是说明比尼恩正在吸毒,桑迪情绪非常低落,而且根据桑迪的表述,桑迪不会在比尼恩吸毒的时间去打扰他,毕竟比尼恩吸毒后会毒打桑迪。

(2)花匠说他在上午 9 时到达,发现桑迪的车没有停在以前一贯的位置,窗帘也一反常态是拉上的,浴室外有一把椅子。之后,花匠确定比尼恩死亡时,桑迪在屋内。但桑迪可能有急事,才把车停在路边,毕竟桑迪和比尼恩前晚没睡,两人可能因为补觉拉上窗帘,也因为有过争吵而情绪低落,没有注意车停在何处,而且花匠不可能知道每次桑迪停车的位置,只是在一般情况下不停在路边而已。至于窗外的椅子,根据现场调查员麦克铂金斯所言:提取窗户内外的指纹,检查了椅子和屋里的窗沿,将收集到的指纹与桑迪的指纹进行对比。但首先,指纹鉴定结果未出;其次,就算指纹是桑迪的,桑迪住在屋内,椅子和窗台上留下她的指纹也很正常。

(3)如果里克当时也在屋里,他怎么做的?如果吸食海洛因,胃里会有残留吗?法医埃伦:有。吸食的时候当然可能会有吞咽,比尼恩先生的吗啡、阿普锉仑、苯二氮卓、类安定药物都是有毒的、可致死的。病理学家西里尔无法再现犯罪现场,但他认为没办法在强迫手段下把阿普锉仑塞进他的身体里。

(4)比尼恩在房里藏了数百万现金,而警察只找到了空的保险柜,里克偷取了那些钱财,而桑迪则保证了他能顺利逃走?律师约翰·莫默特认为,这个猜想不成立。在审判中,没人提到桑迪去了埋藏银币的地点。在审判中也没人说里克在比尼恩死亡那天就在比尼恩家。我们发现,在与猜想相悖的事实中,每个人物都出现在了相反的地点。

比尼恩的家人对桑迪、里克提出指控,但未提交实质证据,如监视录像。比尼恩为了监视桑迪,在屋子每个地方都安装了摄像头;因此,若是谋杀,比尼恩的家人完全可以调取监视录像指控桑迪和里克,但他们却一直未曾提出,若不是没有,便是比尼恩并非被谋杀。

第三部分是调查原则。

1. 实事求是:犯罪现场调查和尸体解剖以及指纹收集等整个调查过程都体现出实事求是的原则。

2. 多样性原则:正如前述,运用各种调查方法调查多项证据,形成具有从多方面证明案件事实的证据网。

第四部分是证据收集方法。

证据收集方法包括笔录、录音录像和提取实物。笔录包括书证、证人证言、询问笔录、勘验笔录、现场笔录、尸检报告等;录音录像有照片、录音和录像;提取实物是直接提取与案件有关的物品、文书的方法,有物证、书证。

第五部分是被调查者的选择。

相关证人可以分为四类。

第一类(友好的证人):(1)桑迪·墨菲;(2)里克·塔比什;(3)律师约翰·莫默特(比尼恩的朋友);(4)病理学家西里尔·韦克特博士;(5)辩护律师艾伦·德肖维茨。

第二类(中立的证人):(1)记者杰夫·格曼;(2)花匠汤姆·洛夫迪(15年);(3)比尼恩的房产经纪人芭芭拉;(4)清洁服务员。

第三类(不友好的证人):(1)私人调查员;(2)检方。

第四类(专业人员):(1)邻居安立奎·拉卡约医生;(2)病理学家西里尔·韦克特博士;(3)法医埃伦·克拉克医生。

第六部分是非法证据排除。

法医提出“博肯因”的死亡猜想,并据此定罪,这种没有实际证据的猜想是应当被排除的。

【作业点评】

该作业很好地运用了课程所讲述的事实调查的知识点,但是需要指出的是,学生没有直接说明自己是以什么立场来进行调查的。虽然我们可以通过“第五部分是被调查者的选择”看出其应该是以犯罪嫌疑人的辩护律师的立场来进行事实调查的。另外,专业人员可以被归类为中立的证人,所以相关证人可以分为三类:对辩护律师一方有利、不利和中立证人。

## “达利耶·鲁捷案”①

通过一起真实的美国刑事案件模拟检察官方如何进行事实调查。

在本案中,由公诉人承担举证责任,需要达到排除合理怀疑的证明标准,运用实事求是、节约成本、多样性原则实施调查。使用的调查模式分别可以依据法律要素展开、根据时间先后顺序展开以及根据案件因果关系展开。收集证据的方法包括制作笔录、录音录像、提取实物。选择医生、鉴定人等专业人员作为被调查者。

我们先通过调查取证还原案情。1996 年 6 月,26 岁的达丽耶·鲁捷语无伦次地向 911 报警,声称她的孩子要死了,警察赶到后,达丽耶·鲁捷的丈夫达林·鲁捷说有人刺伤了他的妻子和孩子,两名男孩死亡。达丽耶说凶手在外面车库里,她脖子上伤口正在流血。接下来,警探开始调查。在犯罪现场发现:儿子德文胸口被刺 2 刀,面朝天花板,被刺中心脏;儿子达蒙背部被刺 6 刀,肺部胸部被刺穿,因抢救无效死亡。

达丽耶向警察陈述时思路清晰。由于天气热,她与两个儿子睡在客厅,丈

---

① See *Routier v. State*, 273 S. W. 3d 241 (Tex. Crim. App. 2008); *Routier v. State*, 112 S. W. 3d 554 (Tex. Crim. App. 2003).

夫与8个月大的另一孩子睡在楼上。后有人闯入,她从梦中惊醒后,同闯入者打斗,追着他穿过了房子,地上有碎玻璃,凶手在路上落下了带血的刀,最后凶手消失在车库里,她脖子被刺伤,孩子被刺伤,她开始呼叫丈夫并拨打“911”,男主赶到客厅,却已经太迟了。达丽耶随后被送往最近的医院治疗。达丽耶的母亲说,之后护士电话通知他们两个孩子已死亡。

助理律师认为,血迹会成为本案的关键,现场的地毯上全是血,充满打斗痕迹。痕迹从厨房开始,凶器落在那里,还有一个带血的鞋印,调查人员还发现了一只带血的袜子。报告称事故发生前一辆深色汽车在案发现场游荡,让人感觉凶手在逃。在例行调查中发现,鲁捷夫妇高中时起就是情侣,1996年达林在计算机生意上取得了成功,达丽耶平时写作,邻居称夫妻素日和睦。丈夫说当晚锁门了。首席医学检查官发现达丽耶脖子从右边向左下受到了锐物刺入,或是被割伤,或是被锐物砍伤,左肩也有伤,可能是和脖子一起被割伤的,右前臂上还有深深的刺伤,伤得很深已可见骨。达丽耶母亲转述,医生诊断,伤口已经深入颈动脉1毫米,从手腕到肩膀的位置出现大量瘀伤,是为活命而在打斗时留下的。达丽耶从医院醒来后与警探进行了交谈。她很警觉也很清醒,声称受到袭击时自己从梦中惊醒后看到有人拿着刀子站在她身边,两人便打了起来,闯入者穿过厨房进入杂物间,她看到他把刀丢下了,她捡了起来,放到厨房的台子上,然后她看到儿子达蒙站在走廊里,儿子德文也躺在那里,然后她报了警。这与她最初与警察说的并不一致,她对凶手作出了详细描述:“他穿着黑衣服,毛发很浓密,戴着棒球帽。”之后,警察继续追查。

法医鉴定专家找到一组令人困惑的现场痕迹,如果达丽耶在沙发上遇害,为什么沙发没有打斗痕迹或被割破?厨房中玻璃碎片一地,闯入者跑过去的时候,达丽耶听到后追过去,现场调查显示血脚印在玻璃下面,而玻璃本来应该在她过去之前就有了,却只找到一个血脚印,车库中也没有血迹。达丽耶的几件首饰仍放在厨房台子上,如果是抢劫,凶手为何没有拿走?带血的袜子上的纤维和达林网球鞋上一样,上面的血是两个男孩的。房屋外面没有任何血迹,大门是关着的,链子没有拴上,被一根电线连着,专家没有发现有人落荒而逃的痕迹。如果凶手从车库离开,扔袜子应该留有痕迹,但在现场并未找到。

警察在案发后7小时与达林进行交谈。警察产生了可怕猜想,也许达林就是凶手。在两个孩子被杀几天后,夫妻俩被警察重新询问。达丽耶的陈述发生了变化,她说醒来后赶到时儿子达蒙在哭,一个男人从她身边走过,她冲到厨房,玻璃被打碎,她跑去开灯并跑到杂物间,看到地上有一把刀,才意识到自己浑身是血,跑回来穿过厨房,发现客厅到处都是血,她把刀放在台子上,跑向门口打开灯,开始叫她丈夫。这份陈述很详细,与她在医院陈述不同。达丽耶新的陈述中她与闯入者没有发生打斗,于是调查员重新调查现场,找到了大量证据。

如果发生激烈争斗,达丽耶被刺伤,地上和墙上应该有细长的血迹,打斗时血液会飞溅,但警察没找到任何飞溅的血液,跑步去追的时候会留下地下的血迹,但其形状应该是延伸的而不是圆形的。刀从不同高度扔下会有血迹,但也与现场不同,专家鉴定了她的足迹,根据步幅进行测量,说明达丽耶是走过去而不是跑过去的。而达丽耶的脚没有破,如果地上有碎玻璃为什么没踩上去?唯一一个血鞋印朝着杂物间,用其与其他所有证物进行对比分析。调查发现厨房工作台与水槽有残留的血,但有人清洗了水槽。因此,警察怀疑伤口是达丽耶自己弄的。厨房发现的刀,上面的纤维是车库帘子上面的纤维,有人用它割开车库帘子又放了回来。

警方在周围找不到任何被闯入的痕迹,还发现这个家庭有问题,种种迹象表明,达丽耶是一个在重压下即将犯罪的母亲。1996年6月14日在坟墓旁边,达丽耶为死去的孩子举办了持续两小时的生日会。在即将结束时,达丽耶在妹妹的陪同下朝坟墓喷彩带,微笑着嚼口香糖并唱生日歌,没有情绪上的异常。之后,警方拘捕达丽耶,认为她口中的凶手并不存在。1997年1月6日达丽耶因被指控犯有谋杀罪接受审判,依照她所在的得克萨斯州的法律,谋杀6岁以下儿童会被判死刑。

破案靠的是犯罪现场法医发现的证据,凶器掉落的杂物间没有明显的血迹,没有人从外部闯入的痕迹,法医的破坏性检验也是证据,达丽耶睡衣背面有男孩的血液,如果她刺伤了男孩,刀子上的血会滴落到睡衣上面。陪审团看了达丽耶为自己死去的孩子庆祝生日的片段中,喷彩带的部分。警方告诉陪审团是达丽耶策划的这一切,割断窗帘、杀人、扔袜子、割伤自己、疯狂捶打手腕,然后开始呼救。

律师为达丽耶辩护,声称她是右撇子,如果这伤(脖子上的割伤)是她自己造成的,她不得不用左手,还要刺伤自己右前臂,但伤口看上去更像有人袭击造成的,她睡衣上的血迹可能是医护人员造成的,震惊使她的记忆造成了损伤。陪审团把两个孩子的照片摆出来,想提示大家达丽耶也是受害者。但陪审团最终还是认定达丽耶有罪,判处她死刑静脉注射。

在案件结束后,关于审判背后的严重问题浮出水面。有律师认为疑点指向达林,他曾为骗取保险找人在夜里潜入自己家进行盗窃,达林承认了这件事。此外,还有富豪支付12万美元用于调查此案,认为没有人潜入房子,是有人故意造成,认为警方没有认真调查达林。对达林使用测谎仪,问了4个问题但每个问题都说谎,测了3次均未通过。

谋杀当晚达丽耶提出了离婚,在前两次达丽耶想要离开时,达林非常暴躁,第一次他用手枪指着自己额头,第二次指着达丽耶。有人认为,可能并没有杀了两个孩子的闯入者,孩子也不是达丽耶所杀。因为两个孩子有5000美元保险,达丽耶有20万美元保险,而达林需要钱,杀人动机充分,但他不会让妻子离开自己,在帮凶协助下,达林控制住达丽耶,达丽耶的尖叫吵醒孩子,袭击者杀死了两个孩子,达丽耶被制服后昏迷了,袭击者以为她死了。

2005年律师认为达丽耶上诉的最佳证据是一个又小又脏的指纹,即在玻璃桌面上有 1 个小指纹。检方则认为没有证据表明这个指纹另属他人,可能属于达丽耶、达林或者孩子。律师同时发现了其他问题,验尸官那里没有两个孩子的指纹,刀上的纤维是高加索人头发粗细的 1/10,检方没有对其化学成分作任何科学检测分析。此外,邻居证实见到两个男人,其中一个与达丽耶的描述一致。至今,达丽耶仍未被执行死刑,达林仍被认为是清白无罪的。

公诉人应围绕下列事实进行指控:被告达丽耶·鲁捷,26 岁,具有刑事责任能力,被指控于 1996 年 6 月 6 日在自己家中用刀将其两个孩子杀死,属故意犯罪,无法定从重或者从轻、减轻以及免除处罚的情节。检方具有如下证据:各种书证、物证、证人证言、录音录像。

辩护方能够提出的有力辩点包括如下几方面:(1)事故现场深色汽车;(2)丈夫的精神状况;(3)丈夫的测谎结果;(4)被告人是右撇子;(5)达丽耶在为死去孩子举办的生日会上的表现是情绪不稳定的结果;(6)警方没有花力气追捕;(7)非法的证据应被排除,如证据采集时现场已被破坏,询问当事人的程序不合法;(8)邻居证言;(9)刀上的纤维鉴定。

**【作业点评】**

该作业很好地陈述了通过事实调查所了解的案件事实。学生分析的时候有些混乱,如借用课堂讲述的事实调查知识点逐一分析,思路会更为清晰。作为检方,最大的漏洞是没有考虑达丽耶的精神状况是否进而影响了她的刑事责任能力。达丽耶为死去的孩子举办生日会,还唱歌喷彩带,而没有表现出悲伤。根据她这种反常的举动,除可以怀疑她杀了孩子外,是不是还可以合理怀疑她患有精神疾病,从而需要进行进一步的鉴定?

# 外交学院法律诊所《商事仲裁模拟庭审》课程实录*

潘皞宇**

## 一、外交学院法律诊所课程体系

外交学院国际法系作为全国较早开设诊所式法律教育课程的院校系所，自课程开设以来，始终以全面培养学生综合法律能力为价值追求，并根据自身的优势和特点，经过多年的实践探索，逐渐形成了具有本校鲜明特色的诊所课程培养目标和较科学成熟的培养模式，取得了较丰硕的教学成果。

具体而言，国际法系的本科法学教育充分贯彻和发扬了外交学院"小学校、大视野、优人才"的办学理念，始终坚持"夯实基础、突出优势"的教学思路，多年来为国内外各行业输送了大量优秀的法律人才。但同时，由于"学院制"的教育模式一直是我国各法学院本科教学的基本思路，其中所存在的诸如"理论空泛"和"能力培养单一"等固有问题，也一直是国际法系本科法学教育活动中的现实困扰和难以突破的"瓶颈"。因此，国际法系开设法律诊所课程，一方面，是顺应本国法学教育改革，实现学生法学理论能力和实践能力全面培养的必然选择；另一方面，则是希望以这种较先进的教学模式的引入为契机，"反

---

* 本文的相关教学材料，由外交学院国际法系2016级本科生叶欧仪、戴佳琪同学整理，特此致谢。

** 外交学院国际法系副教授、法律诊所（法律援助中心）副主任，法学博士。

哺”基础理论教学,通过实践性教育给学生的法学理论学习提供实证启发,并在理论与实践教学环节的良性互动中找寻国际法系法学教育的科学发展路径。

基于此定位,并针对诊所式法律教育固有的“职业技能训练”“职业道德培养”“社会正义维护”等教学目的所带来的启示,经过不断探索,近几年,国际法系的法学教育以诊所教育模式的完善等路径作为切入点,逐渐形成了较明确的教育价值理念、较成熟的教学体系架构以及较完善的课程设置范本。

首先,在课程机制上,借助实践能力培养的价值引导,国际法系在原有课程设置的基础上,逐渐从公法教学和私法教学两个层面上分别形成了较完备的,由理论课程、案例分析课程、实践操作课程所组成的体系化教学架构。其中,理论课程的目的在于实现学院制法学教育的基本目的,在传授法学基础知识的同时,立足于锻炼学生的法学思维;而案例分析课程则主要从民法、商法、刑法等几个核心部门法入手,通过对具体案例的深入解析,既加强了学生对部门法理论合理性和正当性的理解,也为法律实践操作中的法律分析能力和理论结合实践能力提供了专门的训练平台;而基于以上课程准备,实践操作课程则以法律诊所和模拟法庭训练等活动为基本内容,着重提升学生的法律操作技能。以上3个教学环节相互促进、互相补足,有效地提升了各环节的教学机能。

其次,借助上述机制,在实践能力培养方面,国际法系则以法律诊所课程为核心,并通过与外交学院法律援助中心所形成的互动关系,以及对校外实习基地的建设,构建了较合理的实践教学模式。一方面,要求法律援助中心成员和在校外基地实习人员积极参加法律诊所课程,通过课堂教学传递全面务实的法律操作方法,让学生在真正投入实践操作之前提升自己的实务应对能力和自信心;另一方面,法律诊所教学则积极利用此类平台所获取的真实案例,在课程讲授中对其予以深入解读,通过课堂环境中师生的共同探讨,既保证了法律实践操作的预期结果,又切实提高了法律诊所的教学成效。

最后，凭借此课程机制和实践教学模式，国际法系为法律诊所课程的有效开展提供了充分的资源保障，而正是基于此类全面务实的准备工作，诊所课程的设置紧凑而充实，形成了“两个目标、三个环节、多维推进”的教学安排。

“两个目标”，是指通过诊所教学，既培养学生熟练的法律实践能力，也培育学生良好的法律职业道德。

“三个环节”，是指根据课程指导教师各自的专业方向以及课程培养目标，分别设置“法律实践基础能力培训环节”“民事纠纷解决能力培训环节”“刑事案件侦办能力培训环节”，以求实现课程内容的务实性和全面性。

“多维推进”则是将课堂教学的内容延伸到课外，在诊所课程开设的学期内，要求学生按时完成多项模拟实践活动和各类法律文书的写作的同时，在课下通过“自主寻找社会中真实的民事纠纷并积极寻求代理”以及“针对某些社会问题进行解读和分析，向有关部门提交解决相关问题的‘公民意见书’”等实践作业的方式，扩大诊所式法律教育模式现实操作的张力。

由此，国际法系在多年的本科法学教育探索过程中，针对以诊所教育为代表的法律实践教学环节，逐渐形成了具有鲜明特点且较清晰的发展思路，即“引‘诊所’谋改革，借改革建机制，用机制夯基础，凭基础促教学”。在相关配套机制逐渐完善的基础上，法律诊所教育的课程安排得以顺利开展，并能确保达到预期的教学效果。从具体的课程内容来看，国际法系的诊所教育在现行机制下，除能够涵盖该门课程通常所要求的诸如法律职业道德、会见当事人、法律咨询、法律写作、事实调查、法律检索、谈判、调解、诉讼等内容外，还能够根据自身已经建立起来的优势，对教学内容进行扩充、整合和优化，从教学广度和深度两个方面发掘课程潜力、凸显教学特色。

以课堂教学中的“民事纠纷解决能力培训环节”为例，通过课程开设以来的经验总结，任课教师在教学大纲中明确提出：纠纷解决能力理应是法律实践能力的重要组成部分，但当前的法学教育中关于该项内容的教学，从理论课程到案例课程,再到实践操作课程,都是以法律分析方法的传授为起点而展开的。而如果将纠纷解决能力专门总结和提炼出来,就会发现,法律分析方法在实务上仅适用于诉讼和仲裁中的部分案件,并不能适用于所有纠纷类型的化解。也就是说,如果以实务需求为导向进行观察,那么法律诊所的传统课程设置应该出现了较严重的内容缺失。因此,国际法系诊所教学经过适当调整之后,专门以纠纷解决能力为线索,提出以多种纠纷解决机制为框架,对于相关的教学内容进行重新整理和增补,即以和解(谈判)、调解、仲裁、诉讼的机制构建为基础,提炼和总结纠纷解决的理论范式,并以此为指导,通过课堂教学和实践模拟的方式,让学生真正领会纠纷解决能力的实务价值、纠纷解决模式的套用原则、纠纷解决方法的选择和应用思路以及纠纷解决效用的评价标准。

利用这一整套方案,结合适当的教学方式和指导教师的恰当引导,国际法系的诊所教育在这方面取得了较显著的教学成绩。在接下来的论述中,笔者将以仲裁纠纷解决教学内容为典型,详细介绍该课堂教学的推进过程,并深入解析和总结教学中的积极经验和提升方向,希望能为我国的法学实践教学带来一定的启示。

## 二、商事仲裁模拟庭审课程教学方案

之所以在行文中将仲裁纠纷解决能力的培训过程作为诊所教育课堂成果展示的核心内容,原因有二:第一,商事仲裁制度的教学内容能够代表当前法律诊所教育所缺失的部分,可以借此强调进一步完善法律诊所教学内容的必要性;第二,商事仲裁制度自身的特点,有利于体现多种纠纷解决能力的应用价值和转换技巧,以证明在法律诊所课程中设计专门的“民事纠纷解决能力培训环节”的合理性。

经过实践摸索,为整个“民事纠纷解决能力培训环节”设置12课时的课堂讲授容量较适宜;同时,还需要专门的时间进行仲裁和诉讼的模拟庭审。而在教学内容顺序的安排上，仲裁课程一般被放置在和解和调解之后、诉讼之前。因此，在开始讲授仲裁制度之前，学生应该已经学习了谈判和调解的基本理论，理解了这两种模式所具有的结构功能，掌握了两种模式的选择方法和应用技巧。在此基础之上，仲裁制度的法律诊所教学内容应从以下几个方面着手准备和安排，以保证实际的教学效果。

(一)课程预习

对于应用类教学来说，学生在正式进入课堂学习之前，必须对于相关制度形成基本的理解和认识。国际法系的法律诊所课程的开设时间为大二下学期，大多数学生在这一时期对于仲裁还没有实质的接触。因此，任课教师会要求学生在上课前自行查阅并学习我国的仲裁法律规范和相关的研究文献，[①]必要时教师也会提供一些具有针对性的材料供学生阅读，力求在这一环节让学生对于仲裁产生直观的认识并形成自己的见解。

(二)课堂讲授

当学生对于仲裁已有大概的认知，诊所课堂的主要讲授任务应按照以下内容层层细化：首先，任课教师应详细讲解非诉讼纠纷解决程序（Alternative Dispute Resolution，ADR）模式中，仲裁的基本价值及其和其他纠纷解决方式的区别和联系；随后，任课教师应从理论和实践两个层面，系统介绍并证成仲裁在制度构建和程序设计上，对于商事纠纷化解方面所具有的优势。同时，结合我国仲裁制度在推广和运用等方面的实际情况，提炼出我国仲裁制度在实际运用过程中的特色及不足；之后，任课教师应详解仲裁程序的推进过程，以及相关参与人在程序中的角色定位和应对庭审的基本技巧，并确保学生能够掌握和理解庭

---

① 例如，我国《仲裁法》、最高人民法院《关于适用〈中华人民共和国仲裁法〉若干问题的解释》和主要仲裁机构的"仲裁规则""仲裁员管理办法""仲裁员行为规范"等。

审的大致流程和程序意义。① 从国际法系往年的教学经验来看,如果能在课堂讲授前后邀请仲裁实务方面的专家为学生举行相关讲座,将显著提升课堂教学内容的传授效果,使学生对仲裁的理解更加立体化和深化。

上述讲解完成之后,课堂余下的时间则为接下来的模拟仲裁庭审活动做准备,由指导教师确定学生在模拟庭审中的角色分工,发放案例相关材料,明确庭审表现的打分依据,如果有需要,也可要求学生在课下完成与仲裁案件有关的法律文书的写作。

(三)模拟庭审

从整个课程设计和教学目标来看,模拟庭审应当是仲裁制度在诊所教学中的核心和必备环节。对于学生来说,课堂的讲解即使再形象生动,也始终是对仲裁的间接认知,无法对其制度价值产生切身的深刻体会。而模拟庭审活动造就了仲裁程序的现实情境,能够让学生置身其中,真实感受课堂知识的运用过程,这对知识内化的作用非单纯的讲授所能比拟的。同时,角色扮演给了学生一定程度的自由发挥空间,有助于指导教师在新的冲突交锋和程序及实体问题出现时及时加以总结,不断丰富教学内容,提高教学质量。

根据国际法系以往的教学经验,模拟庭审可以按照以下流程稳步推进。

1. 案例及相关材料的选择和整理

就模拟庭审的应用而言,所选的应当为典型仲裁案例、法律关系清晰、冲突激烈、双方力量均衡,既能帮助模拟庭审走完全部的仲裁程序,也能凸显仲裁制度的基本价值。根据过往教学经验,国际法系任课教师会事先联系一些仲裁机

---

① 在程序讲解方面,任课教师可从三个方面展开:第一部分介绍仲裁庭和律师在庭审程序前各自的准备工作,从仲裁庭的阅卷、庭审提纲和争议焦点的确定,到开庭前程序的推进,从当事人证据提交、核心利益的确定,到庭审策略的设计,均进行程序性和技巧性的总结;第二部分重点介绍开庭审理的基本流程,从实体审理前的程序、确认仲裁请求依据、举证质证、归纳争议焦点、当事人辩论、后续程序安排、进行调解、最后陈述等方面,对仲裁庭审程序和各个角色的目标实现方式作全面的勾勒;第三部分则结合任课教师自身的经验和感受,对庭审的效率和效果的实现发表自己的观点。

构，在不违反仲裁保密原则的前提下，由仲裁机构提供一些有模拟价值的真实案例，再由任课教师根据实际需要，对案件进行筛选和改编，之后将整理出的案件申请书、答辩书、相关证据材料和任课教师专门总结的"程序流程规范"一并发给学生，供其研究、准备。

2. 模拟庭审的角色分工

国际法系法律诊所课程的学生构成由开学初的面试确定，一般人数控制在15～20人。根据这一情况，仲裁模拟庭审的人员分工和各自任务按照这样的规则加以确定：(1)首席仲裁员由指导教师担任，以便把控庭审的节奏，[①]其余角色则通过抽签随机分配，均由学生扮演；(2)除首席仲裁员外，模拟庭审设仲裁员两名、仲裁办案秘书一名、申请人两名、被申请人两名、申请人和被申请人的代理人各两名，未抽中角色的学生均担任该庭审活动的观察员；(3)如果条件允许，可由两位指导教师分别担任庭审的首席仲裁员和打分评论员，若条件不允许也可兼任。

3. 确定模拟庭审表现的评分办法与参考标准

为了保证庭审的效果，在学生完成角色分工之后，由任课教师向学生讲解模拟庭审的基本要求和评分依据：首先，模拟庭审的目标是帮助学生理解仲裁理念、仲裁员行为规范和仲裁规则的内容，因此，鼓励学生在程序方面有所发挥，并尽可能地涉及仲裁程序中的常见问题。[②] 其次，扮演各角色的学生均应融入自己的角色，在合理主张自己权利的同时，尽力激发其他同学展示处理问题的能力。再次，各方角色应根据实际情况分组制订庭审方案，各组之间不能在庭审之前讨论交流，若各方扮演者达成默契，将庭审组织得过于简单，开庭后双方迅速配合仲裁庭当庭达成和解，庭审迅速结束的，全体学

---

① 在课程讲授过程中，如果发现有学生已经具备了担任首席仲裁员的基本能力，也可以指定其作为首席仲裁员，指导教师仅担任打分员和评论员。

② 如管辖问题、仲裁协议问题、仲裁员披露与回避问题等。

生得分均不及格。最后,根据每个学生的具体表现,从“行为规范”和“业务规范”两个方面为学生打分,如果某组学生整体配合较差,或不能按时完成庭审,则相应扣分。

4. 通过模拟程序了解仲裁庭审的基本流程

指导教师布置完相关任务之后,应确定模拟庭审的具体日期,但要为学生留有充足的准备时间。在庭审开始前,所有学生应按时到庭。模拟庭审分为庭前评议和庭审过程两个阶段。第一个阶段,仲裁员、办案秘书、观察员留在开庭室,其他人员暂时回避,最长15分钟;第二个阶段,由首席仲裁员引导走完基本庭审流程,时长控制在两小时以内。根据案件的实际情况,首席仲裁员可以决定是否模拟仲裁调解程序。

5. 进行庭后互议和点评答疑

在庭审流程结束后,由指导教师主持点评交流活动,通过这一环节对模拟庭审效果进行评估,并引导学生对相关问题作进一步的思考。在互评交流中,由办案秘书首先发言,再由各观察员依次发言,之后参与角色扮演的学生可自由互评。最后,由指导教师对于整个庭审过程进行点评,点评应涉及每个学生的表现及互动效果,并根据实际庭审情况对于关键的实体和程序问题进行解析,再结合对课堂教学的内容解读,帮助学生更好地理解、认识仲裁的价值和仲裁技巧,以期学生在今后的学习工作中,能够活学活用、不断深化在法律诊所教学中所学到的知识。

## 三、商事仲裁模拟庭审课程教学实录

按照上述教学安排,国际法系法律诊所教学已进行了3次仲裁纠纷解决教学活动,模拟庭审了两起案件,均取得了良好的教学效果并获得了学生的积极评价。其中一起模拟庭审案例,因案件较典型,共模拟了两次,反响较强烈,在此作为引例展开详细解读。

(一)案例相关材料的准备与提供

为了确保模拟庭审的完整性和流畅性,指导教师在课前准备了两类材料。一类是程序性的材料,通过庭审程序规则的流程指引让学生在庭审前就对整个庭审过程产生全面的认知。目前,由于我国仲裁机构并没有形成统一的庭审程序规则,国际法系任课教师根据诊所教学目标,结合各仲裁机构的庭审经验,总结出了专门的《仲裁庭审程序指南》(以下简称《指南》),供法律诊所学生理解和应用。《指南》内容如下所示。

**秘书人员庭前准备工作**

(1)制作案情简报,组织仲裁庭阅卷及庭前协调会。

(2)书面通知当事人开庭时间,短信通知仲裁员选位及仲裁组组成情况、开庭情况。

(3)布置好仲裁庭,并引导仲裁员及当事人就座,做好相关的服务工作。

**仲裁员庭审注意事项**

(1)按时进行阅卷、参加庭前协调会,制作庭审预案。根据案情组织证据交换。

(2)准时到庭,不得迟到或临时要求推迟开庭时间。注意仪表,着正装参加庭审。

(3)庭审时关闭通信工具,不得接听或拨打电话,不得随意走动、中途离席。

**庭审程序指引**

1. 办案秘书宣读开庭导语及开庭纪律

## 开庭导语

各位当事人、代理人:

大家好!

欢迎大家走近仲裁。仲裁以当事人自愿为原则,充分尊重双方当事人的意思自治权利,奉行和解至上的价值理念。仲裁庭愿在与各位的共同努力下,公正、高效地解决你们之间的纠纷,实现各位对仲裁公正之期待。

我叫×××,是仲裁委的工作人员,也是本案的办案秘书。我将竭诚为大家提供优质的仲裁服务,欢迎大家多提批评意见。

## 仲裁开庭纪律

(1)所有到庭人员,都必须遵守我国《仲裁法》及本机构的仲裁规则,遵守和维护仲裁庭秩序。

(2)开庭期间要保持肃静,不准有喧哗、吵闹及其他妨碍仲裁审理活动的行为。若对仲裁活动有意见,可在闭庭后以书面形式向仲裁机构提出。

(3)发言和提问须经仲裁庭许可,表述清楚、语言文明,不得进行人身攻击。

(4)陈述案情、回答问题、进行质证和辩论要实事求是,不得捏造、歪曲事实。

(5)未经仲裁庭许可,双方当事人及仲裁参加人不得录音、录像、摄影。

(6)对于违反庭审纪律的人,经劝告或制止不听者,责令其退出仲裁庭,情节严重的依法追究法律责任。

为了庭审不受干扰,请所有出庭人员关闭通信工具。

宣读完毕后,由(首席)仲裁员宣布开庭。

2.（首席）仲裁员宣布开庭

“依据《中华人民共和国仲裁法》及本会仲裁规则的规定，对申请人×××与被申请人×××关于×××纠纷一案依法进行开庭审理。”

对于缺席审理的案件，在此处要说明送达过程，并宣布依法进行缺席审理。

对于需要合并审理的案件，则宣布根据案情需要，仲裁庭决定进行合并审理，并征询双方意见，并记录在案。

3.（首席）仲裁员核对双方当事人身份

首席仲裁员询问当事人或代理人的姓名、年龄、住所地、工作单位、职业等，询问代理人的代理权限。

对于公司法人应确认法定代表人是否有变更，确认有效送达地址并记录在案。

4.（首席）仲裁员宣布仲裁庭组成人员、记录员

首席仲裁员：“本案由申请方（被申请方）选定仲裁员×××，及本会主任指定首席仲裁员×××组成仲裁庭，×××担任本案记录员。”

5.（首席）仲裁员宣读声明书并询问是否申请回避

### 仲裁员声明书

本人由本会主任指定（当事人选定）担任本案的仲裁员，为保证独立、公正、公平、合理、及时地仲裁案件，维护当事人的合法权益，特声明如下：

（1）保证在收到仲裁员选定、指定前，未向案件的任何一方当事人或代理人就争议案件发表过意见；

（2）保证不是本案当事人或代理人的近亲属；

（3）保证与本案没有任何利害关系；

（4）保证在立案前、立案后，不私自会见当事人、代理人，不单独与当事人、代理人交谈有关案件的审理情况；

(5)自觉接受仲裁机构案件程序监督;

(6)保证严格遵守《仲裁员办案规定》及本会其他规定。

宣读完毕后,由首席仲裁员询问双方当事人对仲裁庭组成人员是否申请回避?

如当事人申请回避则暂时休庭,根据我国《仲裁法》第36条的规定作出决定。

如当事人表示不要求回避,则(首席)仲裁员应对当事人的信任表示感谢,并表示会公平公正地处理好本纠纷。

6.(首席)仲裁员宣布当事人的权利义务

**当事人的权利**

(1)首次开庭前,有对仲裁协议提出异议的权利;

(2)有委托律师或代理人的权利;

(3)有依法申请仲裁员回避的权利;

(4)有申请财产保全及证据保全的权利;

(5)有放弃、变更仲裁请求的权利,有提出反请求的权利;

(6)在仲裁规则规定的期限内以正当理由申请延期开庭的权利;

(7)有对证据进行质证、提问、辩论的权利;

(8)有阅读仲裁庭记录的权利,对陈述记录的遗漏或差错有补正的权利;

(9)对已认定的事实有申请先行裁决的权利;

(10)对裁决书文字、计算错误,自收到裁决书之日起30日内有申请补正的权利;

(11)收到裁决书之日起6个月内,有向有管辖权的中级人民法院提起撤销的权利;

(12)一方不履行裁决的,另一方有向有管辖权的法院申请强制执行的权利。

## 当事人的义务

(1)有遵守我国《仲裁法》和仲裁程序的义务；

(2)诚实守信，对于其知道的仲裁程序中有违反我国《仲裁法》和仲裁规则的情况应及时提出；

(3)有缴纳仲裁费的义务；

(4)有陈述案件真实情况的义务；

(5)有对自己的主张举证的义务和认真进行质证的义务；

(6)有在有关法律文书、笔录上签字或盖章的义务；

(7)有诚信、全面履行裁决书、调解书的义务。

如当事人委托律师出庭或对仲裁程序较了解，经征询意见后可不宣读。

询问是否听清上述权利、义务。

7.(首席)仲裁员询问双方当事人对本仲裁委员会受理此案有无异议，询问双方当事人对对方出庭人员有无异议。

如当事人对管辖权提出异议，则仲裁庭暂时宣布休庭，根据我国《仲裁法》第20条作出决定。

如当事人对对方出庭人员提出异议，仲裁庭应查明情况，及时进行处理。

如当事人未提出异议，则庭审程序继续进行。

8.当事人陈述、答辩

(首席)仲裁员："现在由申请人陈述对被申请人提出仲裁的事实、理由及仲裁请求。"

如有多名代理人参加庭审的，在当事人陈述完后还应询问其他代理人是否有补充意见。

(首席)仲裁员："被申请人对申请人的陈述是否听清楚？""现在由你方对

申请人的仲裁申请进行答辩。"

对申请人陈述中有增加请求或被申请人答辩中涉及反请求的内容,进行释明,询问其是否变更请求或提起反请求,并给出合理期限要求其办理相关手续。如当事人确认变更请求或提起反请求的,则询问对方是否需要答辩期,视情况休庭或继续审理。

9. 举证、质证

(首席)仲裁员:"现在进行举证、质证。申请人出示证据,陈述证据名称、内容及证明目的。"

(首席)仲裁员:"现在由被申请人质证。"(举证、质证可一证一质,也可由申请人举出一组证据后再由对方一并质证,具体由仲裁庭根据情况而定。)

(首席)仲裁员:"现在由被申请人举证,申请人质证。"

根据当事人的证据提交情况举证环节可一证一质,也可由一方全部举证完毕后再统一进行质证,质证时应提示当事人对证据的真实性及证明目的进行详细说明。

对于证人出庭作证的,先由(首席)仲裁员对证人身份进行核对,提示其如实进行陈述,随后由双方进行说明和质证。

如当事人当庭口头质证的,应要求当事人就其质证意见形成书面材料随后提交仲裁庭。

10. 调查询问

双方互相发问。注意引导当事人就已查明的事实部分进行发问,尽量避免双方在与案件无关的问题上产生争执。

仲裁庭询问。(首席)仲裁员:"申请人(被申请人),为了深入了解案情,仲裁庭现在向你提出几个问题,希望你能如实陈述。"仲裁庭询问应尽量详尽,力求做到仲裁请求明确、案件事实清楚。

除首席仲裁员外,其他合议庭成员也应当围绕当事人的请求,就案件事实与争议焦点向当事人发问,以便查明事实、厘清责任。

调查询问过程中,仲裁员应保持中立,坚守程序正义,不得进行任何诱导性的提问,更不得发表倾向性的言论。

11. 辩论

(首席)仲裁员:“现在进行庭审辩论,双方当事人可就请求的事实、理由、适用的法律进行辩论。辩论应围绕仲裁请求是否成立进行,由双方轮流发言,一方发言后,其当事人、代理人可以进行补充,现在由申请方陈述辩论意见……”

辩论阶段(首席)仲裁员应归纳案件争议的焦点,由当事人围绕争议焦点发表意见,对争议焦点之外的意见予以补充。

对于辩论中当事人的意见与仲裁请求不一致的部分,仲裁庭应做好记录,在其发表完代理意见后,询问其是否对请求进行变更。

12. 最后陈述

(首席)仲裁员:“辩论阶段结束,当事人做最后陈述。陈述应围绕仲裁请求、反请求是否成立,简明扼要地对己方观点进行总结。”

最后陈述应要求当事人对仲裁请求做最终的确认。

13. 调解

(首席)仲裁员:“现在进行调解,为了贯彻‘君子之争,和谐仲裁’的基本理念,实现‘本其心、顺其情、精其事、促其和’的仲裁价值目标,仲裁庭建议双方能在坦诚、友好的氛围下达成和解,在仲裁庭主持下以调解方式结案。双方当事人是否同意调解?”

14. 阅读笔录

(首席)仲裁员:“双方当事人阅读开庭笔录,确认无误后签字。认为漏记、错记本人意见的,可要求记录员补正。”

15. 闭（休）庭

（首席）仲裁员："今天开庭就到这里，双方当事人查看开庭笔录、签字。"

以下情况仲裁庭应宣布休庭，并择日继续开庭：

（1）庭审程序尚未全部进行完毕；

（2）仲裁庭需要当事人庭后核实案件相关情况；

（3）当事人有证据需要补充举证；

（4）案件需要庭后进行司法鉴定的。

当程序全部进行完毕后，仲裁庭应当宣布闭庭。

由于受到模拟庭审条件和时长的限制，《指南》当中的很多有价值的内容无法在模拟庭审过程中表现出来，因而学生事先预习的价值就显得尤为突出。同时，《指南》当中所体现的许多仲裁制度的亮点，则会在庭审结束后的评议环节由指导教师予以详细解读。

指导教师为了确保模拟庭审的完整性和流畅性而准备的另一类是实体性材料，即模拟案例的相关法律文书和证据材料。为了教学指导的便利，指导教师在材料发放前对材料内容作了适当的处理，以求庭审程序迅速进入教学要求的节奏中。相关实体材料如下所示：

**仲裁申请书**

申请人：北京××影视文化传播有限公司

住所：

法定代表人：

委托代理人：

被申请人：××影业有限公司（香港）

住所：

法定代表人：

委托代理人：

××仲裁委员会：

2012年7月6日申请人北京××影视公司(甲方)与香港××电影工作室(乙方)签订《合作协议》,就电影《×××》的制作、发行合作事宜,约定如下：

1. 该片由甲乙双方共同投资、联合制作,由乙方负责拍摄,甲方派人随时监督资金的流动、拍摄的进度、拍摄预算的进行。

2. 双方确定该片在2014年情人节档期上映。

3. 甲方承诺在乙方向甲方交付该片翻底并交付洗印后,至该片档期拷贝全部发至各院线之日,如出现盗版,一切责任由甲方承担。

4. 乙方保证自己或任何第三方对该片音像、制片的发行、电视及网络播放必定在该片国内院线首映15日之后实施,否则,乙方必须赔偿甲方150万元人民币。

5. 协议适用中国内地法律。如有争议提交××仲裁委员会仲裁解决。

2012年12月1日香港××电影工作室经重组并入××影业有限公司(香港)。

2014年2月13日至2月23日,电影《×××》在国内各大院线上映。据媒体报道,在放映档期内,电影票房突破2亿元人民币。

2012年7月6日申请人与被申请人就电影《×××》的制作、发行合作事宜签订《合作协议》,主要约定如下：

第一条：该片由申请人和被申请人共同投资,联合制作,由被申请人负责拍摄,申请人派人随时监督资金的流动、拍摄的进度、拍摄预算的进行。

第二条：申请人和被申请人双方约定该片在2014年情人节档期上映。

第三条：申请人和被申请人双方协商影片在中国香港特别行政区和中国内地的同步上映档期。

第四条：被申请人保证音像制品发行、电视播放晚于影片国内院线首映15日。此条的界定以申请人和被申请人双方另行签订的补充协议为准。

第五条:被申请人拥有影片的海外版权及中国内地的音像制品发行权和电视播放权。

第六条:申请人独家享有该片的国内院线发行权(含武警、总政、农村16毫米以及所有在院线播映和放映的所有权限)20年。

此后,为了进一步明确双方当事人在电影《×××》版权保护方面的权利义务,在《合作协议》的基础上,双方于2012年8月25日签订了《补充协议》,主要约定如下:

第一条:申请人承诺在被申请人向申请人交付该片翻底并交付洗印后,至该片档期拷贝全部发至各院线之日,如出现盗版,一切责任由申请人承担。

第二条:被申请人保证或就该片相关版权与被申请人签订的任何第三方对该片音像、制片的发行和电视播放必定在该片国内院线首映15日之后实施,否则,被申请人必须赔偿申请人150万元人民币。

在电影《×××》国内院线首映日(2014年2月14日)后的第八日(2014年2月22日),申请人在北京市昌平区沙河图书城发现并购买了由深圳音像公司出版发行的电影《×××》正版DVD和VCD。

申请人认为,被申请人未能保证该片音像制品的发行晚于该片国内院线首映15日,给申请人的国内院线票房造成了严重影响,应当按照约定承担违约责任。为此,申请人方提出如下仲裁请求,请仲裁庭支持:

1. 被申请人向申请人支付违约金150万元人民币;

2. 被申请人承担申请人为此案花费的公证费和律师费;

3. 被申请人承担本案仲裁费。

北京××影视文化传播有限公司(盖章)

2015年11月11日

## 管辖权异议及仲裁答辩书

申请人:北京××影视文化传播有限公司

住所:

法定代表人:

委托代理人:

被申请人:××影业有限公司(香港)

住所:

法定代表人:

委托代理人:

××仲裁委员会:

关于题述申请人提出的仲裁案,被申请人对本案管辖权有异议:被申请人不是合同签约方,不受合同仲裁条款约束,被申请人不是本案适格主体。同时,被申请人提出如下答辩意见,但该答辩意见并不代表被申请人放弃管辖权异议权。

1. 电影《×××》的"国内院线首映"日并非如申请人所称始于2014年2月13日。事实上,在2014年2月13日之前,多家国内院线对电影《×××》已经进行了首映。具体情况是:2014年1月30日上海联华院线通过永环影院首映一场,票房收入4184元人民币;2014年1月31日广东江珠院线通过深圳影城首映一场,票房收入5644元人民币;2014年2月1日北京兄弟院线通过青年影城首映一场,票房11,480元人民币。因此,无论以上海、广东还是北京的首映日作为电影《×××》首映起始日计算,至申请人举证电影《×××》的音像制品上市发行的日期2014年2月20日,其中时间间隔均已超过15日。

2. 经查证:2014年2月15日出现的盗版是枪版,是被人在电被人在影院放映时录制。被申请人无法保证该盗版的出现。被申请人不应对此承担责任。盗版实际上也影响了被申请人正版电影的发行量,被申请人保留追究申请人责任的权利。

3.“××视频”未与被申请人签订过协议，被申请人不应对“××视频”负责，并且该视频在网上出现的时间，也在首映15日之后。

4.媒体报道，电影《×××》票房过2亿元人民币，对于这一以小成本制作的影片，申请人已经获得巨大利润，不存在任何损失。

5.最后，本案协议是由香港××电影工作室签订，应由该工作室或工作室原股东承担责任，被申请人不承担责任。

综上所述，即使在仲裁庭具有管辖权的情况下，仲裁庭也应驳回申请人的全部仲裁请求。

××影业有限公司(香港)

2015年11月20日

## 合作协议

甲方：香港××电影工作室(以下简称甲方)

乙方：北京××影视文化传播有限公司(以下简称乙方)

甲乙双方经友好协商，就电影《×××》的制作、发行合作事宜，达成本协议。

一、基本条款

1.电影《×××》的主演是：×××。

2.该剧剧本由甲方提供，如因剧本版权出现任何的经济纠纷或法律责任由甲方全部承担，甲方与作者签订的关于该剧剧本的版权合同书为本合同的必要附件。

3.甲方应于本协议签署后30日内，申请并取得该影片的摄制许可证。

4.该片由甲乙双方共同投资、联合制作，由甲方负责拍摄，乙方派人随时监督资金的流动、拍摄的进度、拍摄预算的执行。

二、署名及版权

1. 该片甲乙双方署名如下：出品方、出品人、总监制、摄影方署甲乙双方的名；乙方单独署国内发行方。第三方署名以甲方与第三方签署的协议为准，但要及时知会乙方。

2. 版权由甲乙双方按本协议的约定共有。

三、投资形式及总额

1. 甲乙双方均以现金形式投资。甲乙双方确认要保证该片的总投资为1400万元人民币，总预算由甲方出具，经乙方同意后生效。其中由甲方出资1250万元人民币，乙方出资150万元人民币。上述乙方投资不得追加。如果甲方认为投资总额确需追加的，由甲方独立解决，乙方依据本协议的权利不受甲方投资追加的影响。投资有剩余的，以及影片拍摄完毕后的剩余财产，按照各自的投资比例分配。

2. 该片的摄制资金，双方依协议分别按时打入甲乙双方共同确认的指定账号。甲方入资的账号在我国香港特别行政区。乙方入资的账号在北京，该账号为甲乙双方共同开设，共同管理。

四、上映档期

1. 甲乙双方认定该片为2014年情人节档期上映。

2. 甲乙双方协商影片在我国香港特别行政区和中国内地的同步上映档期，不同步上映时，甲方保证中国内地至少先于我国香港特别行政区1日上映。任何一方不得违反本约定而擅自上映。

3. 甲方保证音像制品发行、电视播放晚于影片国内院线首映15日。

4. 甲方保证任何第三方对该片音像制品的发行和电视播放必定在该片于国内院线首映15日之后实施，否则甲方须赔偿乙方150万元人民币（壹佰伍拾万圆）。

五、甲乙双方的权利责任

1. 甲方的主要权利和责任

(1)甲方负责申办该电影的《中外合作摄制电影片许可证》,以及该电影的前期筹备、拍摄和后期制作工作。

(2)甲方要确保该剧的总投资额不低于1400万元人民币,该片制作总预算要经甲乙双方认可,制作预算表作为本合同附件1。

(3)甲方要保证双方确定的4个演员(______、______、______、______)为本片的主要演员,并与上述演员签订合同。

(4)本协议签订后90日内,甲方无法履行上述义务的,乙方有权解除合同,届时甲方应退还乙方已投资金并加付已投资金20%的违约金。

(5)甲方需在该片经国家广电总局审查通过后10日内交给乙方简体化字幕,普通话配音的影片的工作翻底。因延期缴付,而给乙方造成的包括但不限于经济的损失,甲方应足额赔偿。

(6)甲方拥有影片的海外版权及中国内地的音像制品发行权和电视播映权。

(7)甲方应配合乙方派驻拍摄地的工作人员和财务人员(上述人员从我国香港特别行政区派往),在该剧拍摄和后期制作期间对剧组的生产和财务的监督和管理,上述人员在此过程中所发生的交通费用计入摄制成本。

(8)甲方应配合投资方领导到摄制组探班,费用记入摄制成本,费用不超过10,000元人民币。

(9)无论任何原因(除不可抗力外),甲方在2015年1月1日之前无法获得该影片的发行放映许可证的,乙方有权解除合同,甲方应向乙方退还全部投资款并加付10%的违约金。

(10)未经乙方书面同意,甲方不得以剧组名义对外借款和担保。

(11)甲方独立承担该片在拍摄期间产生的全部责任,独立处理与剧组内外一切人员的纠纷和争议。

2. 乙方的主要权利和义务

(1)乙方必须按照基本条款要求,同甲方共同负责好该片的生产管理和财务管理。

(2)乙方投资分3次打入指定账号。本合作协议签署后,待甲方取得该片的《中外合作摄制电影片许可证》后,乙方按照下述时间注资:

开机仪式3日前,乙方看到4位主要演员的合同正本3日内,乙方支付10%;开机后20日,乙方付30%;开机后40日,乙方付30%;经国家广电总局审查,获得发行许可证且甲方交齐协议附件2所列的素材后3个工作日内,乙方支付30%。

(3)乙方独家享有该片的国内院线发行权(含武警、总政、农村16毫米以及所有在院线播映和放映的所有权限)20年,自该影片获得发行许可证之日起算。20年后该片的版权完全归甲方所有。

(4)在发行工作前期,乙方必须向甲方提供影片的发行预算(包括拷贝费、宣传费、差旅费等),并在发行工作结束后将发生费用的决算表交于甲方,国内院线发行费由乙方承担,发行预算表作为本合同附件3。

(5)乙方承诺同意甲方寻找的合作单位北京××传媒文化有限公司及××文传媒公司参加本项目,在同等条件下,该两合作方享有优先合作权。

(6)乙方有权指派一名财务人员随时对摄制组财务情况进行监督,有权查阅、复印相关资料和会计凭证,甲方应予以配合。如果甲方有虚假资金使用的情况,或者虚报预算,乙方有权解除合同,届时甲方应退还乙方已投资金及已投资金20%的违约金。

六、利润分成

乙方在国内院线发行该影片时,影片票房超过1500万元人民币后开始与甲方分账,票房超出1500万元人民币后的净收益,甲乙双方以5:5比例分账;

票房超出 2500 万元人民币后的净收益,甲乙双方以 6∶4 比例分账,甲方分得 60%,乙方分得 40%。

七、争议解决方法及适用法律

因本协议发生的争议,应先友好协商解决。协商不成的交 ××仲裁委员会按其仲裁规则在青岛仲裁。法律适用中国内地法律。

八、其他

本协议一式二份,双方各执一份,每份具有同等法律效力。本协议签署即生效。

甲方:香港 ××电影工作室

甲方签字:

甲方盖章:

乙方:北京 ××影视文化传播有限公司

乙方签字:

乙方盖章:

签约时间:2012 年 7 月 6 日

## 补充协议

甲方:××影业有限公司(香港)

乙方:北京 ××影视文化传播有限公司

……

6. 乙方承诺在甲方向乙方交付该片翻地并交付洗印后,至该片档期拷贝全部发至各院线之日,如出现盗版,一切责任由乙方承担。

……

9. 甲方保证或就该片相关版权与甲方签订的任何第三方对该片音像、制品的发行和电视播放必定在该片国内院线首映 15 日之后实施,否则,甲方必须赔偿乙方150万元人民币。

……

××影业有限公司(香港)　　　　北京××影视文化传播有限公司

签章　　　　　　　　　　　　签章

当事人可选择提交的证据:

1. 本案《合作协议》;

2. 图书城购买电影《×××》DVD的销售凭证及DVD实物(自备);

3. 盗版DVD封面(自备);

4. "××视频"截图及下载的视频文件(自备);

5. 2014年1月30日报纸刊载电影《×××》首映式新闻发布会广告(自备)。

上述实体性材料的发放,除为学生的模拟庭审活动提供了充足的案件信息,同时也意在考查学生在阅读案件材料时对干扰信息的排除能力、有用信息提取能力、法律关系梳理能力、关键要点归纳能力等,而取自于真实案件的相关文件,也给学生练习法律文书的写作提供了格式和内容上的参考。

在收到以上全部材料之后,法律诊所学生普遍表现出了非常积极的态度。在有限的时间内,各组学生都在积极分析案情、学习庭审流程、讨论庭审策略、协调庭审分工,希望在模拟庭审中有良好的表现。

(二)模拟庭审的推进与实操

随着所有准备工作的就绪,模拟庭审活动在既定的时间如期举行。在指导老师没有作出特别叮嘱的情况下,扮演办案秘书的学生事先按照《指南》的要求,主动通知了"当事人"和"仲裁员"开庭的时间、地点,并布置了仲裁庭;扮演仲裁员的学生也根据《指南》的相关建议制作了庭审预案,并按要求着装;其余扮演当事人的学生和一众观察员,也在充分的准备之后准时到达了庭审现场。

由于《指南》中所描述的庭审过程非常详尽,因此,模拟庭审基本程序的推进过程非常顺利,只是由扮演首席仲裁员的指导教师基于时间的考虑略过了某些模拟环境中不必要的环节。于是,案件很快来到了第一个争议点——仲裁管辖权的问题上。就这一问题的认定,双方当事人都表现得非常专业,体现出了扎实的法学功底和对理论知识的实践运用能力。被申请人根据答辩书中的内容在正式开庭前向仲裁庭提出了管辖权异议和理由,申请人则根据案件事实和对我国《公司法》及《合同法》相关条文的准确适用,向仲裁庭提出了被申请人管辖权异议理由不成立的依据。随后,仲裁庭根据仲裁法相关的程序规则,先宣布休庭,并在"接到"仲裁机构有权受理该案件的决定后,继续开庭。

随后,首席仲裁员引导庭审进入当事人陈述、答辩环节。由于该环节所涉及的仲裁事实、理由及答辩意见在发放的材料文书中都有全面而详尽的记录,为了锻炼学生的要点归纳能力和口头表达能力,指导教师事先明确要求,本环节禁止学生直接阅读材料,必须在消化相关信息后用自己的语言表达出来。从庭审效果来看,有的学生"讲故事"的能力非常突出,可以简明生动地将所有有用信息向仲裁庭表达清楚,而有的学生则显得有些不适应,很难在庭审环境下完全脱离书面文件的引导,这其中有个人能力的原因,也有准备充分程度的原因。

在该环节两轮的交锋之后,所有参加庭审的学生完全进入了状态,双方的核心争议点也在这样的梳理过程中逐渐清晰:申请方认为,双方合同明确约定了"电影首映之日起15日内不得发行相关音像制品"的条款,而被申请人在此期间存在授权出版发行的违约行为,应按照合同约定向申请人赔偿损失;被申请人则认为,虽然己方确实已经授权出版发行了电影的音像制品,但申请人实际的首映日比其认定的首映日提早了半个月,因此其认为己方的行为不构成违约,也就不应承担相应的责任。

基于上述意见,仲裁庭将庭审程序推进到了举证和质证部分。由于国际法系的法律诊所课程一直将“事实调查和证据目录的制作”作为“法律实践基础能力培训环节”的必修教学内容。因此，在模拟庭审活动之前，所有学生对于证据的作用、材料的筛选、证据目录的整理都已经有了非常清晰的认识，其中在具体实操中出现过的问题也已经在课堂上作了详细的解读。因此，举证质证环节对于学生们来说是一个难得的知识运用和进一步巩固的过程，而指导教师为了帮助学生加深理解，在先后两次模拟庭审活动中分别采用了“一证一质”和“一组证据一质证”的做法，并且在庭审中明确告知双方要从证明目的、证据能力、证明力等方面对证据本身作全面的解读。从实际的情况来看，该案的证据内容比较简单，在证据的筛选和证明目的的提出方面一般不会产生问题，但由于缺乏实践经验，学生在质证时往往显得信心不足。经过课下沟通，学生们普遍反映，在质证环节总是不太确定在作出“认可或不认可证据的真实性、合法性、关联性”的表示之后，会对仲裁庭及案件走向产生怎样的影响，因而指导教师在随后的课程中，对相关技巧又作了专门的讲解。

上述流程完毕之后，就进入到了调查询问和辩论环节。其中，辩论是整个模拟庭审中最精彩、最能表现学生能力的环节，但其同时也是最容易失控的部分。鉴于此，指导教师从调查询问的程序开始，就应当开始为辩论部分做铺垫。因此，在调查询问过程中，指导教师应努力达到3个目的：(1)通过对事实部分的询问考查学生是否已经了解案情；(2)让其他仲裁员向当事人提问，考查其是否能够把握自身的角色定位；(3)在询问结束之后集中辩论焦点，提高辩论效率。

当上述准备工作全部完成之后，庭审辩论正式开始。在辩论之前，仲裁庭将整个辩论焦点集中在两个问题上，即电影的首映日如何确定，以及被申请人是否应当承担责任、应当承担多大的责任。从两次模拟的情况来看，无论是申请人还是被申请人，不同学生基于不同的思路，先后采取的策略均不相同。对于申请人方，有的学生采取的是解释合同的策略，即通过文义解释、体系解释、目的解释等方法，论证合同中的“首映”，只能是2014年2月13日，而非被申请人所认为的2014年1月30日，因而被申请人构成违约；有的学生则在事前查阅了相关行业惯例，通过对案件事实的解读，提出了“首映日”在实践中的认定方法，并将其和“点映”“试映”等概念相区分，进而证明被申请人的答辩理由不能成立。对于被申请人方，有的学生认为双方对合同文义的理解不相同，不能以合同本身作为“首映日”的认定依据，而新闻媒体的报道已经能够证明申请人一直将2014年1月30日的放映视为“首映”，因此被申请人没有违约；有的学生则从电影的营利模式和“情人节档期”的词义的解读入手，反推双方在签订协议时，不可能将“首映日”固定在2014年2月13日这一天，并且同年2月20日的音像制品发行行为，更符合电影运作的一般习惯，因此，其行为既未违约，也未造成损失。

在仲裁庭的引导下，经过4个回合左右的交流，案件的争议焦点更加明确，考虑到庭审的时长，在双方都已充分表达观点的情况下，仲裁庭要求双方作最后陈述，表明态度、明确观点，并在所有后续的常规程序完成之后，宣布闭庭。自此，庭审程序顺利完成。

（三）模拟庭审经验的交流与总结

在模拟庭审环节结束之后，学生们普遍表示意犹未尽，并在庭审结束后争相对庭审过程表达自己的观点。根据预先设定的规则，为了确保交流主题的层次性，学生发言环节按照办案秘书、观察员、其他人员的先后顺序进行评论，而学生交流和互评的内容则主要集中在“哪位同学的哪些做法可能产生不利后果”“某方当事人的庭审策略或案件分析思路应如何改进”“自身学到的知识以及进步的空间”“哪些庭审细节使自己印象深刻且深受启发”“经历模拟庭审后的感悟”等几个主题之上。

在交流结束之后，指导教师结合模拟庭审预先的教学构想，实际庭审过程中所出现的情况，以及学生在交流环节所表达的直观感受，对整个模拟庭审的目标、意义,以及对仲裁制度本身的作用都进行了全面的梳理和总结,以求用这样的方式取得模拟庭审价值的最大化。

首先,在庭审的程序和实体内容方面,指导教师提出,庭审程序当中所用到的实体法和程序法知识,学生之前在课堂教学中都已学过,但学生对于某些知识的运用依然显得比较生涩。这当中存在经验方面的原因,但更主要的是,庭审活动暴露出了一部分学生对于理论知识的理解依然不到位,学习过程中仅限于对知识点的记忆,而并没有深入理解制度的设置原因和目的,造成了庭审中对有些关键的知识点没想到,或是将知识点用错,或者所用制度并不能达到预期效果的情况。通过庭审活动,学生们可以直观地感受自己在学习过程中的知识盲点、对知识理解上的偏差、思维上的误区,同时也对已掌握的知识加深了理解。而这样的自我反思,应当在课程之外持续进行。

其次,在仲裁庭审技巧方面,指导教师再次强调,如果以纠纷解决为导向进行观察,那么案件陈述、举证质证、庭审辩论等技巧,本质上都是法律分析方法当中的重要技能,很明显,这些方法固然是寻求居中裁判解决问题的常规手段,但如果将庭审的所有重心和目标都集中在这些内容之上,不但在纠纷解决的目的上本末倒置,也使仲裁制度丧失了灵活性,让其在实际运用过程中变质成为裁判案件的“第二法院”,这并不利于达到案结事了的目的。因此,再次回顾整个模拟庭审的过程时,我们应当以纠纷解决的效果为标准进行深入反思。对于仲裁员来说,我们应当思考,程序的引导工作是否反而加剧了双方当事人的对抗情绪?主持庭审时的措辞是否导致了自己的判断在当事人的心目中丧失了公正性?与当事人交流过程中的语气、态度等因素是否会让当事人丧失对仲裁庭的信任?等等。而对于当事人来说,我们则应当思考,参与纠纷解决程序究竟是更想取得裁决的肯定还是财产利益的实现?庭审中采用对抗模式是否是化解矛盾的最优手段?纠纷标的是否就是唯一的、全部的利益追求?等等。

随着这样的反思过程,我们逐渐能够认识到,在仲裁程序中,获得裁决的支持并不是当事人参与庭审的真正目标,那么,法律分析的方法也不是在庭审中所能适用的唯一方法。综合上述思考,可以看出,为了达到纠纷化解的目的,从仲裁员和当事人的角度来看,说服力的技巧、消除对立情绪的技巧、提高提升效率和效果的技巧、赢得彼此信任的技巧、合理把握参与人之间关系的技巧等,都是需要加以总结和提炼的。而对方法的合理选择和技巧的恰当运用,能够为当事人赢得最佳的纠纷解决效果。

最后,在仲裁制度的价值导向方面,指导教师指出,在多种纠纷解决机制中,每一种纠纷解决方式都有其制度优势和特定的纠纷适用范围,不存在某一种纠纷解决方式能够彻底化解所有的矛盾。因此,在法律实务操作过程中,我们不仅要熟知每一种纠纷解决方式的制度优势,还要熟练掌握每项机制的运用能力和机制间的协调转化能力。对于仲裁制度来说,其制度价值就在于既能维护裁判者和当事人之间的平等关系,也有解决纠纷灵活多样的方法空间,还有公权力对于裁决结果的强制力保障。因此,在仲裁的庭审过程中,我们应当有意识地强化和外显仲裁的这些优势,使其对与特定案件能够发挥出最大的效用。

就模拟庭审的案例而言,就属于一起典型的适宜用仲裁解决的纠纷。第一,双方对于事实的认知分歧过大,在没有第三方居中介入的情况下很难通过谈判达成和解;第二,双方的纠纷标的额较大,若没有强制执行力的保障,即使达成纠纷解决协议也存在反悔的风险;第三,对案件的核心争议点"首映日"的确定是一个行业惯例的认定问题,如果针对此问题直接判决,虽然可以得出结论,但也存在激化矛盾的可能性;第四,案件双方当事人在相同行业领域从事经营业务,彼此关系渊源较复杂,也还有其他业务的往来,若因一起案件彼此对立,对双方来说都是无形的损失。因此,结合庭审案例,我们有必要进一步思考,为什么在仲裁理论中,仲裁程序的发起和推进都必须源于当事人的授权;为什么仲裁员在开庭时要努力维持平和的庭审氛围;为什么《指南》会特别强调程序上应当完成办案秘书的开庭导语和仲裁员的声明书;为什么仲裁程序会特别重视调解方式的运用? 等等。如果能始终带着这些问题,反复回顾整个庭审过程,期间所有的经验教训就会更加清晰,对仲裁的理解也会更加深刻。

当相关的总结工作结束之后,指导教师要求每位学生将此次模拟庭审的心得体会整理成书面材料并提交。自此,"民事纠纷解决能力培训环节"中的仲裁模拟庭审课程全部完结。

## 四、结语

总体而言,外交学院在法律诊所教育课程中引入的仲裁模拟庭审教学模式,经过多次实践评估,认定其基本可以达到预期的教学效果,而这一目标的实现,是完善的教学体系、合理的课程布局、充分的教学准备等因素共同作用的结果。当然,由于一些客观条件的限制,仲裁过程中一些较重要的程序,如回避、调解、新证据提交等内容,在之前的模拟环节都还没有机会展现,但随着教学经验的不断积累,以及与相关教学工作者的深入交流,此类模拟庭审教学安排的科学性和内容价值一定会有更进一步的提升。

# 中国政法大学法律诊所《法律检索》课堂实录

袁　钢*

检索是一门科学，因为检索有其特定的规律；检索也是一门艺术，其灵活多变，常有柳暗花明的收获；检索更是一门技术，既不要对数据库有畏惧，又需要掌握并熟练检索的技术和方法。法律检索技巧是在实践中形成的，只有在实践中体验，才能培养出有效的法律检索技能。

## 一、行政法诊所课程基本情况

中国政法大学法律诊所教育始于 2004 年。建设至今，已经分别在本科生、硕士研究生两个层次开设法律诊所教育课程，涉及行政法、刑法、知识产权法、劳动法、环境法等多个部门法，以及青少年越轨、农村、老年人权益保护、公益法、军事法等多个领域，并且分属诉讼与非诉讼、校内和校外等不同类型的法律诊所。

### （一）教师队伍和课程计划

中国政法大学行政法诊所是中国政法大学第一批法律诊所，开办于 2004 年 6 月，其以法学院“法律实践教学研究室”和“法律职业伦理研究所”为依托，以有多年执业律师资格的资深教师为骨干，开展诊所法律教育及科研课程。中

---

* 中国政法大学研究生院副教授、硕士研究生导师，法学博士，主要研究方向：法学教育、司法制度与法律职业伦理、人权法。

国政法大学法学院非常强调团队教学,已经打造成了一支教学经验丰富、结构合理、中青结合、有海外交流经验的教师队伍,行政法诊所前后吸收了20名教师参加,具有教学和科研的综合优势。目前,法律诊所每个学期有15名教师承担法律诊所的教学工作,绝大多数是法学博士,兼职律师。其中有4位教师为实践教学教研室成员,专职负责包括法律诊所在内的实践教学工作。行政法诊所一贯重视对法律诊所教师的培训,目前法律诊所教师参加了中国法学会法学教育研究会诊所教育委员会组织的历次培训,多数教师都参加了各种法律诊所教学培训,马宏俊教授、许身健教授还担任法律诊所的培训教师。目前,有2位教师参加了清华大学及美国天普大学联合主办的北京培训项目、3位教师参加了由美国美利坚大学及太平洋大学联合主办的培训项目、4名教师在国外取得了与实践教学相关的硕士学位。

2014年行政法诊所被中国法学会法学教育研究会诊所法律教育专业委员会确认为法律诊所教学资源基地,通过公开课和区域培训的方式承担起对法律诊所教师的培训任务。在本诊所,一方面,由教师结合其律师经验教授律师办理诉讼业务的基本方法和技巧等,全部采用真实案例,讲授实战经验;另一方面,法律诊所的同学通过各种方式参与案件实践,如接听来电咨询,在值班教师的指导下,提供法律建议或者代理案件。

(二)制度建设

行政法诊所课程建设的基本依据是《中国政法大学"法律诊所"课程管理办法》。该办法规定:(1)"法律诊所"课程为实践性必修课,与"专业实习"属同一课程组。"法律诊所"课程学分等同于专业实习学分。(2)"法律诊所"课程的主讲导师要求具有中级以上职称,具有教学、司法和律师工作经验,能够指导学生完成学习和办案任务。"法律诊所"课程教师的工作量按每周5课时计。教师课酬按本科教学其他课程同等标准计算。(3)"法律诊所"课程面向本科三年级以上学生开设。选课学生名单的确定采取学生向开课学院报名和导师筛选双向选择的方式,由主讲导师根据课程性质、特点和要求,基于保证教学质量的目标,确定选课学生的数量和报名条件。每个专业课堂的选课人数一般不超过20人。(4)“法律诊所”课程纳入每学期课堂教学课程排课工作。(5)“法律诊所”课程采取与专业实习相同的考核方式。参照《中国政法大学本科生专业实习管理办法》的相关条款执行。学生在法律诊所学习期间,至少要写5篇实习随笔,随实习报告一起存档。“法律诊所”课程指导教师在每学期课程结束时要提交指导心得或工作总结。(6)该课程按学校有关规定进行教学质量评估,对不合格者按相关规定处理。

根据《中国政法大学“法律诊所”课程管理办法》,中国政法大学法学院在本科生教学中开设行政法诊所,共计90课时,[①]计5个学分;每个学期在硕士研究生教学中开设行政法诊所,共计54课时,计3学分。根据资助和学生报名情况,不定期开设刑事法律诊所、军事法律诊所、老年人权益保护诊所、公益法律诊所(控烟)等。

学校、学院、诊所的规定、办法和制度是法律诊所实施和运行的基本依据,遵循上述规定也为法律诊所的正规化、规范化创造了前提条件,同时也是法律诊所教学质量的基本保证。

中国政法大学行政法诊所重视内部管理,制定了《法律诊所各项管理制度标准》,具体包括下列规章制度:诊所经费管理制度,教学网络使用管理规定,计算机安全管理制度,公关媒介利用制度,教研组管理制度,诊所教学质量管理制度,教学质量标准制定制度,诊所教育目标管理制度,诊所管理目标拟定制度,教学计划及教学大纲管理制度,教学质量控制和质量检查制度,档案管理制度,档案室职责范围,诊所教师岗位责任制,诊所教师考核制度,诊所教师奖惩制度,诊所教师课堂教学评估标准制度,电话管理制度,档案立卷归档制度,实

① 由于中国政法大学自2016~2017学年开始正式实施三学期制,春季和秋季学期授课周数减少为16周,法律诊所授课课时也相应调整为80课时,仍计5个学分。

物档案归档制度，档案鉴定销毁制度，文书档案立卷说明，诊所教师评估内容及达标标准，诊所教师教学工作考评内容及达标标准，诊所信访组工作职责，办案程序规则，教学管理制度，办公管理制度，办案经费报销审批制度，建立每学期诊所师生通信录，热线值班表，建立诊所案件当事人及本案相关人联系通信录，建立诊所学生办案情况记录表及电话咨询表、来访咨询表、来信咨询表以及评估制度。

行政法诊所总结实践经验制作了法律诊所学生手册，开办了专门的网站（网址为：www. flzs. org）和微信公众号（微信号：CUPL Legal Clinic），并且专门研发了“中国政法大学法律诊所数字化教学系统”（网址为：cupl. lawclass. cn）。

（三）课程设置

诊所法律课程在教育学生如何学习法律，如何掌握法律职业技巧、能力和提高综合素质的过程中所采用的教学方法与传统的教学模式有很大不同。行政法诊所的教学方法体现为以下几个方面。

首先，运用启发式教学，引导鼓励学生通过自己的思考和分析得出最佳答案。在诊所法律课程的教学中，学生成为课程的主体，老师不断提出问题，引出各种可能性，引导学生发现有关的法律规范、事实材料、有关因素以及各种因素之间的关系，引导学生自己开动脑筋思索，使学生掌握的知识更加牢靠、更加深入，并使学生通过这种思考和分析，学到了法律思维的方法，获取了各种技能，锻炼和提高了其综合素质。

其次，以学生和当事人为中心，使学生直接接触真实的当事人和案例，直面各种社会冲突和纠纷，将理论与实际真正综合到一起。老师在指导学生办案的过程中，与学生成为平等的讨论者和分析者，使学生真正成为学习过程中的主人和责任者。老师对具体案件的指导大多采用“一对一”的个别指导方式，从而使学生得到更多的具体关注和实际指导，有利于因材施教。

最后，运用角色扮演、模拟案件等多种方式，对真实或模拟的案例进行课堂分析和讨论,使学生们互动学习。

行政法诊所主要由定期活动和不定期活动组成,以定期活动——提供法律咨询、代理案件、法律诊所课堂教学为主要活动方式,并通过多种形式的定期和不定期活动为弱势群体提供多种形式的法律服务。

为充分锻炼学生的实践能力,本科生的行政法诊所将每10~12名学生编为一组,每组分别由1~2名教师带领,每周一到周五在教师带领下,该组学生在中国政法大学昌平校区内开设的专门法律诊所值班半天,主要负责接听求助人的电话、接待当事人,“诊断”他们的法律问题,开出“处方”,对求助人的法律问题予以解答,及时为求助人提供法律帮助。在值班之前,教师还会带领本组学生进行1小时的案件研讨(Case Rounds)。在中国政法大学法学院的资助下,行政法诊所每学期目前可以容纳100~120名学生实习,为广大需要法律服务的弱势群体提供免费的法律咨询服务。

(四)教材建设

行政法诊所于2014年编纂了《法律诊所》教材(许身健主编,中国人民大学出版社2017年版第2版)。该教材的作者都是中国政法大学行政法诊所的资深教师,它既可以作为法律诊所教材使用,也可以满足法律诊所师生对法律诊所的管理之需。通过使用该教材,学生可获知法律诊所运行规则、理念及方法方面的丰富知识,法学教师亦可了解关于法律诊所运作管理、法律诊所教学等方面的实用性知识。同时,该教材还可以作为指导法律诊所学生准备法律援助案件的指南。此外,由行政法教师主编、参编、翻译的专著教材还有:《推进正义的法律诊所教育》(杰夫·吉丁思著,袁钢译,中国人民大学出版社2017年版)、《实践性法学教育论丛》(第5卷)(袁钢主编,知识产权出版社2016年版)、《实践性法学教育论丛》(第4卷)(袁钢主编,知识产权出版社2015年版)、《法律诊所:理念、组织与方法》(波兰法律诊所基金会著,许身健译,北京大学出版社2014年版)、《实践性法学教育论丛》(第3卷)(袁钢主编,知识产权出版社 2014 年版)、《美国法庭论辩制度:影像与现实》(刘晓兵编著,中国政法大学出版社 2013 年版)、《刑事诊所工作手册》(诊所法律教育专业委员会主编,中国长安出版社 2013 年版)、《有效的法学实践教育》(汪世荣主编,法律出版社 2012 年版)、《法律实践教学手册》(许身健主编,法律出版社 2012 年版)、《农村法律诊所教学手册》(薛少峰主编,法律出版社 2010 年版)、《实践性法学教育论丛》(第 1 卷)(许身健主编,知识产权出版社 2010 年)、《完善法学教育——发展方向与实现途径》[(美)罗伊·斯塔基等著,许身健等译,知识产权出版社 2010 年版]。

## 二、法律检索课堂的基本情况

行政法诊所要求法律诊所学生 2 ~3 人组成一组来接待当事人、处理案件,小组成员必须学习写作、能够相互评估、能够相互学习,能够在真实的环境中合作,在处理真实的案件时能为真实的委托人承担真切的责任。

### (一)课堂设计

行政法诊所的性质是由法学院主导的律师事务所,由具有执业经验的教师作为指导教师进行具体指导。在学生进入法律诊所时,行政法诊所就通过网站、微信公众号,分发学生手册等方式告知学生所有的课程安排,使学生明确了解法律诊所确定、明晰的秩序安排,要求学生完成必需的材料阅读,总结掌握必需的法学理论。行政法诊所的课程安排采用体验式模拟、批判、反思等教学方式,帮助学生掌握特定实务技能,让学生在具体情景中学习职业伦理。从课程安排上,行政法诊所采用大班面授(Large Class)、案件研讨(Case Rounds)和个别督导(Supervision)3 种教学形式,指导教授和学生的比例分别是 1∶50、1∶10 和 1∶1。在大班授课中,指导教师采用讲授(Lecture)、大脑风暴(Brainstorming)、讨论(Discussion)、分小组(Small Groups)和模拟(Simulations)的教学方式,教授法律咨询(Legal Counselling)、会见(Interview)、法律检索(Legal Research)、法律写作(Legal Writing)、证据技能(Evidence)、论辩技能(Advocacy)、谈判(Negotiation)、调解(Mediation)和法律伦理(Legal Ethics)等实务技能。在案件研讨环节,指导教师面对10名左右的学生,围绕真实案例,由接待案件的小组向参与研讨的学生汇报案件或者提出问题,集体参与角色和反思,从实践中发掘理论问题。在个别督导环节,指导教师面对1~2名学生,帮助学生做好案件准备、协助学生作出决策,主要以批判性方式来开展指导。

在教学中,可以结合具体案件,也可结合其他法律技能的讲授进行法律检索的教学,可以按照如下方式来安排教学。

课程设置:法律检索作为法律诊所授课的组成部分,可以安排在法律诊所入门、会见(法律咨询)、法律职业伦理之后,与法律文书写作课程相结合。

前置要求:可以要求学生先选修学校的选修课之一的文献检索或者文献检索课程,或者参加图书馆定期或者不定期的检索讲座,或者自学教师指定的教科书或者分发的有关课件。

教学时间:8~10学时。

教学重点:重点解决中国法律实务中的具体问题,不要求撰写学术论文,暂不涉及外国法、国际法。

教学内容:教授法律检索的基础理论,并结合具体案例,按照分析确定法律问题—检索相关信息—撰写法律备忘录的顺序,运用多种法律诊所教学方法进行授课。

教学方式:课堂讲授+平时作业。

教学考核:撰写法律检索报告或备忘录。

(二)教学目标

法学作为实践性的社会科学,决定了法学教育需要承担培养创新型和应用型的法律人才的任务,必须使法学人才同时具备核心法学知识、核心法学技能和核心法学道德。传统法学教育重视法律知识的传授,却忽视了对法律技能和法律道德的培养,学生往往被动接受法学知识,而缺乏帮助其主动获取知识的职业技能的培训,如对法律检索能力的训练。在行政法诊所中,法律检索是大班授课的重要环节,一般安排在会见之后来进行讲授。而关于为什么将"Legal Research"翻译为"法律检索",笔者在《法律诊所》一书中有详尽的阐述。①

广义的法律检索包括两个方面的含义:一是指"法律信息检索"(狭义的法律检索),是为解决具体案件中的法律问题,而科学、系统地查找和收集相关的法律依据;二是法律研究(或称法律调研),即面对法律问题及与法律相关的问题进行系统的探讨与考察,并形成对法律问题的解决方案。本课堂所指的法律检索更多是指狭义法律检索,是以规范的、科学的、系统的方法查找、收集法律资料、信息的过程。它既是一个过程,也是一种方法。但是狭义的法律检索的最终目的是解决实际法律问题,并且为了这个目标,形成检索策略即决定如何去查询以及查询什么资料,而不是为了查询而去收集资料。

教授法律检索不是在传统和网络资源中查询和研究相关法学理论或者法学观点,即不是学术性质的,而是以分析现实问题为前提,以解决现实问题为目标,以形成对策研究报告为结果的发现、分析和解决问题的过程,即是实务性质的。

## 三、法律检索课堂的具体授课

### (一)法律检索理论导入

在明确"Legal Research"的概念的基础上,授课教师结合《完善法学教育》一书中归纳的:"法学院应当帮助学生拥有有效的、负责任律师的素质,这些素质包括:自我反思、终生学习的技能、智力及分析的技能、法律的核心知识及理解、职业技能以及职业主义。"②而法律检索技能是法律论辩、文书写作、法律谈

① 参见许身健主编:《法律诊所》,中国人民大学出版社2014年版,第164~166页。

② [美]罗伊·斯塔基等:《完善法学教育——发展方向与实现途径》,许身健等译,知识产权出版社2010年版,第7页。

判、法律调解等技能的基础。

授课教师结合法学教育、法律检索技能所需基础,分析对比国内外法律诊所教育现状,指出我国目前法律检索技能教授中的种种问题。[①] 之后,教师会介绍法律检索书面资源(包括主要法律出版物、工具书)、主要网络资源(包括法律数据库、政府机构网站、法律学术网站和法律媒体网站 4 大类)、搜索引擎检索技巧(重点是学会使用通用检索方法)以及专业法律数据库的检索技巧。

(二)法律检索训练过程

法律检索即是法律分析的方法,也是解决法律问题的过程,其过程可以用"IRAC"来进行概括,即 Issue(问题)、Rule(规则)、Analysis/Application(分析或适用)和 Conclusion(结论)4 个部分。一个"理想的法律检索"过程应该是界定问题(Frame the issue)、尝试检索关键词(Brainstorm search terms)、确定管辖范围(Determine jurisdiction)、寻找阅读更新的一次资源、二次法律资源,如有需要可查询程序规则、法律伦理和非法律和其他资料。依据一般的检索工作流程,可以把法律检索可分为如下 3 个阶段:第一阶段,检索准备阶段——分析和确认法律问题,它是法律检索的前提;第二阶段,检索实施阶段——获取法律信息,它是法律检索的关键性阶段,资料的齐备、准确、有效与否在一定程度上决定了案件的成败,关涉委托人利益;第三阶段:检索报告阶段——表述结论和方案是法律检索的结果。

在授课中,指导教师会采用对实际案例进行案件事实分析的训练和法律分析的训练,[②]之后会举例说明如何选择关键检索词汇、如何进行检索信息的校验以及法律检索中的注意事项,最终结合法律写作来简要陈述如何撰写检索报告。

---

① 参见许身健主编:《法律诊所》,中国人民大学出版社 2014 年版,第 166 ~ 170 页。

② 同上书,第 181 ~ 185 页。

(三)法律检索训练案例

原告:张某

被告一:陈某,男,汉族

被告二:刘某,男,汉族

被告三:××有限责任公司

2014年4月3日15时,在郑汴路与第八大街汽车东站的十字路口,被告二驾驶的车牌号为豫A×××××的大货车与原告驾驶的车牌号为浙AMD×××的越野车相撞。经交警认定,造成原告损失42,850元人民币,原告与被告二负同等责任,被告二应赔偿原告21,525元人民币。

事故发生后,车牌号为豫A×××××的大货车的挂靠人被告一于2014年4月18日向原告出具欠款21,525元人民币欠条1张,并承诺在领到保险公司的理赔款后支付。后经原告多次催要,被告一以各种理由推脱,直到现在仍未付款。

另外,事故发生时,车牌号为豫A×××××大货车的所有权人是被告三,即被告一将大货车挂靠于被告三处,而事故发生时的驾驶人是被告二。被告一为了逃避法律责任,于2014年4月18日将车牌号为豫A×××××的大货车转让给同乡镇的高某某。

1. 检索准备阶段

要做好法律检索,首先应当做好检索准备,这一步骤是非常重要的,不可省略。因为做好检索准备可以使法律检索不走或者少走弯路,能帮助我们准确查找到所需法律资源,以免浪费时间和精力,并最终以撰写检索结果的形式表达出来。

在进行法律检索前,需要对案件的情况进行基本的事实分析和法律分析,形成对案件整体情况的认识,确定需要调研和检索核实的法律要点和法律问题。法律准备阶段的核心是分析和确定法律问题,具体可以分为对事实分析和对法律分析两个步骤,即事实分析—法律分析—确定法律问题。

在检索准备阶段,要将所需要检索的事实要素和法律要点列出清单,并要思考需查找和核实的每个法律要点对整个案件的重要性,以确定检索顺序。在诉讼前需要查找和核实清楚的要点,如管辖权问题、诉讼主体问题等,则需要立即核实。在做好检索准备后,要根据检索进度进行调整,并逐项开展检索核实工作。

(1)事实分析

在进行事实分析之前需要完成事实收集任务。在法律诊所教学中,通过“会见技能”“法律咨询”“事实调查”的训练后,学生应进行事实收集,需要法律诊所学生在认真学习这3种技能的基础上来完成事实收集。“以事实为根据,以法律为准绳”是诉讼法规定的人民法院审理案件的基本原则,也是律师办理民事案件的基本出发点。律师只有在确定案件法律事实的基础上,才能确定所需要的法律。所以完成事实收集进而进行事实分析是处理案件的基础,也是律师的基本功。在事实收集完成之后,就需要归纳、明确法律的争议点(legal issue),即回答“6个W”问题。

什么人(Who):涉案的自然人、法人和其他组织的基本情况。注意并非仅仅列明当事人的基本信息,还需要列明、总结与案件争议焦点相关的其他信息,如当事人的社会职业、身份、家庭关系(如夫妻、父子、母子、兄弟姐妹)、法律关系(如债权人与债务人、雇主与雇工)等。

什么事(What):案件事实的来龙去脉,重点关注案件事实可能涉及的案由,如合同纠纷、医疗事故、人身伤害、离婚纠纷、财产损害、精神伤害等。

什么时间(When):与案件争议焦点相关事件具体发生的时间,如年、月、日、时、分、秒,以及有法律意义的期间、时效等。

什么地点(Where):与案件争议焦点相关事件具体发生的地点,如某国、某省、某市、某县(主要涉及管辖权问题),此外还有是否发生在工作场所、公共场所、公路、运输工具等可能对案件性质产生影响。

什么原因(Why):涉案当事人为什么要这么做?如报复伤害、过失损害、恶意违约、不可抗力等。

如何发生(How):涉案上述“5 个 W”发生和发展的过程,注意提出的主张和要求,如诉讼请求、仲裁请求等。

完成上述“6 个 W”问题的回答,可以帮助确认当事人提出的问题是否为一个法律问题,并从当事人的叙述和提供的材料中甄别出法律问题。如果不是法律问题,则没有再进行法律检索的必要。

**【训练 1】“刘某交通事故纠纷案”的事实分析**

根据该案案情进行事实分析,并填写如下案件事实分析表:

| | |
|---|---|
| Who | 张某(原告,受损方)<br>陈某(被告一,大货车的名义所有人)<br>刘某(被告二,驾驶员)<br>××有限责任公司(被告三,大货车的实际所有人) |
| What | 被告二驾驶的大货车与原告驾驶的越野车相撞。经交警认定,造成原告损失 42,850 元人民币,原告与被告二负同等责任,被告二应赔偿原告 21,525 元人民币。被告一出具欠条,承诺在领取理赔款后支付。后经原告多次催要,被告一以各种理由推脱,直到现在仍未付款 |
| When | 2014 年 4 月 3 日 15 时被告二驾驶的大货车与原告驾驶的越野车相撞。2014 年 4 月 18 日大货车的挂靠人被告一向原告出具欠款 21,525 元人民币的欠条一张,并承诺在领到保险公司的理赔款后支付<br>2014 年 4 月 18 日被告一将大货车转让给同乡的高某某 |
| Where | 郑州市郑汴路与第八大街汽车东站的十字路口 |
| Why | 原告的损失应由谁来承担?即在交通赔偿责任中,名义所有人与被挂靠人、实际所有人、挂靠人与驾驶员的责任应如何划分 |
| How | 原告催要款项未果,因此向郑州市金水区人民法院提起诉讼,要求 3 位被告赔偿相关损失 |

(2)法律分析

法律分析技能,即问题认知的技能,需要运用法律知识,判断案件事实涉及什么样的法律领域,属于什么性质,什么法律关系,涉及什么样的法律问题。需要进行案件的相关法律问题的分析,具体包括以下 4 个部分:

法律规范(Legal Theory):案件属于哪个部门法?是属于民法、刑法还是行政法?具体争议类型是合同违约、侵权、无因管理等?

法律救济(Legal Relief):被害人或被侵权人能够寻求什么样法律救济?如实际履行、损害赔偿、刑罚等。

法律程序(Legal Procedure):解决纠纷和寻求法律救济的渠道?如协商、调解、仲裁、诉讼、执行等。

法律争议点(Legal Issue):法律争议点往往与当事人的诉求是相关联的。总结出法律争议点有助于将重点集中在解决问题上,进而提高检索效率。例如,在合同纠纷案件中,当事人诉请的重点并不是赔偿损失,而是合同能否继续履行。

在回答了上述 4 部分内容之后,需要进而归纳出法律检索的问题,再提炼出精简的检索语言,即精练出"关键词"(key words)。

为得出案件结论应运用演绎推理的方式,遵循从原则、规则到个案,从抽象到具体的法律推理方法,其过程就是一个三段论推理方式:

第一,在了解案件基本情况的基础上,寻找适用于该案的法律规范,即大前提。对大前提的法律分析包括分析并准确理解法律规范的构成要件、成立条件、适用范围、法律含义等。

第二,从具体案件中提取与大前提有关的、能够进行评价和抽象的案件事实,以大前提为标准分析具体案件的事实是否符合大前提的要求,如果符合,则为小前提。对小前提的法律分析包括对案件事实的认定、案件事实是否符合法律规范(大前提)的构成要件、成立条件、适用范围、法律含义,确定个案情节与法律规定情节的一致性。

第三，将大前提与小前提结合起来，推导出适用于个案解决的结论。

**【训练 2】“刘某交通事故纠纷案”的法律分析**

根据该案案情进行事实分析，并填写如下案件法律分析表：

| | |
|---|---|
| Legal Theory | 侵权纠纷 |
| Legal Relief | 损害赔偿 |
| Legal Procedure | 民事诉讼 |
| Legal Issue | 共同被告的责任承担 |
| Key Words | 挂靠 |

2. 检索实施阶段

在确定关键词的基础上进行检索实施。检索实施阶段的重点是：一是选择适宜的检索工具，二是选择适宜的关键词，三是进行检索信息的校验。最常用的检索工具就是专业法律数据库和网络。专业的法律数据库能保证数据的权威性、全面性、准确性，且更新速度快，对法律法规的变动情况（如修订、修正、废止等情况）一目了然，而且除进行关键词检索和全文检索外，还有详尽的分类、发布部门、时效性、效力级别、专题、地域等复合检索方式，能够帮助检索者快速锁定所需资料范围。但因个人的喜好、学校、律师事务所提供不同类型的检索工具等多种原因，每个人经过尝试后都可选择最适合自己的检索的工具。因此，下文重点就后两项重点进行阐述。

（1）关键检索词汇的选择

如前文所述，最经常选择的是检索电子资源，主要是对专业法律数据库的检索，以及对网络资源的检索。而专业法律数据库的检索方式基本是两种：第一种是关键词检索，第二种是分类检索。关键词检索是最常用的方式：通过事实收集和分析，然后进行法律分析，提取相应的关键词。

①关键词检索

在法律检索中,“关键词”是指与所要检索内容最相关的词语。关键词可以是法律术语也可以是与事实相关的词语。关键词的选取必须保证两点:第一,专业性,尽量避免大众化或者通俗化的词汇;第二,具有代表性,以避免一些有用信息被遗漏。

虽然在一次资源中所用的法律术语会比较统一,但仍应注意由于历史的变迁及制定者的不同,有时所选用的法律术语仍会发生变化,例如,20 世纪 90 年代之前经常会用“担保人”来替代“抵押人”和“质押人”;而运用通俗语言对法律进行讲解和评论的二次资源中的法律术语和其他专业用语可能就更不统一了,如“合同”“协议”“契约”。

因此,在分析案情和法律理论时,在选择检索用的“关键词”时,一般应遵循“先具体后总体”的原则,即先选择与本案件法律或事实最相关的关键词,如检索不到相关资料,再用概念较大或较广的关键词,即根据检索结果进行层层回推,放大信息量,例如,专利许可合同 < 许可合同 < 合同。

此外,利用相同的“关键词”进行检索时,检索范围遵循“先标题后全文”的原则,即先进行标题检索,如检索结果不理想再进行全文检索。

需要特别指出的是,利用“关键词”检索是一个“试错”的过程,也是一个经验积累的过程。对于某一领域非常熟悉的法律专业人士,基于对该领域法律法规有整体性、框架性的把握,因此可以较准确地选择适宜的关键词。但是,在遇到陌生法律领域时,可以尝试使用不同的关键词来进行检索,并根据搜索的结果与所需要求的相符程度增加、减少、切分关键词,或者对关键词进行修改和提高;也可以从基本的、熟悉的法条入手,把握好基本法律对相关问题的原则性规定或者所规定的方向,然后再以基本法条为线索,检索对基本法条起到具体细化作用的、较低级别的法规和司法解释。值得注意的是,不同的法律法规之间要互相印证,已检索到的相关法律法规中提及其他法律法规,也很有可能与问题相关,必须仔细留意。

②分类检索

对于不熟悉的法律领域,可以尝试使用分类检索的方式。大型的专业法律信息数据库常常会分成多个子库以便进行信息的分类和检索。每个数据库是由许多文件组成的,每个文件可以是一部法律、一个案例、一篇文章、一份格式合同、一本书或一本书中的一章。每一个文件还可以分为不同的字段,如北大法律信息网上的《中国法律法规规章司法解释全库》中每个法律文件都有以下12个字段,人们可以单独或综合检索这些字段,以提高检索的准确性和效率;又如在万律的法律专题中,对于某一专题问题会设置多级分类,检索者很容易找到所需信息。

(2)检索信息的校验

①检索所有相关的法律信息

检索信息的基本要求是检索到所有的相关法律信息,才可停止检索。换言之,检索到什么样的状况可以认为我们已经获取必要的信息?建议参考如下3个规则:第一,循环规则,当你发现反复检索到相同文件和案例时,应该意识到检索工作可能已经完成,尤其是使用不同的数据库仍是同样结果时;第二,范围原则,当你检索到的信息已经超出你的所需范围时,就应该停止检索了;第三,"禅宗"规则,如果你经常进行法律检索,并且已经非常熟悉一次法律资源和二次法律资源,那么自然就知道何时应该停止检索。

法律检索也是长期性的工作,法律人需要在专业领域建立个人资料库,将常用资料分类建库,并进行日常更新,要对法律变动情况,如颁布、废止、修订等作注释,要将新出台的司法解释以及类似案例、新闻报道、专家评论等及时添补入库,作成摘要形式,以备查询。这样才能保证法律资料不过时、不陈旧。此外,了解现行法律的规定以及实施的状况,更重要的是了解相关法律发展的动向、趋势。

②明确相关法律信息之间的关系

对检索到的法律法规需要进行甄别,首先要确定相关法律法规的有效性,其次要界定法律法规之间的优先性,最后要寻找有利于当事人的法律法规。

第一,法律法规的有效性。

在实务处理中,必须适用有效性的法律法规,如果法律法规本身已失效,就不具有适用性。需要准确掌握法的时间效力,即生效时间、失效时间(明示废止和默示废止)和法律溯及力的知识。此外,有时法律法规本身未失效,但其部分条文已被新法所取代,事实上不再适用;还有的法律法规据以存在的时代背景或者条件消失,或者其所调整的对象不复存在,或者其使命完成,使其失去了存在的意义,从而自动失效。

第二,法律法规的优先性。

在我国,不同的法律法规对于同一事项的规定偶尔会出现不一致或者相矛盾的现象,这就需要检索者掌握法的位阶的相关知识。在这种情况下,如果只是基于"上位法优于下位法""新法优于旧法"等基本法理原则作出判断,可能得出的结论在现实中是行不通的,不能最大限度地保护当事人的利益。在这种情况下,凭借书本上的法理观念行事,结果只能是给当事人造成较高的办事成本和导致较大的办事风险。

③调研法律信息的执行情况

某些法律法规中的部分条款,因种种原因,可能在实务处理已并不适用或者很少被适用(被称为"睡眠条款"),或者虽然新的法律法规已经颁布,但在实际操作中却未按其执行。因此,需要检索者调研法律信息在现实中的执行情况。最常见的调研方法是进行官方网站的调研和电话咨询。

第一,调研政府网站。

越来越多的政府主管部门为方便民众办事,都在官方网站上开设了"办事指南"一类的专栏,对相关事项的办理流程、所需文件、法律依据等问题进行讲解。这些资料能成为熟悉和判断相关法律法规在实践中的执行情况的重要参考。

第二,电话咨询相关人员。

检索者可以通过打电话或现场咨询等方法与直接办事人员进行沟通,这样可以最直接、准确和全面地了解相关法律法规在现实中的执行情况,可以保证法律适用的准确性。但是咨询应以法律法规调研为基础,咨询与调研的成果互相印证,方能作出正确判断。

(3)法律检索中的注意事项

①做好法律检索的准备工作

在进行法律检索前,需要明确检索的目的,厘清所要检索的课题、关键词、关键信息等,对所查询的网络资源、检索工具的类型、使用方法也要有一定的了解。没有目的或者目的不明确的检索,只会被没用的信息所吸引,而遗漏有价值的信息,造成漏检或误检。所选择的关键词应表述准确、简练,尽量使用精确的词汇,用最少的词表达清楚所查信息的主题,还要考虑是否使用同义词或近义词。使用关键词查询时,尽量使用词或词组,用布尔逻辑运算符(+、—、*)将其连接起来。

②将搜索引擎和专业法律数据库有效结合

如前文的比较,进行法律检索时,虽然搜索引擎在资源的广泛性和使用的便捷性方面非常具有优势,但与专业数据库来比,内容的权威性、准确性和功能方面都有很大的差距,因此不能过度依赖搜索引擎。要学会正确地利用搜索引擎,将搜索引擎和专业法律数据库有效结合,例如,对要查询信息的不全或不准确的标题记录,可先到搜索引擎去查询,在确定完整且准确的标题后,再利用专业数据库进行检索,就会提高检索结果的精准率。

③注意检索的细节

法律检索是"累活"也是"细活"。在查询法律信息时,如果能注意一些细节问题,常常能提高搜索结果的准确性。第一,考虑需要查询的关键词是否会有通用字或者近似的词语,如“账户”与“帐户”、“定金”与“订金”,应避免使用错别字,或者使用常见词。第二,遇到可能会被搜索引擎等忽略的字词或者检索固定词组,可以通过添加双引号进行精确查找。第三,注意检索工具是否区分字母的大小写;同样名词的不同翻译;同是中文,在中国内地与中国港澳地区、中国大陆与我国台湾地区的不同用法,例如,中国大陆习惯用“信息”,而我国台湾地区常用“资讯”。第四,利用搜索引擎和专业法律数据库的结果中再搜索功能或者二次搜索功能,也善用“高级检索”的功能,尽可能将搜索范围限定在特定领域内。例如,以英文作为关键词进行搜索时英文网站总是出现在最前面,这时可以限定只搜索中文网站,往往会得到很多意想不到的结果。

3. 检索报告阶段

法律检索第三个阶段,即检索报告的撰写。除口头表达外,往往需要检索者以撰写检索报告的方式来表述检索结果,检索报告形式是多样的,如备忘录、法律意见书、建议信等,应根据需求来选择撰写形式和报告形式。

在完成法律检索后,就需要根据检索到的法律法规为当事人或者案件提供解决方案,在起草法律检索报告之前,需要厘清若干问题。若对如下12个问题的回答均为“是”,则可以着手撰写报告,为当事人提供法律咨询意见:

(1)你是否学习过关于法律写作的规则或者接受过相关指导?

(2)你是否了解委托人的真实目的或者真实诉求?

(3)你是否完全了解与法律问题相关的所有必要的事实?

(4)你是否清楚地把握与了解与法律问题相关的事实要点和法律要点?

(5)你是否掌握专业法律数据库的检索技巧和策略?

(6)你是否完成了所有相关检索已并收集到所有必要信息?

(7)你是否了解检索到的相关法律法规的有效性和有限性?

(8)你是否了解检索报告的呈报对象和写作目的?

(9)你是否根据已经搜索到的法律信息和案件事实,并考虑当事人真实目的得出了初步结论或者建议?

(10)你是否考虑过检索报告的整体结构?

(11)你了解和评估过别的结论或建议?

(12)你提出的建议是否与结论相符?

在回答了上述12个问题之后,结合《法律写作》课程教授的内容,参考法律备忘录的写作来撰写法律检索报告,基本程序如下:

(1)确定检索报告的结构,确定报告的整体逻辑思路。检索报告的思路也必须符合法律适用的一般规律,采用演绎推理的形式,从查询大前提(法律法规),到概述小前提(案件事实),最后得出结论。

(2)依据确定的结构,表述基本观点,形成报告的大纲(基本内容和主要观点)。"以事实为依据,以法律为准绳",检索报告首先要概述案件事实,分析案件的法律问题,其次要列明与案件相关的法律法规,以及对案件事实的法律适用,最后是案件的结论部分,并依据当事人需求提出解决方案。

(3)依照大纲的内容,详细表述和论证。在结构上,应根据案件中涉及的法律问题进行分类;在标题上,应以直言判断的方式来撰写,确定和准确地回答法律问题。检索报告基本要求是结论、观点要明确,出具的建议方案可行、有效,同时也应反映检索信息的来源和检索过程。

(4)审核修改和校对、定稿。完成检索报告之后切忌直接提交,检索者应请专业人士或者指导教师对于检索报告进行审核和修改。同时,作出专业技能的文字表述,撰写者应该认真校对,避免出现错字等。

4. 法律检索报告示例

## 关于刘某交通事故纠纷的法律检索报告

一、事实

根据本法律诊所调查并整理后的案件事实如下:

2007年4月3日15时,在郑汴路与第八大街汽车东站的十字路口,刘某驾驶的车牌号为豫A×××××的大货车与我方当事人张先生驾驶的车牌号为浙AMD×××的越野车相撞。经交警认定,造成我方当事人损失42,850元人民币,我方当事人与刘某对事故负同等责任,刘某应赔偿我方当事人21,525元人民币。

在事故发生后,车牌号为豫A×××××的大货车的挂靠人陈某于2007年4月18日向我方当事人出具欠款21,525元人民币欠条一张,并承诺在领到保险公司的理赔款后支付。后经我方当事人多次催要,陈某以各种理由推脱,直到现在仍未付款。

另外,调查后得知,事故发生时,车牌号为豫A×××××的大货车的所有人是××有限责任公司(以下简称公司),陈某挂靠在公司。而事故发生时货车的驾驶人是刘某。陈某为了逃避法律责任,于2007年4月18日将车牌号为豫A×××××的大货车转让给同乡的高某某。

二、面临的问题

由于该案涉及的当事人较多,所以分析案件问题的关键在于理清驾驶人、车辆实际所有人以及挂靠公司之间的关系和责任划分,并由此提出我方当事人追究其他3者法律责任的法律建议。故应该解决以下几个问题:

1. 在交通赔偿责任中,挂靠人与被挂靠人责任应如何划分?

2. 在交通赔偿责任中,名义所有人即被挂靠人、实际所有人即挂靠人与驾驶员的责任应如何划分?

3. 为我方当事人追究被告的法律责任,提出法律建议。

三、有关法律规定

(一)《民法通则》

第130条　二人以上共同侵权造成他人损害的,应当承担连带责任。

(二)《侵权责任法》

第6条　行为人因过错侵害他人民事权益,应当承担侵权责任。

根据法律规定推定行为人有过错,行为人不能证明自己没有过错的,应当承担侵权责任。

第8条　二人以上共同实施侵权行为,造成他人损害的,应当承担连带责任。

第35条　个人之间形成劳务关系,提供劳务一方因劳务造成他人损害的,由接受劳务一方承担侵权责任……

第49条　因租赁、借用等情形机动车所有人与使用人不是同一人时,发生交通事故后属于该机动车一方责任的,由保险公司在机动车强制保险责任限额范围内予以赔偿。不足部分,由机动车使用人承担赔偿责任;机动车所有人对损害的发生有过错的,承担相应的赔偿责任。

(三)《道路交通安全法》

第76条　机动车发生交通事故造成人身伤亡、财产损失的,由保险公司在机动车第三者责任强制保险责任限额范围内予以赔偿;不足的部分,按照下列规定承担赔偿责任:

(一)机动车之间发生交通事故的,由有过错的一方承担赔偿责任;双方都有过错的,按照各自过错的比例分担责任……

(四)最高人民法院《关于审理道路交通事故损害赔偿案件适用法律若干问题的解释》(法释〔2012〕19号)

第3条　以挂靠形式从事道路运输经营活动的机动车发生交通事故造成损害,属于该机动车一方责任,当事人请求由挂靠人和被挂靠人承担连带责任的，人民法院应予支持。

（五）最高人民法院《关于审理人身损害赔偿案件适用法律若干问题的解释》

第9条　雇员在从事雇佣活动中致人损害的，雇主应当承担赔偿责任；雇员因故意或者重大过失致人损害的，应当与雇主承担连带赔偿责任。雇主承担连带赔偿责任的，可以向雇员追偿。前款所称“从事雇佣活动”，是指从事雇主授权或者指示范围内的生产经营活动或者其他劳务活动。雇员的行为超出授权范围，但其表现形式是履行职务或者与履行职务有内在联系的，应当认定为“从事雇佣活动”。

（六）最高人民法院《关于审理道路交通事故损害赔偿案件适用法律若干问题的解释》

第16条　同时投保机动车第三者责任强制保险（以下简称“交强险”）和第三者责任商业保险（以下简称“商业三者险”）的机动车发生交通事故造成损害，当事人同时起诉侵权人和保险公司的，人民法院应当按照下列规则确定赔偿责任：

（一）先由承保交强险的保险公司在责任限额范围内予以赔偿；

（二）不足部分，由承保商业三者险的保险公司根据保险合同予以赔偿；

（三）仍有不足的，依照道路交通安全法和侵权责任法的相关规定由侵权人予以赔偿。

被侵权人或者其近亲属请求承保交强险的保险公司优先赔偿精神损害的，人民法院应予支持。

（七）最高人民法院《关于实际车主肇事后其挂靠单位应否承担责任的复函》（2001年11月8日，〔2001〕民一他字第23号）

3. 关于挂靠费及责任：最高法、湖北省高院、武汉市中院均发布解释和意见，认为收取挂靠车辆营运利益的，被挂靠人应当承担适当的民事责任。

（八）最高人民法院印发《关于适用〈中华人民共和国民事诉讼法〉若干问题的意见》的通知（1992年7月14日　法发〔1992〕22号）

43. 个体工商户、个人合伙或私营企业挂靠集体企业并以集体企业的名义从事生产经营活动的，在诉讼中，该个体工商户、个人合伙或私营企业与其挂靠的集体企业为共同诉讼人。

（九）可借鉴的各省指导意见

由于机动车被挂靠单位承担赔偿责任的法律依据不明确，所以许多地方政府部门、法院出台指导意见来明确被挂靠单位的责任问题。

1. 2004年8月20日《山东省交通厅出台加强道路运输挂靠租赁承包经营车辆安全生产管理规定》

明确道路运输企业法定代表人是安全生产的第一责任人，对其挂靠、租赁承包经营车辆的安全生产负全面责任；

……

挂靠、租赁承包经营车辆发生运输生产事故，由所在运输企业负责处理事故，运输企业先行进行赔偿，发生重大特大责任运输事故的，按有关规定追究企业负责人和直接管理者责任。

2.《2001年全省民事审判工作座谈会纪要》（苏高法〔2001〕319号）

挂靠经营的机动车发生交通事故造成他人损害的，应由挂靠人和被挂靠人连带承担赔偿责任。挂靠人与被挂靠人之间约定被挂靠人对交通事故的后果免责的，仅在双方之间具有约束力，不能对抗第三人。

3. 天津市高级人民法院《关于审理交通事故赔偿案件有关问题的经验总结》（津高法〔2004〕64号）

被挂靠车辆在运行中造成他人损害的，按照下列规定处理：（1）若被挂靠单位收取了管理费或得到了经济利益，由挂靠人承担赔偿责任，被挂靠单位在收取的管理费和得到经济利益总额内承担连带责任。（2）若被挂靠单位未收取管理费或未取得其他经济利益,仅仅是基于地方政府管理的要求挂靠或强制挂靠,被挂靠单位不承担赔偿责任……客运出租车由司机个人购买,但《客运出租汽车经营许可证》、《客运出租汽车准运证》登记在出租车名下,该出租车在运行中造成他人损害的,应由司机根据事故责任比例向受害人承担赔偿责任。当其财产不足以清偿时,不足部分由出租车公司承担赔偿责任。

四、对事实的法律适用

经过对于法律事实的整理以及有关法律规定的检索,本法律诊所分析适用结论如下。

(一)当事人之间的关系认定

挂靠经营现象是指,"挂靠者"(个体运输业户、自然人)依附于"被挂靠者"(另外一个经济实体、企业法人),对外以"被挂靠者"的名义从事经营活动;为了交通营运过程中的方便,将车辆登记在某个具有运输经营权资质的单位名下,以单位的名义进行运营,并由挂靠者向被挂靠单位支付一定的管理费用。

根据这一定义,在该案中,陈某既不是经济实体也不是企业法人,不具有被挂靠人的资格,驾驶人刘某并不对其所驾驶的车辆享有所有权,故该案中驾驶人刘某与陈某之间仅为雇佣关系,并不是实质意义上的挂靠关系。

另外,该案中的公司为一个具体的经济实体,并且与陈某具有事实上的依附关系,故该案中陈某为实际所有人挂靠人,公司为名义所有人被挂靠人。

综上所述,驾驶人与车辆实际所有人陈某之间为雇佣关系,刘某为陈某的雇员;车辆实际所有人与被挂靠公司之间为挂靠关系,陈某为挂靠人,公司为被挂靠人。

(二)挂靠人与被挂靠人的赔偿责任划分

在该案中,名义所有人即被挂靠人与实际所有人即挂靠人之间责任的划分已在以上部分作出解释,对于驾驶员与挂靠人之间责任的划分则在此作出判断。

最高人民法院《关于审理道路交通事故损害赔偿案件适用法律若干问题的解释》第3条明确指出，可以要求“挂靠人与被挂靠人承担连带责任”；而在最高人民法院《关于实际车主肇事后其挂靠单位应否承担责任的复函》第3条关于挂靠费及责任的问题中规定，最高人民法院、湖北省高级人民法院、武汉市中级人民法院均发布解释和意见，认为“收取挂靠车辆营运利益的，被挂靠人应当承担适当的民事责任”；在已被修订的最高人民法院印发《关于适用〈中华人民共和国民事诉讼法〉若干问题的意见》的通知的第43条也提到“个体工商户、个人合伙或私营企业挂靠集体企业并以集体企业的名义从事生产经营活动的，在诉讼中，该个体工商户、个人合伙或私营企业与其挂靠的集体企业为共同诉讼人”。

而在该案中，挂靠人与被挂靠人之间属于挂靠关系，被挂靠人收取挂靠人利益，应当对挂靠人的经营活动负一定责任，根据以上法条的规定可以将其列为共同被告，要求双方承担连带责任，对于其内部责任的划分则是可以根据被挂靠人收取利益的多少来确定。

另外，各地方政府部门、法院出台的指导意见与上述法律规定具有内容的一致性和具体性，故挂靠人陈某与被挂靠人公司应承担连带责任关系，其内部责任的划分则由二者之间利益有无与多少为标准。

（三）名义所有人被挂靠人、实际所有人挂靠人与驾驶员的责任划分

我国《民法通则》第130条规定：“二人以上共同侵权造成他人损害的，应当承担连带责任。”我国《侵权责任法》第6条规定：“行为人因过错侵害他人民事权益，应当承担侵权责任。”同时，我国《侵权责任法》第8条规定：“二人以上共同实施侵权行为，造成他人损害的，应当承担连带责任。”在该案中，直接侵权人是驾驶人刘某，挂靠人属于其雇主，被挂靠人与挂靠人有挂靠关系，对于其经营活动负一定责任，故在此，三者都应该负一定的赔偿责任。

对于责任的划分，我国《侵权责任法》第35条规定：“个人之间形成劳务关

系，提供劳务一方因劳务造成他人损害的，由接受劳务一方承担侵权责任。”

最高人民法院《关于审理人身损害赔偿案件适用法律若干问题的解释》第9条规定：“雇员在从事雇佣活动中致人损害的，雇主应当承担赔偿责任；雇员因故意或者重大过失致人损害的，应当与雇主承担连带赔偿责任。雇主承担连带赔偿责任的，可以向雇员追偿。”在该案中，雇佣驾驶人为挂靠人提供劳务，则因其劳务造成我方当事人损害的，应该由其雇主即挂靠人承担赔偿责任。如果驾驶人在此也有故意或重大过失，则应该承担连带赔偿责任，挂靠人可以向雇员即驾驶人追偿。

但是由于案件对于驾驶人与挂靠人是否属于雇佣关系还未交代，如驾驶人仅为租用或是借用挂靠人的车辆的情形时，则应该根据我国《侵权责任法》第49条的规定，即“因租赁、借用等情形机动车所有人与使用人不是同一人时，发生交通事故后属于该机动车一方责任的，由保险公司在机动车强制保险责任限额范围内予以赔偿。不足部分，由机动车使用人承担赔偿责任；机动车所有人对损害的发生有过错的，承担相应的赔偿责任”。先由保险公司给付赔偿，所有人即挂靠人有过错的也应该赔偿。

五、结论

经过本法律诊所的分析得出以下结论（见图1、图2）。

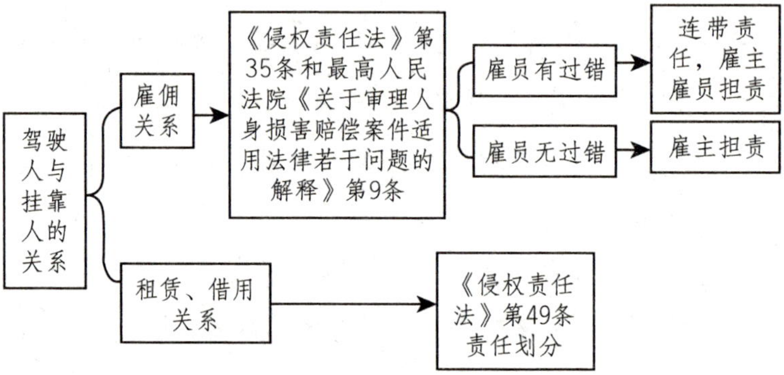


**图1 驾驶人与挂靠人责任划分**

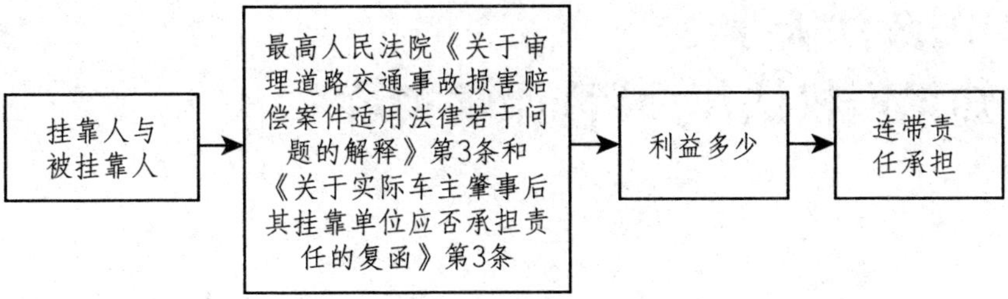


**图2　挂靠人与被挂靠人责任划分**

故,陈某与公司之间为挂靠关系。挂靠人陈某与被挂靠人公司应在其收益范围内承担连带责任,此二者内部责任的划分则以二者之间利益的有无以及利益多少为标准。驾驶人与挂靠人若为雇佣关系,则根据驾驶人过错的有无判断其是否承担连带责任,以及是否为雇主的追偿对象;若二者为租赁或借用关系,此二者则按照我国《侵权责任法》第49条的规定分担责任。

# 中国政法大学《知识产权法律诊所》课堂实录

刘　瑛*

## 一、特色法律诊所简介

中国政法大学知识产权法律诊所(Intellectual Property Law Clinic)于2005年9月设立,是中国高校第一个知识产权法律诊所。截至2016年12月已举办了22期。对知识产权法律诊所的性质进行界定,在校内是一门法学实践课程,在校外是一个公益法律服务实践平台。知识产权法律诊所的教学模式包括课堂教学与基地实践两大部分。2009~2013年法律诊所连续5年与美国杜肯大学合作举办北京暑期“知识产权法诊所实习项目”。通过总结经验、不断探索,知识产权法律诊所已经形成了“教学体系稳定、基地建设广泛、实践内容充实、管理制度规范”的特色化课程。

### (一)创新意义及特点

知识产权法律诊所具有重要的创新意义。第一,其否定了知识产权权利人不需要法律援助的质疑。第二,改变了法律诊所开设经费依靠外国基金资助的单一模式。第三,确立了模拟教学法的地位。第四,打造了“七个一”品牌形象,彰显知识产权意识。

---

* 中国政法大学教授、知识产权法律诊所创设者及负责人。

知识产权法律诊所运行具有自身的特点。坚持“知行合一学为本、道器两翼用为先”的所训，注重教学过程的体验性、教学内容的复合性、教学方法的互动性、教学环节的反馈性，实现了“四化”，即课堂教学体系主线化、学生自主管理普遍化、知识产权形象系列化、诊所运行规程制度化。深受学生欢迎和社会好评，产生了广泛而积极的影响，对推动诊所法律教育科学、规范发展具有一定的示范作用。

（二）课堂教学

为加强知识产权法律诊所课程的建设，中国政法大学组织制定、修改了《知识产权法律诊所教学大纲》。教学大纲的实施，需要指导老师在教学过程中，采用独具特色的教学方法，诸如角色扮演、采用真实的案件背景材料、及时灵活的评价方法。

知识产权法律诊所课堂教学围绕知识产权律师实务展开，从基础的会见当事人开始，按照时间顺序对律师接受代理案件到处理完成的流程分别进行系统性讲解，包括事实调查，证据收集，法律分析，调解与谈判，诉讼与仲裁等的目标、步骤、技能和技巧以及职业道德。教师结合亲身经历和从业经验进行指导，学生通过模拟演练，形象生动地展现律师工作的每一个阶段，突出了技巧性和实用性。知识产权法律诊所教学内容的进度安排，已经实现了课堂教学的体系化。法律诊所课程与传统课程的不同还体现在教学设计上，包括确定教学活动内容和教学资源、选择授课技巧及方法、准备教学时间分配议程、要求学生进行课前准备和调整教学目标。科学的教学设计，既是体现诊所法律教育目的性、计划性、针对性和预习性所必需，又是顺利实施教学方案、确保教学效果的保证。

（三）基地实践

具备实践基地是为法律诊所学生提供实务技能训练的必备条件。法律诊所教学实践基地，既是学生接触社会、服务社会的体验场所，也是为社会弱势群体提供法律援助的公益平台。知识产权法律诊所创立时即采用了与律师事务所共同建立实践基地的合作模式,目的是顺利开展诊所法律教育的理论与实践的研究,从而推进诊所法律教育事业的普及、推广、繁荣和发展,探索培养合格的法律人才的创新之路。基于知识产权的性质,知识产权法律诊所学生充当"准律师助理"的角色。主要实践业务包括接待来访,为当事人提供咨询意见,起草和修改法律文书,参与谈判,配合执业律师开展业务、参与办案。办理律师业务的关键在于"三重视",即重视以事实为基础的证据,重视法律以外的规范性法律文件,重视法律文书的写作。

(四)管理与评价

法律诊所的管理与评价是法律诊所教学与实践的"保障器"和"调节阀",关系诊所法律教育的质量以及可持续发展。法律诊所的管理与评价也是一项综合的系统性工程,既包括对人的管理即对学生和教师的管理,也包括对物的管理即对经费和档案的管理,同时还包括对教学、实践及管理过程进行评价。因此,要做好法律诊所的管理与评价工作,必须科学设置管理组织机构并明确各机构的职责,同时辅以具体的实施办法。

为了规范开展法律诊所的教学实践活动,推动诊所法律教育科学、有序发展,在缺乏专职管理人员的情况下,因势利导,建立了"三自型"的法律诊所学生管理及评价创新制度。《知识产权法律诊所内部机构设置及职责》规定在知识产权法律诊所内部设立管理委员会,将每期学生分别编入档案组、财务组、宣传组、助教组、监查组、实训组共6个管理小组,每组由5~6名学生组成。法律诊所机构齐全,人尽其才,实现了全员"自主管理、自我服务、自行监督"。6个管理小组分别承担了一定的工作职责,日常已融入相应的管理与评价工作中,实施效果良好,保证了知识产权法诊所的顺利、高效运行。

## 二、典型课堂简介

知识产权法律诊所是中国政法大学法学专业的专业选修课程。在校内是一门重要的法律实践课程,对外是为社会提供知识产权公益法律服务的平台。教学任务包括课堂教学和基地实践两大模块。本课程总学时为80学时,其中课堂教学32学时,基地实践48学时,合计5学分。

(一)教学目标

开设本课程,旨在通过课堂教学与基地实践训练,通过接触和处理真实的案件,让法学专业的学生于在校期间进一步掌握和运用所学的知识产权法律专业知识,锻炼学生协同工作的能力和相应的法律职业基本技能,弥补传统法学课程在理论和实践上的脱节,加强学生的社会责任感和对加深职业道德的理解,为培养应用型卓越法律人才奠定基础。

(二)教学要求

1. 了解:诊所法律教育的概念及发展状况;律师职业的基本价值;谈判与调解的一般理论与技巧;法律文书写作的格式;法院开庭或仲裁的程序。

2. 理解:诊所法律教育的价值和方法;知识产权法律诊所的性质、特点及管理机制;律师的职业道德与基本技巧;如何会见当事人;如何开展案件的准备工作;调解与谈判的基本规则及一般策略;办理知识产权律师业务的流程与项目的策划与开发;法律文书写作的要点;法院开庭或仲裁的注意事项。

3. 掌握:律师处理一般知识产权案件的基本技能及技巧,包括会见当事人与提供法律咨询的技巧;事实调查与获取证据的步骤与技巧;谈判与调解的技巧;侵权案件的处理与技巧;行政案件的处理与技巧;法律文书写作的方法;法院开庭或仲裁的技巧和关键问题等。

(三)课堂教学模块

1. 第一部分:教学单元,包括10个知识单元。

知识产权法律诊所课堂教学,每学期选择一个正在进行中的知识产权实际案例,围绕该案例待解决之法律争议,分别通过会见、谈判等不同环节,系统地指导学生参与剖析案例并进行演练,学生边学习、边应用,独立进行事实调查、收集证据、研究法律与法理，制定出解决争议的各种具体方案，最终达到期末由学生独立完成模拟法庭或仲裁庭的开庭活动的目标，并以此作为衡量教学效果的结课标志。

2. 第二部分：实务专题讲座。

（1）内容：外请知识产权法律实务部门的专家，针对某一专题进行讲座；法律诊所教师进行点评；专家与学生互动交流。

（2）目标：了解知识产权案件处理过程中律师、法官或仲裁员等的不同思维和思路以及需要注意的相关问题；同时了解讲座、点评、互动的形式。掌握处理知识产权案件中不同角色需要完成的工作，为期末的模拟庭审做准备。

（3）作业：要求学生针对实务专题讲座中的重点问题，写1篇“随笔”。

3. 第三部分：反馈、评估与总结（与“模拟庭审”单元同记3学时）。

（1）内容：中期反馈与调整；学生自评、小组互评，教师总评；期末评估与总结。

（2）目标：通过中期反馈情况，发现问题、分析原因、及时纠偏，并提出建议，进行相关措施与安排的调整和完善；通过期末评估与总结，结合平时的课堂教学与基地实践两方面的表现、模拟庭审的准备、演练等对学生工作进行全面评估，肯定成绩、找出不足，总结经验教训，为学生将来走上工作岗位奠定基础。

（3）作业：学生完成5篇随笔，1篇实习报告。

### （四）基地实践模块

本模块实训为6个，共48学时。

**实训一：自我介绍和法律咨询（8学时）**

1. 内容

在法律诊所实践基地师生第一次见面，首先由学生进行1分钟的口头自我介绍，随后老师根据“三部曲”规则给予点评，并要求学生完成300字的自我介绍。

法律诊所学生通过电话、现场及书面方式，向符合援助条件的当事人提供义务法律咨询，电话咨询和现场咨询应制作书面记录。

2. 要求

学生进行自我介绍应围绕法律诊所特定的环境，突出自己的特点和优势，点面结合。学生应熟悉咨询所需要的相关法律、法规、规章、司法解释及政策，研究咨询所涉及的案件类型、与社会发展和法律制度的关系、难以解决的疑难法律问题等，掌握法律咨询的技巧及法律文书写作的方法。

**实训二：现场观摩或案件旁听(8学时)**

1. 内容

教师带领学生到法院、海关、法律援助中心、专利代理机构、律师事务所、著作权集体管理机构、知识产权局等政府管理机关进行现场观摩或案件旁听；在全面体验的基础上，组织学生进行讨论、座谈，对真实案件的审判、审理或处理进行点评式学习和分析。

2. 要求

学生应了解、熟悉法院、律师事务所等机构的背景材料、业务范围，研究观摩内容或旁听案件的主要事实和理由、法律依据及归纳的争议焦点问题，掌握法律实务的处理程序、规则与方法。

**实训三：法律文书及文件起草(8学时)**

1. 内容

法律诊所学生义务帮助符合援助条件的当事人起草起诉书、答辩状、损害赔偿协议、管辖异议申请书、代理意见书、和解协议、商标许可合同、版权使用合同、专利无效申请等法律文书及文件。

2. 要求

熟悉相关法律文书及文件的基本格式，研究各种法律文书及文件的特性和关键条款以及其涉及的理论问题，掌握法律文书及文件的写作方法。

**实训四:真实案件代理(8学时)**

1. 内容

法律诊所学生可以接受当事人的委托,与执业律师合作或以公民身份代理处理案件,在与当事人充分交换意见后,代理当事人参加调解、谈判、出庭等。

2. 要求

学生应熟悉案件涉及的法律法规、司法解释,在接受当事人委托后,法律诊所学生应以小组为单位,详细研究案件涉及的法律问题,制订出办案的初步计划;掌握证据收集、调查、梳理和证据清单制作的方法。

**实训五:项目策划与研究(8学时)**

1. 内容

项目策划与研究是知识产权律师业务开发与拓展的重要方面。法律诊所学生在初次接触当事人时,应当以敏锐的触觉,收集广泛的信息,根据相关法律法规、司法解释、政策以及社会与发展状况,确定主题进行项目策划与研究,从而提出可行的项目运行规范和程序。

2. 要求

学生应熟悉项目涉及的相关法律法规、司法解释和政策,研究与分析社会与发展状况对项目的影响及市场预期,掌握资料收集、项目策划书及可行性报告撰写的方法。

**实训六:法律论证与建议(8学时)**

1. 内容

在教师的指导下,法律诊所学生根据当事人提供的材料与信息,确定法律论证的目标及影响因素,找出相关法律依据,指出案件或项目需要解决的焦点问题以及存在的法律风险,并提出解决问题的突破口、具体的操作建议以及防范风险的办法与措施。

2. 要求

熟悉案件或项目涉及的相关法律法规、司法解释，研究案件或项目需要解决的焦点问题以及存在的法律风险，掌握法律论证与建议的策划、组织及法律意见书撰写的方法。

（五）教学进度

<table>
<tr><th>周次</th><th>课程内容</th><th>学时</th><th>备注</th></tr>
<tr><td>1</td><td>诊所式法律教育导论</td><td>3</td><td>包括法律诊所整体安排</td></tr>
<tr><td>2</td><td>会见/基地实践</td><td>3/4</td><td rowspan="12">1. 基地实践共 12 周(第 2 ~ 13 周)；<br>2. 学生轮流在基地进行实践，每人每周 1 天；<br>3. 6 个实训均在实践基地穿插进行</td></tr>
<tr><td>3</td><td>事实调查与证据收集/基地实践</td><td>3/4</td></tr>
<tr><td>4</td><td>法律论证与适用/基地实践</td><td>3/4</td></tr>
<tr><td>5</td><td>咨询与建议/基地实践</td><td>3/4</td></tr>
<tr><td>6</td><td>外请专家实务讲座/基地实践</td><td>2/4</td></tr>
<tr><td>7</td><td>谈判与调解/基地实践</td><td>3/4</td></tr>
<tr><td>8</td><td>庭辨与和解/基地实践</td><td>3/4</td></tr>
<tr><td>9</td><td>法律人的职业道德/基地实践</td><td>3/4</td></tr>
<tr><td>10</td><td>诉讼与仲裁/基地实践</td><td>3/4</td></tr>
<tr><td>11</td><td>基地实践</td><td>4</td></tr>
<tr><td>12</td><td>基地实践</td><td>4</td></tr>
<tr><td>13</td><td>基地实践</td><td>4</td></tr>
<tr><td>14</td><td>个人总结</td><td>0</td><td rowspan="2">在教师指导下，由学生管理小组进行组织、落实</td></tr>
<tr><td>15</td><td>小组评估</td><td>0</td></tr>
<tr><td>16</td><td>模拟庭审/评估与总结大会</td><td>3</td><td>全体教师（包括学校教学管理人员、实践兼职指导老师）、学生参加</td></tr>
</table>

## 三、课堂实录

### (一)授课老师的教学设计(包括教案与案件处理过程)

### 专利侵权纠纷案

——以谈判实践技能训练为例

**【授课章节】**

专利权的保护

**【实践技能】**

侵权谈判前的准备、谈判方案的确定、谈判技巧。

**【教学目的】**

通过分组模拟侵权谈判的前期准备和现场谈判,帮助学生了解谈判的基本程序、运用谈判的基本技巧、掌握侵权判断的基本原则和具体规则以及专利实施的许可形式,最终能够依据我国《专利法》及司法解释的有关规定分析和解决专利侵权纠纷案件。

**【内容提示】**

1. 理论内容讲授

侵权判断的基本原则和具体规则以及专利实施的许可形式。

2. 实践技能训练

(1)侵权谈判的前期准备;

(2)现场谈判。

**【课前准备】**

1. 教师事先发放专利侵权纠纷案件简介、沈某的权利要求书等资料;

2. 要求学生在网上搜索、筛选、整理有关的案件报道及照片,熟悉案件的基本事实;

3. 要求学生查询有关的专利法律及司法解释。

**【教学安排】**(包括程序设计、内容及时间)

## 第一节课　案件回放,学生讨论

一、专利侵权纠纷案件简介(10 分钟)

专利权人沈某,江苏省扬州人,于 2004 年 12 月 28 日申请了名为"××××饮料食品加工技术及应用"的发明专利(以下简称移动加工技术),公布日期为 2005 年 6 月 29 日,授权缴费通知日为 2008 年 2 月 29 日,并于 2008 年 4 月 30 日获得国家知识产权局的授权。

该发明专利主要用于构建各类移动的食品加工厂或移动的食品加工车,其发明目的就是在源头及客户终端安全、高效、快捷地加工食品并进行销售。该专利包括的技术特征有:车厢体、运输车辆承载、食品加工机械、包装机械、卫生检测仪器、保温材料(达到密封)、在其内隔断成若干段空间、车厢体外部安装空调、制冷机组(达到温控)。

2007 年 6 月 9 日 A 公司正式推出了移动配餐车供应快餐模式。从 2007 年 8 月开始直至 2008 年 5 月,A 公司已使用移动配餐车为"好运北京测试赛"的 11 场比赛项目提供了服务,而且在北京 2008 年奥运会(含北京 2008 年残奥会)期间将继续使用移动配餐车。

有关新闻及网站显示,移动配餐车是 3 涉案单位的合作项目,具体由 B 公司按 A 公司要求定制进行生产,再由 C 公司进行改造,最后交 A 公司使用。

专利权人认为上述 3 涉案单位的行为已构成侵犯其移动食品加工技术的专利权。专利权人于 2008 年 6 月 19 日提起诉讼。在法院开庭之前,专利权人希望和 A 公司通过谈判解决纠纷。

二、焦点问题——涉案单位是否侵犯沈某的专利权?(5 分钟)

在该案中,一个争议的焦点问题就是涉案单位尤其是 A 公司是否侵犯了沈某的专利权。我国《专利法》第60条规定:未经专利权人许可,实施其专利,即侵犯其专利权,引起纠纷的,由当事人协商解决;不愿协商或者协商不成的,专利权人或者利害关系人可以向人民法院起诉,也可以请求管理专利工作的部门处理。而如何理解"实施专利"是难点。这个难点可以通过教师提示、学生分组讨论来学习和理解。

三、学生分组讨论问题(25分钟)

围绕"A公司是否侵犯沈某的专利权"这一主题,可把全班学生分为两个大组。第一组学生扮演A公司一方,第二组学生扮演沈某一方。两个大组可以根据人数再分为若干组。针对以下要点进行讨论,分别找出己方的利弊之处。

1. 沈某为什么于2008年5月才准备起诉?

2. 如何确定专利权的保护范围?

3. 移动加工技术作为专利属于哪一类?对该类专利有哪些特殊规定?

4. 如何判定涉案单位是否侵权?是间接侵权还是共同侵权?

5. 纠纷双方可以采取哪些法律措施?

6. 如果案件开庭审理,应当着手哪些工作?

## 第二节课　专利侵权判断

教学方法提示:根据学生讨论情况、理解的程度,教师进行讲解。

一、专利侵权判定的原则及具体准则(15分钟)

(一)专利侵权判定原则

专利侵权判定原则依据的是北京市高级人民法院《关于〈专利侵权判定若干问题的意见(试行)〉的通知》(京商法发〔2001〕229号)第25条的规定,即"对产品发明或者实用新型进行专利侵权判定比较,一般不考虑侵权物与专利技术是否为相同应用领域"。

1. 全面覆盖原则的适用

全面覆盖原则，即全部技术特征覆盖原则或字面侵权原则。如果被控侵权物（移动配餐车产品）的技术特征包含了涉案专利权利要求中记载的全部必要技术特征，则落入专利权的保护范围。

在该案中，被控侵权物（移动配餐车产品）将涉案专利权利要求中记载的技术方案的必要技术特征全部再现，被控侵权物（移动配餐车产品）与涉案专利独立权利要求中记载的全部必要技术特征一一对应并且相同。

2. 等同原则的适用

依据北京市高级人民法院《关于〈专利侵权判定若干问题的意见（试行）〉的通知》第 41 条的规定，“对于故意省略专利权利要求中个别必要技术特征，使其技术方案成为在性能和效果上均不如专利技术方案优越的变劣技术方案，而且这一变劣技术方案明显是由于省略该必要技术特征造成的，应当适用等同原则，认定构成侵犯专利权”。

（二）侵权判断的具体准则

判断侵权行为是否成立，除要分析其形式要件外，还要分析其实质条件，即技术要件。也就是说，要判断行为人实施的行为是否落入专利权的保护范围。在一般情况下，一项发明或者实用新型应当只有一个独立权利要求，并且写在同一发明或者实用新型的从属权利要求之前。也就是说，每一份权利要求书中，第一项权利要求就是独立权利要求。当然，属于一个总的发明构思的两个以上发明或者实用新型（如方法加产品）作为一件专利提出申请时，就会出现一个以上的独立权利要求。这些独立权利要求处于明显的位置。专利权的保护范围首先就是由独立权利要求来确定的，在进行侵权的技术判断时，一般应以独立权利要求为准。在独立权利要求中，按规定应当包括前序部分和特征部分。前序部分说明发明或者实用新型所属技术领域以及现有技术中与发明或者实用新型主题密切相关的技术特征；特征部分说明发明或者实用新型的技术特征。这两部分的技术特征综合起来,构成要求保护的必要技术特征。在进行侵权判断时,不能舍去前序部分,只考虑特征部分,而应将前序部分和特征部分作为一个整体予以考虑。

在具体判断时,为了便于进行定量和定性分析,可以把被控侵权物的技术特征与专利技术的内容(主要是独立权利要求)分解为若干必要技术特征,逐一进行分析比较,以得出是否侵权的结论。

1. 必要技术特征完全相同——侵权成立

〖公式〗专利的必要技术特征为:A + B + C + D

侵权物的必要技术特征为:A + B + C + D

2. 增加 1 项以上必要技术特征——侵权成立

〖公式〗专利的必要技术特征为:A + B + C

侵权物的必要技术特征为:A + B + C + D + E

3. 部分必要技术特征不相同,但不相同部分属于等同手段代替——侵权成立

〖公式〗专利的必要技术特征为:A + B + C + D

侵权物的必要技术特征为:A + B + E + D

经过对比,E 和 C 实际相等,即 E = C,在这种情况下,运用等同原则,可以认定侵权成立。

4. 缺少独立权利要求中的非必要技术特征——侵权成立

〖公式〗专利的必要技术特征为:A + B + C + D

侵权物的必要技术特征为:A + B + C

其中 D 虽然写在独立要求之中,但实际上是非必要技术特征。

5. 缺少一个或者一个以上必要技术特征——不构成侵权

〖公式〗专利的必要技术特征为:A + B + C + D

侵权物的必要技术特征为:A + B + C

6. 有一个或者一个以上必要技术特征不相等——不构成侵权

〖公式〗专利的必要技术特征为:A+B+C+D

侵权物的必要技术特征为:A+B+C+F

经过比较,F不等于D,应当认定不侵权。

二、涉案专利保护范围(25分钟)

专利权的保护范围,是指专利权的法律效力所及的发明创造成果的技术范围。根据我国《专利法》第59条的规定,发明或者实用新型专利权的保护范围以其权利要求的内容为准,说明书及附图可以用于解释权利要求的内容。

权利要求书是确定发明或者实用新型保护范围的直接依据,专利权的保护范围应当以权利要求书中明确记载的必要技术特征所确定的范围为准,也包括与该必要技术特征相等同的特征所确定的范围。

我们把沈某《权利要求书》第一项中的两个"或"进行分解,即1个车厢体或不同车厢体内;保温材料改造或保温材料定制的集装箱,并结合涉案专利两种类型的车厢体即汽车车厢体和集装箱车厢体,将涉案专利独立权利项分成5个技术方案:

1. 一种(建立)食品加工厂(的方法),其特征在于该加工厂是由车厢体以食品加工工艺流程的顺序拼接组合而成的,其中食品加工机械、包装机械及卫生检测仪器按功能要求分类安装在一个车厢体内,其车厢体由运输车辆承载,内壁四周都是用保温材料改造而成的,与外界封闭,该加工厂是一种移动的温控的封闭的食品加工厂(汽车车厢体)。

2. 一种(建立)食品加工厂(的方法),其特征在于该加工厂是由车厢体以食品加工工艺流程的顺序拼接组合而成的,其中食品加工机械、包装机械及卫生检测仪器按功能要求分类安装在一个车厢体内,其车厢体是由运输车辆承载,是用保温材料定制集装箱,与外界封闭,该加工厂是一种移动的温控的封闭的食品加工厂(集装箱车厢体)。

3. 一种(建立)食品加工厂(的方法),其特征在于该加工厂是由车厢体以食品加工工艺流程的顺序拼接组合而成的,其中食品加工机械、包装机械及卫生检测仪器按功能要求分类分别安装在不同车厢体内,当安装在不同车厢体内时,不同的车厢体靠近摆放进行连接:先在两个车箱体要连接的各自对应的竖立面开同样大小的门,连接时,打开各自的门,把由保温材料制作的宽于摆放距离的门框嵌入两车厢体门洞内,用保温橡皮条把嵌入两车厢体门洞内的门框四周密封好,通过门框把两车厢体内部空间连接起来,其车厢体是由运输车辆承载,内壁四周都是用保温材料改造而成的,与外界封闭,该加工厂是一种移动的温控的封闭的食品加工厂(汽车车厢体之间组合)。

4. 一种(建立)食品加工厂(的方法),其特征在于该加工厂是由车厢体以食品加工工艺流程的顺序拼接组合而成的,其中食品加工机械、包装机械及卫生检测仪器按功能要求分类分别安装在不同车厢体内,当安装在不同车厢体内时,不同的车厢体靠近摆放进行连接:先在两个车箱体要连接的各自对应的竖立面开同样大小的门,连接时,打开各自的门,把由保温材料制作的宽于摆放距离的门框嵌入两车厢体门洞内,用保温橡皮条把嵌入两车厢体门洞内的门框四周密封好,通过门框把两车厢体内部空间连接起来,其车厢体是由运输车辆承载,是用保温材料定制集装箱,与外界封闭,该加工厂是一种移动的温控的封闭的食品加工厂(集装箱车厢体之间组合)。

5. 一种(建立)食品加工厂(的方法),其特征在于该加工厂是由车厢体以食品加工工艺流程的顺序拼接组合而成的,其中食品加工机械、包装机械及卫生检测仪器按功能要求分类分别安装在不同车厢体内,当安装在不同车厢体内时,不同的车厢体靠近摆放进行连接:先在两个车箱体要连接的各自对应的竖立面开同样大小的门,连接时,打开各自的门,把由保温材料制作的宽于摆放距离的门框嵌入两车厢体门洞内,用保温橡皮条把嵌入两车厢体门洞内的门框四周密封好,通过门框把两车厢体内部空间连接起来,其车厢体是由运输车辆承载，内壁四周都是用保温材料改造而成的，或是用保温材料定制集装箱，与外界封闭，该加工厂是一种移动的温控的封闭的食品加工厂（汽车车厢体与集装箱车厢体之间组合）。

三、小结（5分钟）

## 第三节课　谈判前的准备

教学方法提示：在第三节课开始时，即向学生交待各组需要分别提交1份谈判方案、谈判纪要，并说明谈判方案包括哪些内容、谈判纪要的基本要求是什么。

一、谈判是纠纷解决的一种模式（15分钟）

两种状态：对话与对抗。对话：谈判或调解；对抗：诉讼或仲裁。

（一）谈判的基本问题

1. 什么是谈判？

2. 律师参与、代理谈判的内容。

3. 谈判的契机：(1)谈判契机形成的条件；(2)谈判可能出现的障碍。

4. 谈判的类型：商业谈判与诉讼谈判。

（二）谈判与调解的区别

从广义上来讲，调解是谈判的一种形式；从狭义上来讲，谈判又与调解存在区别。

1. 形式不同：调解有第三方的介入，调解人在调解中起重要作用，不是简单的中间人；而谈判不需要第三方的介入，谈判主体只限于争议的各方利益主体。

2. 手段不同：调解在调解员的主持下进行，双方围绕争议的问题进行和解；而谈判是各方为维护自己的利益直接与对方交涉。相对而言，调解比谈判较缓和。

3. 目标不同：调解是希望达成平衡各方利益的妥协的结果；而谈判更多的

是为各方利益据理力争,希望实现自己利益的最大化。

4. 效果不同:调解因为第三方的介入,可以引导调解进程,把握调解方向,能取得较好的效果:而谈判如果各方为维护己方利益互不相让,又没有中间人引导,容易使谈判中断。

5. 当事人的信任度不同:调解因为有中间人在场,相当于有人见证,当事人更加相信调解的效果;谈判只是各方的协商,若再不以文字形式固定谈判成果,会使彼此互不信任。

二、谈判前的准备(25 分钟)

各组都做准备,到时现场抽签决定由哪一组演示,其他组作为观察员。

(一)分析谈判形势

在了解谈判对手法定代表人的简历和企业背景与发展前景的基础上,我们只要确定移动配餐车(被控侵权物)已落入专利技术保护范围,则可与当地(北京)知识产权管理部门取得联系,认定侵权行为成立,并给出权威性结论,制止继续侵权行为的发展。促使对方和我方谈判,通过谈判求得专利使用费(或赔偿),来推动移动加工技术、升降自装卸式集装箱、智能集装箱、植物有效成分的提取设备与技术的发展。2008 年北京奥运会结束后,这几项技术又反过来为移动配餐车、农产品食品加工带来巨大的商业利益,将来有可能形成一个原料产地加工、冷链运输、产品终端销售完整的产业链,实现双方或多方共赢的局面。

A 公司可能采取的对策:(1)不承认侵权或在先抗辩;(2)已有技术抗辩;(3)以持有自己的新型实用授权专利抗辩;(4)恶意进行无效专利宣告申请;(5)对我方不予理睬。

(二)确定谈判目的

2008 年北京奥运会期间为工作人员提供配餐服务的移动配餐车,引发了专利侵权案件,但对专利技术发明人来讲也许是一个机遇,即把移动加工技术推广出去,有利于三农、农产品加工问题的解决,实现其商业价值;借助 2008 年北京奥运会的影响力和约束力，促进专利侵权谈判早日圆满结束，通过收取一定的侵权赔偿款与专利使用费来发展专利技术，促使双方合作进而为双方带来丰厚的利润，走共赢之路才是谈判的真正目的。

（三）形成谈判方案

3家涉案单位侵权性质不同，谈判与处理方法不同。

先找A公司谈判，但专利权人沈某直接谈判不合适，因谈判没有可回旋之余地，专利人可以将委托一名专业人士从中斡旋与其谈判、协商。

1. 掌握专利侵权谈判赔偿数额的计算方法

依据我国《专利法》第65条的规定："侵犯专利权的赔偿数额按照权利人因被侵权所受到的实际损失确定；实际损失难以确定的，可以按照侵权人因侵权所获得的利益确定。权利人的损失或者侵权人获得的利益难以确定的，参照该专利许可使用费的倍数合理确定。赔偿数额还应当包括权利人为制止侵权行为所支付的合理开支。权利人的损失、侵权人获得的利益和专利许可使用费均难以确定的，人民法院可以根据专利权的类型、侵权行为的性质和情节等因素，确定给予1万元以上100万元以下的赔偿。"

该条规定了专利侵权赔偿的4种计算方式：(1)被侵权人因侵权受到的损失；(2)侵权人因侵权获得的收益；(3)按照专利许可费的倍数确定；(4)法定赔偿。而且这4种计算方式是有前后适用顺序的。

2. 对于A公司采取宣告专利无效的反击

如果对手恶意启动专利无效的程序，企图宣告我方发明专利无效，我方也将采取同样的行动，他的新型实用专利无效，其结果将是两败俱伤，但我方的发明专利未必就会轻易地被认定为无效，新型实用专利相对而言比较容易被认定为无效，届时市场上将会随处可见公知的移动配餐车，快餐配送市场拱手让人，对A公司十分不利。实际上，对方的新型实用专利为我方专利的从属专利，若双方合作，构成稳定的专利链，进一步保护全国快餐配餐市场，这将产生共赢的局面。

三、小结(5 分钟)

## 第四节课　现场谈判及点评

一、现场谈判演示(25 分钟)

在谈判中要尝试运用以下基本技巧:

1. 博弈分析法:(1)两败俱伤的“负和博弈”;(2)你输我赢的“零和博弈”;(3)双方共赢的“正和博弈”。

基于与 A 公司谈判的目的,主要采取双方共赢的“正和博弈”。多谈合作才会带来巨大的商业利润。

2. 杠杆让步策略。若对方答应合作,就可以不追究其侵权责任。

3. “威胁”策略。若对方不愿意支付使用费就可以向媒体曝光,但要注意“威胁”必须是适度的、有效的。

二、点评示范(15 分钟)

(一)点评规则——三部曲

1. 首先要点出 1 个题目;

2. 对谈判表现予以具体评价,包括好的方面和不好的方面,最好引用谈判的原话;

3. 给予建议,建议应具体化。

(二)学生点评

针对第四组同学的谈判进行点评:

沈某方律师开始态度非常坚决,认为对方不承认侵权就闹上法庭。开门见山直指主题,立场坚定分明。双方在互动过程中令人感觉最奇怪的是 A 公司在否认侵权行为存在的同时也提出了补偿和合作的建议。如果说补偿的提出是为公司名誉考虑,想与对方妥协让步息事宁人,那么合作的提议就说不通了，但是，这是否是A公司间接承认使用了对方的专利技术或对方的专利技术比A公司的专利技术更优越呢？因为双方还没有经过进一步协商，A公司就把自己的底线大致告诉了对方。沈某方继而紧抓机会，从之前的讨个说法，要对方承认侵权行为存在并进行赔偿的方案递进为替代方案即要求对方给付足够的补偿外加进行后续合作。沈某方占据绝对优势，A公司有些过度妥协。

三、总结(5分钟)

【课后拓展】

1. 课后作业：各组分别提交谈判方案、谈判纪要各1份。

2. 拓展阅读：

(1)程永顺主编：《专利侵权判断实务》，法律出版社2002年版。

(2)Roger Fisher £ William Ury，Getting To Yes：《实质利益谈判法——挑脱立场之争》，罗竹茜译，远流(香港)出版公司2005年版。

(3)斯蒂芬·B. 戈尔德堡(Stephen B. Goldberg)等：《纠纷解决——谈判、调解和其他机制》，蔡彦敏、曾宇、刘晶晶译，中国政法大学出版社2005年版。

(二)实际课堂开展情况

每周在校内进行1次课堂教学，主要内容包括以下3个阶段：一是由各个小组对上周实践基地的工作情况进行展示并点评；二是老师按照教学计划的安排，针对知识产权实务处理的某一环节进行讲解和重点提示；三是针对典型案件进行课堂讨论、通过角色模拟进行案件处理。

第一阶段，每个小组的展示都十分认真，提前做好PPT，使同学们能够对案件有一个更深入的了解。同学们都能将一些案件或者工作中遇到的问题进行详细的说明，并适当扩展。同时，对于老师随时的提问，同学们都能够作出一些回应，体现出各组对于相关知识比较扎实的储备。之后，老师要对同学展示的内容进行点评并延伸,既对同学们存在的问题进行解释,也通过提出一些新的问题让学生思考,使其进一步研究相关方面的前沿问题。

第二阶段,在老师结合真实案例知识产权实务处理的某一环节进行讲解和重点提示之后,各个小组按照要求,一起进行了讨论。每个小组都全神贯注、认真讨论,详细记录过程,并且在讨论结束后对所得出的观点进行汇总。

第三阶段,对于上述记录下来的成果,在课堂上进行模拟演示。展示的方式多样,既有简单的口头表述,也有模拟会见、调解、谈判等生动有趣的形式,让同学们在轻松、自然、有趣的环境中进行学习。

(三)2016年度(下学期)优秀作业及精彩课堂的学生参与展示

1. 律师事务所的作业(第21期知识产权法律诊所学生——杨婧)

### 近似商标的判断——以"爱玩客"为例

在申请注册商标的过程中,最重要的环节就是对商标的实质审查。而实质审查中最主要的环节即是对近似商标的审查。那么该如何判断商标是否近似?

(1)判断商标是否近似主要是从商标本身的形、音、义来看,两个字的商标也不例外。一般来说分成以下几种情况。

第一种情况,第一个字读音相同,字形不同,第二个字相同,那么这两个商标在一般情况下是不会被判为近似的。如"力生"和"利生",虽然从读音上来看,两个商标的读音相同,但是由于商标的显著部分在第一个字,因此,如果第一个字的字形相去甚远,被判定为不近似的概率会比较大。

第二种情况,第一个字的读音相同,字形相近,第二个字完全一样,那么这两个商标有可能会被判为近似。如"同乡"和"桐乡",从读音上来说,两个商标的读音完全相同,从外观上来看,相差不多,虽然有些代理人可能会说,这两个商标的含义不同,但是由于两个字的字形很像。因此,申请不近似的概率会相对小一些,大概只有70%的成功率。

第三种情况,第一个字相同,第二个字的读音相同,字形不同,不近似的成功率大概有60%。如“创龙”和“创隆”这两个商标,读音相同,字形虽然不同,但是由于第一个字完全相同,而第二个字在商标整体中处于非显著地位,所以,虽然“创隆”这个商标申请成功,但也存在侥幸成分。

第四种情况,商标的第一个字完全相同,第二个字读音相同,字形相近,那么这两个商标有90%的可能性会被判为近似。如“绿远”和“绿元”,无论任何一方是在先注册商标,另一方得到注册的希望都很小。

如果有一个字的商标在先注册,如“中”这个字在先注册,那么下面几种情况将得不到注册:“中字”“中特”“大(小)中”“中斯”“中儿”“中标”等。

这是因为在商标的实质审查中,“斯”“而”“尔”“特”这些虚词是没有什么实际含义的,审查员不会对其加以考虑,如“普特”和“普斯特”肯定会被判为近似的。

(2)“爱玩客”在11类、21类、22类、25类的近似商标查询

查找流程为:打开国家工商总局官网—在网页的“服务导航”第二行单击“商标查询”—在弹出的页面单击“我接受”—在弹出的页面单击“商标近似查询”的箭头—然后在弹出的页面输入类别、查询内容等,即可开始查询工作。

判断“爱玩客”的近似商标,查询之前,我构想如果出现“爱顽客”、“蔓玩客”、“爱玩克”或者“爱沅客”之类的商标注册申请,我可能会将其列入近似商标;如果出现“玩客”“爱玩”等与查询商标字数不同或者字形字音差别较大的商标注册申请,我将判断为不近似。

经过查询,11类与25类出现“爱玩客”商标,与查询内容完全相同,即肯定会在这两类被判为近似商标。21类与22类经我判断不存在近似商标。

2. 课堂展示讲解(略)

(四)做好知产诊所教学的核心要点提示

1. 本课程与其他课程的相互关系

先修课程:《民法》《知识产权法》《民事诉讼法》《行政诉讼法》《仲裁法》等。

2. 课程教学重点与难点

(1)重点:学生定位、团队合作、评价反馈、保密工作。

①在知识产权法律诊所教学中,学生占主导地位,应当最大限度地实现每一位学生的学习目标。学习目标是教师制定教学目标的重要依据。每一位学生都有自己的学习目标与计划。

②知识产权法律诊所学习过程中学生要提高合作技能,尝试各种提高合作质量的方法,使其建立相互信任、相互配合、相互支持的团队精神及合作意识。其中,注重以"小组"为单位、内部分工协作,开展工作很有效。

③无论在课堂教学还是基地实践中,学生讨论各种方案,理解证据、事实和法律之间的关系,均需进行评价和反馈,而不是依赖老师得到现成的解决问题的答案。

④法律诊所教师和学生必须注意案件的保密工作。法律诊所教师应以身作则,从严要求自己,作学生的表率。法律诊所学生之间,有权分享诊所内其他成员的案件信息资源。但在法律诊所外,学生不能谈论涉及当事人隐私、商业秘密及国家机密的任何信息。

(2)难点:法律技能与技巧的训练、法律职业责任感的培养、品牌形象的树立。

①在法律诊所实践中,教师对学生进行基本技能、技巧训练,进行诸如会谈、事实调查、咨询、法律文书写作、陈述和口头辩论等活动,并给予详细的个人反馈。学生不仅需要通过课堂模拟练习这些技能、技巧,而且应在真实的案件

代理中尝试运用这些技能，并通过反馈进一步理解和提高这些技能、技巧。

②在法律诊所学习过程中，学生通过接触社会而了解社会；要向当事人、律师、法官、政府官员等学习，扩大知识面、提高判断能力、加强法律职业的责任感。

③树立知识产权法律诊所团队自身的独特品牌形象。

3. 课程的教学方法与手段

诊所法律教育的教学特点主要是从经验中学习、从实践中学习。知识产权法律诊所的教学方式概括为互动式、体验式、反馈式 3 种方式，主要体现在课堂教学和基地实践两个方面。

课堂教学：教师在课堂上采用全方位、多角度、多层次的教学方法，丰富教学内容。课堂的 10 个单元，主要运用角色模拟训练、互动式个案指导、辩论式的提问与回答、讨论式集体"头脑风暴"和课堂游戏等多种教学手段。

基地实践：将学生定位于"准律师助理"的角色，开展法律咨询，协助执业律师办理当事人委托的真实案件，在实践中接受专业教师的指导。在法律实务处理过程中培养学生必要技能，不仅可以消化了课堂学习的法学理论知识，而且也有利于其掌握整个法律实务的流程。

4. 实践教学环境（实训室、设备和软件）

课堂教学需要能放 DVD、能上网、能放录像的设备，另外需要适合分组讨论的教室，及模拟法庭和仲裁庭。

为了便于知识产权法律诊所师生完成教学任务，学校与律师事务所、知识产权代理公司、技术交易所、行业协会、法院等知识产权相关机构合作，设有若干"中国政法大学知识产权法诊所实践基地"，并开通"知识产权法律诊所"新浪博客，制作电子刊物《知法诊所》。与北京"12330"合作成立了"中国政法大学知识产权保护志愿校园服务站"。

5. 课程考核方法与要求

（1）课程考核方法：考查。

(2)考核要求:提倡淡化一次性考试、注重全过程考核的理念。平时成绩占60%(考核内容包括学生出勤、课堂表现、作业完成情况及平时随堂检测情况);模拟法庭占10%;期末评估占30%(包括实习报告、随笔和总结等)。

根据知识产权法律诊所同学的实践基地值班情况(出勤和提供咨询服务、参与案件的代理等)、完成作业和课堂讨论情况、学习态度、自我管理与服务等方面,按照《本科生专业实习考核登记表》,对学生的综合专业素质、制作专业文书能力、实习报告或论文等成绩进行评定。

6. 作业要求

每次课堂教学结束时均应布置相应作业,每次基地实践中未完成的实务工作须在规定时限内完成。

7. 教材选用或自主编写的原则

结合本校学生的实际情况,自主编写出版知识产权法律诊所理论教学教材;结合本校实践教学环境特点,自主编写知识产权法律诊所实训操作指导书。

8. 课程特点

(1)由于知识产权法律诊所只是一门课程,学生的基地实践只是按照每周每人轮流1天进行。上述教学实践的6个方面的实训也只能根据实践基地的实际情况展开,非连续性进行。

(2)知识产权法律诊所学生应认真填写诊所值班日志,记录进行法律咨询或对其提供接待事项的当事人名称、电话;参与办案的具体环节;日常事务等各项实践活动的内容,并随时保留个案的案件资料。

学期结束归档的卷宗有小组值班日志和个案案卷。在知识产权法律诊所课程结束时,每个学生都须完成书面的实习报告,系统地总结自己的收获、对实践目标的实现情况作出分析和总结,指出知产诊所的成功与不足之处并提出建议。

## 附件1:《中国政法大学知识产权法律诊所内部机构设置及职责》

一、设置目的

设置知识产权法律诊所组织机构的目标是,规范开展法律诊所的教学实践活动,推动法律诊所教育的科学有序发展。

二、设置原则

学生自主管理、自我服务、自行监督,教师指导、协调,机构齐全,人尽其才,优势互补。

三、机构设置

知识产权法律诊所内部设立管理委员会,下设综合部、教学部、实践部3个指导部门,分别指导档案组、财务组、宣传组、助教组、监查组、实训组6个管理小组,每组由5~6名学生组成。

四、机构职责

(一)管理委员会

管理委员会由主任、副主任3人、委员5人组成。其中,主任由法律诊所老师担任,副主任由两名法律诊所老师和一名学生担任,委员由两名法律诊所老师和3名学生担任。主任全面负责法律诊所的正常顺利运行,副主任和委员负责协助主任做好法律诊所整体的协调与管理工作,保证法律诊所的良好运行和发展。管理委员会是法律诊所内部的综合决策管理机构。

(二)综合部

部长由1名委员学生担任,由主任老师负责指导,分管财务组、宣传组两个小组。

1. 财务组工作职责

负责学校下发给知识产权法律诊所的学生实习经费的使用、管理与监督,保证该实习经费全部用于法律诊所教学与实践活动。

(1)负责法律诊所运行的财政预算和决算;

(2)管理并监督诊所日常工作开支,期末完成《财务总结报告》;

(3)负责各个工作部门及成员的财务报账与结算工作。

2. 宣传组工作职责:

(1)负责法律诊所在校内、校外的宣传工作,建立与维护网站和博客,编辑《知法诊所》电子刊物,联系相关媒体,提升知识产权法律诊所在社会上的影响力。

(2)开展对外联系工作,如知识产权行政管理、法律援助、协会、代理等机构,向他们介绍法律诊所的相关情况,并建立持久友好的联系,目的是促进法律诊所实践形式多样化、内容体系化、工作持续化的开展。

(3)开拓法律诊所的市场,保证案源的充足,在外界拓展法律诊所的知识产权法律业务。

(三)实践部

部长由1名委员学生担任,由1位副主任老师负责指导。分管实训组、档案组两个小组。

1. 实训组工作职责

配合指导教师对法律诊所成员进行体验式知识产权法务实训。

(1)根据接手案件和(或)项目讨论及方案提出的情况,与指导老师挑选、商定学生维权援助或代理名单;

(2)针对案件和(或)项目的疑难问题,组织成员进行实务理论研究,确定可行性方案,以保证案件和(或)项目处理的准确性、权威性;

(3)组织成员进行分组,分工协作,策划、组织模拟庭审;

(4)聘请实务界经验丰富者进行培训,联系法院及相关机构进行旁听、观摩;

(5)户外团队协作精神训练等。

2. 档案组工作职责

主要负责诊所的人员、业务管理事务，建立人员、业务档案，为部门、人员的绩效评估积累资料，为管理委员会提供相关咨询、方案及调整、完善建议。

(1)负责收集各值班小组的《值班日志》及《实践业务登记表》；项目和(或)案件的证据材料和语音记录、分析意见和法律文书；各位同学课堂作业等。

(2)把收集的所有材料进行归类汇总、形式细化；提出问题及完善意见，分别交给负责的指导老师审核。

(3)把审核、整理好的资料，分别进行电子存档和纸质打印、装订成册。

(4)向法律诊所各部门负责人汇报教学及法务处理、案件援助情况和结果。

(四)教学部

部长由1名委员学生担任，由1位副主任老师负责指导，分管助教组、监查组两个小组。

1. 助教组工作职责

(1)协助指导老师安排布置教学活动以及日常事务管理；

(2)直接参与法律诊所的课堂教学，协助教师完成法律诊所的课堂教学；

(3)记录教学内容、学生课堂表现，并收集反馈意见。

2. 监查组工作职责

(1)负责监督、检查课堂教学、实践业务、财务与档案管理等运行、完成的全面情况，并及时提出存在的问题；

(2)定期抽查学生的到课率、课堂作业、讨论情况、办案计划与方案、值班日志、办案或项目总结、财务账目、档案登记等情况，向管理委员会提交《监查报告》；

(3)策划会议议题、组织“中期调整会议”和“期末总结大会”并安排会务。

五、实施与修改

该机构设置及职责的实施与修改需经知识产权法律诊所管理委员会讨论

通过。于2009年9月起实施。

### 附件2:《中国政法大学知识产权法律诊所总结评估办法》

为了科学、客观、有效地完成总结评估工作,根据《中国政法大学本科生专业实习管理办法》、《中国政法大学“法律诊所”课程管理办法》和《知识产权法律诊所内部机构设置及职责》及各组的工作方案,每期专门成立评估工作小组,共同完成学生的期末实习考核任务。

一、机构组成

由指导老师、班长与综合部、实践部、教学部3个部长联合成立评估工作小组。组长由指导老师担任。

二、评估任务

评估工作小组负责对学生《本科生专业实习考核登记表》中综合专业素质评价、制作专业文书能力、实习论文评语成绩、专业实习评语4个栏目作出评定,并在此基础上推荐优秀实习生。

三、评估依据

1. 档案组和监查组平时对每个同学各方面表现的汇总资料信息、监查记录及评分情况;

2. 每个同学自己撰写的《本科生专业实习考核登记表》、实习报告和5篇随笔3项总结材料;

3. 指导老师及实践基地有关人员的评价。

四、评估程序

1. 班长于期末总结会前收齐每个同学的《本科生专业实习考核登记表》、实习报告和5篇随笔3项总结材料;

2. 评估工作小组召开评估会,对每个同学的相关资料进行全面审查,并拟定评语及成绩。基于法律诊所作为实习的性质,评定结果分为两大类即“优”

与“良”。

3. 采用知识产权法律诊所成员评定规则以及法律诊所成员期末评定表，由综合部、教学班、实践部及班长对每个学生分别拟定评语及成绩，并在“优”中推荐5%的优秀实习生。最后由指导老师审定。

五、评定部门与分工

实习成绩由综合专业素质、制作专业书、实习论文3部分组成，分别按百分制评分，最终实习总成绩由专业指导教师按比例折合为等级制评分，85～100分为优，80～84分为良。

# 西北政法大学法律诊所《法律检索》课堂实录

薛少峰[*]　李　军[**]　汪世荣[***]

## 一、教学设计

教学目标：站在律师的立场，学习如何有效率、准确地检索法律，如何充分地表述理由。

教学内容：1. 围绕案件事实和当事人的请求检索法律，准备法律理由；

2. 准确阐述法律理由，预见对方的法律理由，准备反驳理由。

教学方法：1. 以确认和评估当事人期望为主题，分组进行模拟，并进行不同小组之间的比较；

2. 比较、评论小组之间的差异。

课前准备或课后延伸：课前阅读模拟案例，熟悉案情。全面检索下述案例

---

* 西北政法大学副教授、硕士研究生导师，主要从事民事诉讼法、律师公证、法律诊所等课程的教学研究工作。

** 西北政法大学教授、硕士研究生导师，西北政法大学教师发展中心主任。陕西省十届人大代表，内务司法委员会委员，常务委员会委员。主要从事民事诉讼法学、中国司法制度、法律职业伦理、法律诊所等课程教学研究工作。

*** 西北政法大学二级教授、博士研究生导师。西北政法大学校长助理，学术委员会副主任。西北政法大学法律诊所项目负责人，法律史专业硕士研究生导师组组长。兼任中国法律史学会第八届、第九届执行会长，中国法学会诊所法律教育委员会副主任。

可能涉及的法律条款。

## 二、模拟案例简介

2003年6月26日凌晨6时,某市第二人民医院接收了一名特殊病人,这是一个早产3个月的女婴,她出生还不到1小时,体重只有1公斤多一点儿。女婴有呼吸性衰竭、肺出血、脑出血等症状,各方面情况都不容乐观。

经过医护人员的全力抢救,女婴渐渐脱离了生命危险。但随着孩子病情的渐渐好转,医院发现,她的家属开始拖欠医院费用,不按规定的探视时间来看孩子,之后越来越少露面,只是偶尔来看一两次。1个月过去了,孩子已经长到6斤,完全康复,可以出院了。但是,当医院通知家属办出院手续的时候,却突然不见了孩子母亲的踪影。

住院手续上的记录表明,女婴母亲叫谢某,33岁,本地人。按照上面的联系方式,医护人员四处寻找这位母亲。但是固定电话打不通,手机号码机主不是她,家庭住址是一个汽车修理厂,且称没有谢某这个人。

又1个月过去了,依然没有母亲的消息,无奈之下,医院向街道办事处填写了送养申请,并经过了有关部门的核查和审批。最后在孩子出生100天的时候,被送往了福利院。

女婴出生后4个月后的一天,谢某突然又在医院出现了。她对医院说为了把住院费凑够,到南阳和广州去了一段时间。医院问她为什么把联系方式留错了?她说没有留错,是医院写错了。

得知孩子已经被送往福利院,谢某既气愤又疑惑。自己的孩子是家人亲自送来住院的,明明有母亲,而且还交了住院费,医院怎么能把其当作"弃婴"送到福利院?当谢某匆匆赶到福利院,被告知孩子已经不在人世了。福利院拿出了一份死亡证明,上面写道:谢小某,女,约100天,于2003年9月22日被遗弃后由某市第二人民医院送入本院,患儿体形瘦小,不能进食,诊断其为脑萎缩、肺部感染,2003 年 10 月 8 日因呼吸循环衰竭,救治无效死亡。

为了进一步证明孩子已经死亡,福利院又拿出了一份由殡仪馆出具的火化证明,上面写道:谢小某,女,年龄 1 岁,于 2004 年 2 月 10 日火化。

谢某不明白,当初自己离开时,孩子已经痊愈,而且医院说孩子可以康复出院,怎么会在这么短的时间里因病死亡了? 并且提出疑问:当时她的孩子只有 100 天,而火化证明上写到孩子已经 1 岁;孩子是在 2003 年 10 月 8 日死亡,而火化的时间是 2004 年 2 月 10 日。

殡仪馆说,他们的计算机程序只能输入 1 或者输入整数,不能输半个数,几个月的孩子,或者 1 天的,也是输入 1。福利院院长说,当时我们看到这个孩子的入院手续,表上写的是有家人的,并且孩子家人给医院交了一部分费用,因此考虑也许往后孩子的家人有可能还会找来,就把孩子的尸体存放了几个月,后来一直无人认领,才把孩子火化了。

尽管有各种各样的解释,但是谢某坚信孩子还活着。2004 年 6 月谢某将某市第二人民医院、市社会福利院告上法庭,要求被告返还孩子的监护权。

2004 年 8 月经公安机关查明:谢某的孩子并未死亡,而是由市社会福利院送王某夫妇收养。但王某夫妇坚决不肯送回孩子。

## 三、课程计划说明

主持老师:今天这节课,首先分发素材,根据素材,学生分为 4 个小组,分别代表不同的诉讼主体。以小组为单位进行讨论,围绕 3 个方面的内容进行,讨论并记录自己的主张、事实和理由。

第一环节小组讨论结束后有一个汇报(口头汇报)。这个汇报代表各方意见,把我们检索出来的法律和我们已经给定的事实结合起来,论证你的当事人的主张成立。这就是我们这节课要解决的主要问题。

第二环节对自己小组的观点进行补充,并进行小组之间相互评价。各组同学要提出有价值的问题。也可以点评对方的观点,当然也要客观,摆事实、讲道理。

第三环节是老师点评。

第四环节是学生对课堂进行反馈。

另外,本次模拟法庭活动有校外老师观摩,请他们点评。

## 四、分组讨论及小组汇报环节

主持老师:根据案件的情况,我们分成 4 个组,分别代表谢某、医院、福利院、王某夫妇。谢某是原告,医院、福利院、王某夫妇的法律地位,你们根据案情确定。现在请大家 1、2、3、4 报数,报 1 的同学为第一组,报 2 的同学为第二组,报 3 的同学为第三组,报 4 的同学为第四组,分别代表自己的当事人,进行接待和材料准备任务。每个组用一张白纸把概念大纲写出来。

小组讨论(略)

### 小 组 汇 报

第一组:老师、同学们,大家好,我们是第一组。我们的诉讼请求是:首先,请求被告也就是王某夫妇返还孩子的监护权;其次,请求被告对原告的精神损害予以赔偿,请求医院、福利院赔偿原告寻找孩子所花费的所有开销;最后,请求法院判定被告承担本案诉讼费。

法律依据如下:监护权的问题。首先,明确一下监护权的概念,监护权是监护人对未成年人和精神病人等无民事行为能力人和限制行为能力人的人身权益和财产权益所享有的监督和保护的身份权。根据我国《民法通则》第 16 条的规定,未成年人的父母是未成年人的监护人,所以谢某作为孩子的母亲理应成为孩子的监护人,这一点是合情合理没有任何问题的。还有我国《收养法》第 30 条第 2 款规定,生父母要求解除收养关系的,养父母可以要求生父母适当补偿收养期间支出的生活费和教育费。那么,也就是说根据我国《收养法》第

30 条第 2 款的规定,生父母完全有权要求孩子的养父母返还孩子的抚养权,只是生父母需给养父母一定的生活费和教育费的补偿。其次,根据我国《收养法》第 4 条的规定,下列不满 14 岁的未成年人可以被收养:第一是丧失父母的孤儿,第二是查不到生父母的弃婴和儿童,第三是生父母有特殊困难无力抚养的子女。但是,大家可以看到:第一,谢某的孩子不是孤儿;第二,谢小某的父母是可以查到的,这在住院期间医院有具体的登记,其不是一个被遗弃的儿童;第三,生父母无力抚养,必须要由生父母说明这个孩子因特殊困难其无力抚养,但是现在谢某并没有说明。

另外,我国《收养法》第 15 条规定,在办理收养手续的时候一定要进行登记和公告,但是根据现有材料,王某夫妇从福利院收养这个孩子之后,是否进行了登记公告我们不得而知。

我们为什么要求精神损害赔偿?最高人民法院《关于审理精神损害赔偿若干问题的解释》第 2 条规定,非法使被监护人脱离监护,导致监护人亲子关系或者近亲属间的亲属关系遭受严重损害,监护人可以向人民法院请求精神损害赔偿。从案情出发,医院在没有经过谢某夫妇同意的情况下将孩子转交给福利院,使王某夫妇收养了这个孩子,但是为什么说这是非法的?因为我国《未成年人保护法》第 43 条第 2 款规定,对孤儿、无法查明其父母或其他监护人的以及其他生活无着的未成年人,由民政部门设立的儿童福利机构抚养。但是本案中的孩子不是孤儿,可以查到她的父母,而且生活并不是没有着落,所以说收养肯定是非法的,没有任何问题。

第二组:大家好,我是第二组的成员,我代表我们组陈述意见。作为被告,我们的答辩意见是:医院与孩子的监护权并没有直接的关系。下面是 5 个分论点:第一,根据我国《民法通则》第 16 条的规定,未成年人的父母是未成年人的监护人,如果父母已经去世或者没有监护能力,就由其他法律规定的人员来担任监护人，但是原告谢某还活着。总而言之，医院并非是监护法律关系的主体，医院没有监护权。第二，谢某并没有尽到监护职责，存在过错，而且无论是从法律义务来讲还是道德义务来讲，医院都已经尽到义务。最高人民法院《关于贯彻执行〈中华人民共和国民法通则〉若干问题的意见（试行）》第10条规定，监护人的职责包括保护被监护人的身体健康，照顾被监护人的生活。考虑到本案中的孩子还是一个婴幼儿，而她的母亲谢某之后越来越少露面，孩子出院的时候也没有见到孩子母亲的身影，而且她留的地址全部都是错误的，没有尽到自己的义务和职责。第三，无论从医院的法定义务来讲，还是道德义务来讲，其职责都是治病救人。医院在整个过程中全力抢救，使孩子脱离了生命危险，然后尽力地去找寻谢某。在她拖欠医院医疗费用的情况下，医院仍然是按照最好的程序照顾女婴。无奈之下，只好通过合法程序向街道办填写申请，通过有关部门的审查批准，通过合法程序将这个女婴送往福利院，所以说医院已尽到了相关的义务。第四，福利院存在过错。福利院并没有尽到法律义务，对原告撒谎。具体表现在：福利院既然是一个社会福利机构，有义务照顾被送往福利院的人。但是出现一个非常明显的证据，即公安机关查明谢某的孩子并没有死亡而是被福利院交由王某夫妇收养，这就是福利院最大的过错。而且，在回答谢某提出来的问题时，福利院所述内容都是前后矛盾的，让人产生合理怀疑。第五，根据公安机关的相关规定及我国《收养法》的相关规定，王某夫妇通过社会福利院这样一种合法途径，得到了孩子的监护权，现在孩子的监护权已由王某行使了，医院并没有监护权，所以我们的结论是：医院与孩子的监护权并没有直接的关系。请求法院依法驳回原告的诉讼请求。

老师：那你说原告向你诉求什么？

第二组：返还孩子的监护权。

老师：你整理一下原告的诉讼请求，把它写在白纸上。第二组的其他同学可以补充，是否赔偿原告精神损害？

第二组:原告提出来的诉讼请求是向医院索赔,以及返还监护权。我们首先是证明原告存在过错,其次是证明医院不存在过错。这是我们讨论的大概思路。

老师:你们讨论的时候讨论到这个问题了是不是?讨论了为什么没有写上去?

第二组:时间不够。

老师:你说福利院有过错的目的是什么?你方也是被告,福利院也是被告,你说福利院有过错的目的是什么?

第二组:想证明医院是没有过错的。

老师:"谁主张,谁举证",你们证明他们有过错的目的是什么?你又不是原告,你证明福利院有过错有必要吗?

第二组:我们证明他们有过错是想辅证我们没有过错。

老师:他们有过错能不能说明你们没有过错?他有过错我就没有过错的逻辑能否成立?别人有过错了你方就一定无过错了吗?

第二组:这是我们的策略。孩子在医院时已康复,到了福利院才出了差错,让原告清楚地了解,我们并无责任,这是第一。如果他疏忽了第一点我们就说第二点,如果疏忽了第二点我们就说第三点。

老师:你们要把所有注意力放在自己是否有过错之上,证明其他被告存在过错的任务留给原告。

第三组:我们代表福利院。首先,我们组的主张是我们收养孩子的程序合法,收养条件也合法。我国《收养法》第 4 条第 2 款规定,查找不到生父母的弃婴可以被收养。我们可以看到当孩子康复后,医院按照住院手续上面的联系方式寻找她的母亲,但电话打不通,地址也是错误的,所有迹象表明这是一个弃婴。因此,本案中的收养条件符合我国《收养法》第 4 条第 2 款的规定。医院曾向街道办事处填写申请,后经有关部门核实审批,才将孩子送到我们福利院。所以,我们认为收养孩子的程序合法,收养条件也合法。其次,我们送养的程序合法,送养条件也合法。根据法律规定的送养人条件,送养人包括社会福利机构。我们作为福利院是有资格进行送养的,然后收养人收养孤儿、残疾儿童或社会福利机构收养查找不到父母的弃婴儿童,可以不受限制。所以在这个时候可以分析出这名婴儿已经是名弃婴了,因查找不到亲生父母,所以我们就把她送给了王某夫妇。我们虽然作为被告,但原告提出的疑问是既然孩子活着,那么为什么有死亡证明?火化证明又从何而来?对此,我方认为,这个死亡证明是由医院开出的,福利院没有任何责任。医院也是查找父母1个月后找不到才把孩子送往福利院。虽然有家长,但是其已经抛弃孩子了,为避免孩子再次被抛弃,应由福利院来行使孩子的监护权。在整个案件讨论过程中我们虽然代表福利院,但是我认为医院有过错,在整个过程中福利院也是有过错的,在讨论过程中我也一直极力说服自己,但仍有前后矛盾之嫌。谢谢。

老师:刚才前面两组都没有冲突,但这一组发现了道德冲突。你们可以补充这方面的内容,然后讨论如何对其进行妥善处理。

第四组:我代表第四组进行汇报。我们组代表的是王某夫妇,我们认为,他们是无辜的,王某夫妇对孩子进行收养是合法的,王某夫妇无须返还孩子的收养权。我们的理由如下:第一,根据我国《收养法》第4条第2款的规定,刚才福利院的代表已经说过了,我就不再重复了。王某夫妇收养孩子的程序和条件都是合法的。第二,根据我国《收养法》第2条第2款、第5条第2款的规定,王某夫妇是从福利院收养这个孩子的,所以符合法律规定。第三,我国《收养法》第6条规定了收养人的条件,因为王某夫妇既然可以收养这个孩子,就说明他们具备收养孩子的经济条件、家庭条件。第四,我国《收养法》第15条规定了收养的形式要件,这条刚才第一组作原告陈述的时候有提到过,说不知道收养是否已进行了公告及登记,因为案件材料里面对此没有提及,所以我们就认定,王某夫妇从福利院收养孩子时应该进行过登记和公告。因此,王某夫妇的收养并不违反法律的强制性规定。

我们考虑到原告会对王某夫妇提出请求,主张得到孩子的抚养权。那么,我们进行反驳的理由有以下四点:第一,我们是从福利院收养的孩子,所以我们就有理由相信这个孩子是符合被收养条件的,就像前面同学提到的,孩子是否被遗弃?第二,王某夫妇收养孩子的时间也比较长,对孩子细心照顾,有了比较深厚的感情。第三,我国《收养法》第23条规定,养子女与生父母以及其他近亲属间的权利义务关系因收养关系的成立而消除。也就是说,从王某夫妇合法收养这个孩子后,这个孩子跟谢某已经没有什么关系了。所以说,即使原告主张要回孩子的抚养权,我们也有理由不予返还。第四,原告有遗弃孩子的嫌疑,为什么说是嫌疑?是因为案件材料里对于这个问题争议比较大,双方各执一词,我们认为谢某有遗弃孩子的嫌疑。如果说把孩子交还给一个曾经有遗弃孩子嫌疑的人,也不利于孩子的成长,所以我们主张保护王某夫妇的监护权。

老师:明明知道孩子是人家的,继续抚养,合理不合理?

第四组:王某夫妇认为自己的行为并无不妥。

老师:已经知道孩子有亲生母亲,却坚持继续抚养,有没有道德冲突?因孩子的母亲谢某有遗弃孩子的嫌疑,而收养合法,所以不存在道德冲突?

第四组:关于道德冲突的问题我们没有讨论。有可能是谢某的家人或亲属把孩子遗弃了,而谢某并不知道她家人的所作所为,在消失的期间她可能凑钱去了。

## 五、补充意见和小组相互评论环节

主持老师:4个小组都汇报完了。现在你们4个组各自的观点以及法律依据都明确了吧?再给你们一个机会,你们4个小组要不要再补充一些内容?听了其他小组的观点后,己方的说服力够不够,要不要再强化一下,原告需不需要补充?

第一组:需要。根据我国《收养法》第 15 条的规定,收养找不到父母的婴儿需要登记并且公告。但是谢某一直在找这个孩子。被告说孩子已经不在人世了,而且没有进行公告,说明收养的程序存在瑕疵。第二组认为谢某未尽监护职责,谢某也说了她当时离开是为了筹医药费,这是一种有责任心的体现,不是要抛弃这个婴儿,只不过是用另一种方式照顾这个婴儿。然后医院认为所有收养程序都是合法的,把婴儿送往福利院也是合法的。但其在 1 个月期限内只是通过电话的方式联系谢某,没有用公告的方式。寻找谢某的公告是否充分?只不过是 1 个月找不到谢某就认为孩子是弃婴,是否合法?

老师:那你觉得呢?1 个月的时限不够是吧?应公告多长时间呢?你觉得找 1 个月没找着就不找了,这样不合理是吧?还有其他同学要补充的吗?

第二组:我觉得不用证明医院不是监护法律关系的主体。我认为谢某对医院的请求就是为了索赔,索赔的依据是证明医院方存在过错,而不需要证明医院有监护的资格。谢某想要向医院提出监护权请求,必须要有请求权的基础,但她却没有请求权的基础,所以不可能向医院提出。因此,只要证明医院方没有过错即可。

老师:那你说一下如何证明医院没有过错?

第二组:首先是程序合法,把孩子送往福利院这个程序是合法的。

老师:把孩子送往福利院是送养行为吗?

第二组:不是送养行为。

老师:那是什么行为?

第二组:应该是一种托管行为,我个人认为医院是把孩子暂放到福利院。老师,是以最后补充为最后意见吗?

老师:补充意见就是指前面的意见依然有效,你说以现在的意见为准叫变更,可以变更。

第二组:我们不是变更,只是再完整地表达一下我方的意见。主要是补充两点:第一,我们国家的精神损害赔偿的主要依据的是最高人民法院的司法解释,以及其他散布在其他法律中的一些法律规定。关于损害赔偿我们国家严格限制法官的自由裁量权。原告主张精神损害赔偿,我们的思路是找到法律依据,如果事实要件并不符合法律规定,那么就应该依法驳回她的诉讼请求。第二,我们只要证明医院没有过错,但我们需要进行更多的陈述,让法官相信我们,证明我们的理由是充分的,我认为在本案中,医院只是单纯陈述了自己没有过错,而并没有充分的理由。无论是从诉讼策略的角度,还是法学理论的角度来讲,抑或是从实用的角度来讲,应该陈述得更充分一些,如此我们的论证才是充分的,主张的事实才是有依据的。以上是对精神损害请求的补充回应。

老师:还是对原来内容的再解释,或者说是更细的解释。我们刚刚说的是在之前的陈述以外还有没有补充。第三组在刚才表述的基础上,还有没有新的补充性的意见?

第三组:没有了。

## 六、教师点评环节

主持老师:首先,有一些逻辑链条、因果关系要厘清。比如,出具死亡证明的机构是医院,福利院是没有能力出具死亡证明的。怎样证明王某收养的孩子就是谢某的孩子,仅凭医院的证明?在其不能证明这个孩子是谢某的情况下,孩子已经被证实死亡了。谢某要的孩子不存在,我们的这个孩子就不是你要找的那个孩子。各组按照材料的内容,确立自己的观点进行了陈述,但有一些回应是对的。别人的观点与自己的不一样,这是要进行补充的原因。法律理由的准备,法律检索的目的不单纯是把你自己的问题搞清楚,把别人的问题也要弄清楚。

参与老师：原告第一个诉讼请求是请求王某夫妇返还孩子的监护权，第二个诉讼请求是请求医院、福利院赔偿损失，为什么是两个请求、两个内容、两个主体？为什么要把两个关系、两个请求分开，这是第一个问题。

第一组要解决的问题是：谢某把孩子放在医院离开，这个行为是否为放弃监护权的行为？没有理解谢某的行为对监护权的影响是什么。王某夫妇的收养不合法，就是没有放弃监护权；收养合法就是基于一个没有监护权的问题。原告的道德冲突就在此处。我把孩子放在医院，过一段时间回来是否还有监护权、能否主张监护权？谢某离开后便后悔了，她的真实意思还未告知医院，这样的行为有什么影响？

第二组代表医院。医院只需证明自己没有责任，没有必要证明别人有责任，你是被告，只需要说自己没有责任。医院的道德冲突在什么地方，医院认为我不是福利院，医疗资源不能被无限占用，养几天孩子就送往福利院，有没有道德冲突？医院对福利院说只要你收养了我就给你出具证明，就说孩子死亡了，医院的死亡证明当然存在矛盾，一方面证明孩子被送往福利院收养，另一方面证明孩子已经死亡。医院出具死亡证明是为了什么？是为了更好地完成收养程序，没有这个证明不能完成合法收养。福利院收养孩子要求有死亡证明，用以证明孩子已经死亡，只有医院能开具死亡证明。医院的动机是什么？一家医院将孩子送往福利院收养，附加孩子的死亡证明，就是它的道德冲突。

第三组代表福利院。福利院的环境不利于孩子成长，那里的孩子大部分是残障、精神障碍、被父母遗弃的，孩子们相互交流的条件也不好。因此，福利院可能会千方百计想着给孩子找养父母，这个孩子没有死亡证明、火化证明，养父母养到16岁亲生父母回来了，是否抚养就成了一场空？养父母只有对孩子说他是孤儿，甚至对孩子说他是自己亲生的，拒绝生父母把孩子要回去，才能踏实抚养孩子。王某父母并不知道死亡证明、火化证明是假的，因此王某夫妇是善意的收养人。发现孩子的亲生父母后,孩子在收养人这里还是在亲生父母那里能更健康地成长,也存在道德冲突。

参与老师:案件要回答几个问题:第一个问题是原告谢某的监护权。她当然有监护权,但在履行过程中是否丧失?第二个问题是医院和福利院的行为当然是有过错的,什么过错?医院不能随意将孩子送往福利院,随便开具死亡证明,福利院知道存在虚假事实,仍让王某夫妇收养孩子,这些行为是否已经达到了使收养关系、送养关系无效的程度?第三个问题是王某夫妇是不是善意的收养人;我是善意的行为,合法无恶意,善意收养人收养行为受保护,但是谢某的监护权又没有丧失,这个问题怎么解决?这 3 个问题都回答完了,这个案件才能解决。

在小组讨论中也存在 3 个问题:第一个问题,在一个小组的讨论中,一名同学特别能控制这个组,没有讨论,他首先抛出一个观点,其他人无法反驳,只能坦然接受,有立论还有论据。但讨论有观点、有碰撞才叫讨论。要打破一贯的唱"独角戏"模式,组员们不能仅仅是扮演记、听、写的角色。第二个问题是把握不了讨论的重点,立论与底下的意见和理由无法对应。第三个问题就是通过观察小组成员的讨论过程,发现至少 3 名同学没有发表过观点,有的同学不清楚法律的规定,也没有准备可供查阅的工具书。法律检索,要找到并正确适用法规。另外,律师职业真的会由于当事人的道德冲突,直接影响到这个律师出谋划策,这种职业上的道德冲突怎么办?大前提是律师要为当事人化解道德压力,绝不能因为正义与当事人的道德要求冲突时就放弃正义。承认错误是存在的,但不要一直在道德上影响自己,否则会影响案件的结果,因此,要努力化解当事人的道德压力。

法律检索怎么检索?第一,要有法律信息资源,法理、立法都会涉及,应注意法律的位阶是什么?第二,配套资源包括司法案例信息、法律参考资料信息,现有的、修改的、废止的法律法规都是法律信息资源,要建立一个数据库。第三,制订检索计划,寻找核心词。本案的检索关键词可总结为4个词:监护、遗弃、收养、送养,应注意医院不能叫送养。

## 七、学生反馈环节

学生:我认为本案中的死亡证明的出具,告知其孩子已经死亡,是对谢某最直接的侵权。我最大的收获是如何抓住重点,找到4个关键词后把案件贯穿起来。当事人与律师都存在道德冲突。道德冲突这个问题,要为当事人着想,化解纠纷矛盾,但我们不能放弃正义,这是原则性的东西不能放弃。

学生:法律检索的目的是,找到切实的法条,找到支撑的论点,以便于帮助我们胜诉。当案情较复杂时,要搞清楚自己的诉讼理由以及抗辩理由,同时还要考虑对方的理由,以及是否是该诉讼的一个合法主体,然后陈述理由。在辩论阶段,不能一味推卸责任,应提出自己的抗辩理由。

学生:自己存在的最大问题就是准备不充分,案例或者法条的储备不够。若能有效利用数据库,对自己会有很大提升。

学生:我从今天这个案例讨论得到的主要启示是,要学以致用、立足案情,作出有利于当事人的决定。

## 八、观摩老师点评

在讨论过程中,首先,我发现每个小组都有主持者,其发挥的作用是非常重要的,其不是一味地主张自己的观点,而是鼓励大家把这个观点更好地阐述出来,引导大家讨论。其次,就是各个小组成员之间的分工协作,在讨论之初就应该分工明确,这样有利于小组讨论的开展。最后,在听汇报之前要思考如何汇报,以更好地表达出小组的意见。第四组讨论得很好。但我们在汇报的时候,第二组、第三组会出现汇报同学的意见与本组参与同学的意见不一致的情况。注意到这些细节,今后的课堂效果会更好。

对于法律检索,从自身角度出发会收获很大。在课堂组织方面,学生参与度很高,大部分同学的积极性都被调动起来了,同学们表现得各有所长,我很高兴能来参加这次课程。

# 西北政法大学法律诊所《模拟法庭》课堂实录

汪世荣[*]　薛少峰[**]　李　军[***]

## 一、教学设计

教学目标:运用所学知识,对具体案例进行模拟庭审,体验不同的法律职业角色。

教学内容:1. 围绕案件事实,准备法律文书;

2. 准备证据;

3. 进行质证、法庭辩论等;

4. 反馈教学效果。

教学方法:1. 模拟:学生分为法官组、原告组、被告组,原告组和被告组各自准备诉讼文书和制作证据,不能相互交流;法官组协调模拟法

---

* 西北政法大学二级教授、博士研究生导师。西北政法大学校长助理,学术委员会副主任。西北政法大学法律诊所项目负责人,法律史专业硕士研究生导师组组长。兼任中国法律史学会第八届、第九届执行会长,中国法学会诊所法律教育委员会副主任。

** 西北政法大学副教授、硕士研究生导师,主要从事民事诉讼法、律师公证、法律诊所等课程的教学研究工作。

*** 西北政法大学教授、硕士研究生导师,西北政法大学教师发展中心主任。陕西省十届人大代表,内务司法委员会委员,常务委员会委员。主要从事民事诉讼法学、中国司法制度、法律职业伦理、法律诊所等课程教学研究工作。

庭课程进程,完成完整的庭审教学活动。

2. 老师引导同学反馈、评论各组的工作,并对自己的表现进行回顾和总结。

3. 其他老师和同学评论教学效果。

课前准备或课后延伸:课前阅读模拟案例,制作文书和证据资料;3 位老师分别指导法官组、原告组和被告组。

## 二、模拟案例

2014 年 9 月 11 日 22 时车主李某驾驶牌照为陕 A××××的出租汽车,在西安市自强东路由西向东行驶至路口东侧,将由北向南通过的原告刘某撞伤,造成交通事故。根据道路交通部门认定,被告违反了《道路交通安全法》,负事故的主要责任。经查证,该车辆挂靠在西安市××汽车出租公司,车主向××财产保险公司陕西分公司投保有商业保险。事故发生后,车主李某向原告支付了医疗费 26,000 万元人民币,原告已经花费医疗费 65,000 万元人民币。由于双方就医疗费的承担发生了争议,意见难以达成一致,原告提起了诉讼。

## 三、模拟法庭开庭审理环节

主持人:这节课的主题是"模拟法庭",包括 3 个环节。第一环节是模拟庭审,第二环节是对庭审的讨论,第三环节是现场同学、老师的互动。现在开始第一环节。

(宣读法庭纪律、核对当事人身份等,略)

审判长:下面进行法庭调查,先由原告陈述诉讼请求及其本案的事实与理由。

原告:诉讼请求,第一,请求法院判决被告支付我住院的医疗费 65,000 元人民币,并且由此产生的住院伙食补助费、营养费、交通费、精神损害抚慰金;第二,请求被告支付后续医疗费、护理费,以司法鉴定结论为准,同时被告支付司法鉴定费3200元人民币;第三,请求3位被告承担连带责任;第四,请求案件受理费由被告承担。

事实与理由:2014年9月11日22时,被告牌照为陕A××××的汽车,由西向东行驶至路口东侧,将由北向南通过的我撞伤,造成交通事故。根据道路交通部门的认定结果,被告违反了《道路交通安全法》,负事故的主要责任。经查证,肇事机动车在××财产保险公司陕西分公司已投保。我因为受伤,治疗护理等费用巨大,请求法庭依法判决,陈述完毕。

审判长:代理人有无补充意见。

代理人:无补充意见。

审判长:下面由被告就原告的起诉作答辩意见,并陈述依据的事实与理由。首先由第一被告陈述。

第一被告:我方答辩意见为,第一,重新认定事故责任;第二,驳回原告的医疗费请求;第三,鉴定费由原告承担;第四,判令诉讼费由原告承担。接下来向法庭陈述案发当晚的事实。2014年9月11日晚10时左右,我驾车在自强东路自西向东行驶的时候,速度非常慢。因为灯比较少,加上两边都是树,几乎使我不能正常驾驶,我之前的速度本来就很慢,驶过人行道的时候又格外放慢了速度,没想到我刚驶过人行道不到100米左右的时候我就看见一个人,忽然冲了过来,我虽及时刹车,但还是撞到了他,事故发生之后我也积极地把他送往医院,并且配合医院尽力治疗,我已经尽了我最大的努力赔付了她26,000元人民币的医疗费,我的答辩意见说完了。谢谢。

审判长:第一被告委托代理人有无补充意见?

第一被告委托代理人:有。在事故发生之后虽然交警大队出具了事故认定书,但是鉴定书内容过于简略,事实也并非如此。事故发生时,我的当事人遵守交通规则,由西向东行驶,由于事发地点较偏僻,没有安装信号灯,又由于原告不遵守交通规则，在路口处横穿马路，再加上当时是夜晚，导致被告未能及时看见才发生事故，相对于原告，被告更先发现对方，被告发现后虽然采取了紧急制动措施，但因距离过近未能避免事故的发生。另外，原告提出的赔偿不合理，原告发生事故后被送往医院治疗，对于原告提出的费用清单我方没有意见，但在此事故中，原告也承担部分责任，而且我的当事人已经垫付了26,000元人民币医疗费，所以请求法院根据责任划分以及实际情况判决，发言完毕。

审判长：下面请第二被告进行陈述。

第二被告：尊敬的审判长、审判员，我是西安市××汽车公司代表人张某。我公司的答辩意见以及事实如下：第一，我公司仅应承担部分责任。我公司只是登记车主，实际车主还是李某，李某与我公司之间是形式上的挂靠关系。车籍经工商注册，车辆运营登记在公司名下，以公司名义缴纳各种税及年检费用。但出租车的经营活动由李某进行，他自己的事与我们公司没有任何关系。李某只是每年向我们公司交纳很少的挂靠费。因此，我公司只在挂靠费的范围之内承担责任，并且我公司在××财产保险公司陕西分公司投有第三人责任险，我公司只同意在保险范围之内承担责任。第二，我公司不承担诉讼费用。因侵权所发生的诉讼费用皆应由直接侵权人承担。虽然我公司是肇事车辆陕A×××××的登记公司，但其实际车主是李某，并且他是直接侵权人。在此事故中，公司没有过错不应承担任何诉讼费用。第三，原告请求的部分诉讼费用证据不足，应当不予支持。关于护理费，根据我国《侵权责任法》第16条和最高人民法院《关于审理人身损害赔偿案件适用法律若干问题的解释》第21条的规定，护理费根据护理人员的收入状况、护理人数、护理期限计算。护理人员没有收入的，参照当地护工同等级别的劳务报酬标准计算。护理人员原则上为1人，但医疗机构或者鉴定机构出具的意见可供参照。在原告出具的证据二中，西安市中心医院医生建议的护理期是6周，我们已经承担护理费4200元人民币。

第二被告委托代理人：第一，原告要求赔偿护理费10,000元人民币，明显超出了法律的规定。我们公司不支持。第二,关于交通费。根据我国《侵权责任法》第16条和最高人民法院《关于审理人身损害赔偿案件适用法律若干问题的解释》第22条的规定,交通费应以正式票据为凭。而从原告家中至中心医院仅为45公里。根据西安市出租车车费标准,原告提出的交通费请求明显高于标准,不予支持。第三,关于精神损害赔偿费。精神损害赔偿金的重要作用是对侵权人的一种惩罚,是基于侵权责任而进行的民事赔偿责任。因此,赔偿义务人应当是直接侵权人,我公司并非直接侵权人,故不负有赔偿精神损害费的义务。第四,关于营养费。根据我国《侵权责任法》第16条、最高人民法院《关于审理人身损害赔偿案件适用法律若干问题的解释》第24条的规定,营养费应当根据受害人的实际情况参照医疗机构的意见予以确定。通常要有需要补充和加强由司法中心作出的营养司法鉴定。原告提出的证据不足以证明其对营养费的要求,不予支持。综上所述,原告的部分诉讼请求缺乏法律依据与事实依据。陈述完毕。

审判长:第二被告委托代理人有无补充意见。

第二被告委托代理人:无补充意见。

审判长:接下来由第三被告陈述。

第三被告:我是××财产保险公司陕西分公司的法人代表,现提出答辩意见如下。第一,我公司仅应在投保的范围内赔偿责任。根据我国《道路交通安全法》第76条和《机动车交通事故责任强制保险条例》等的规定,机动车发生交通事故,造成人员伤亡和财产损失的,由保险公司在机动车第三者责任强制保险责任限制范围内予以赔偿。第二,原告的部分诉讼请求没有事实依据和法律依据,依法不应得到支持。本次交通事故发生于2014年9月11日22时,计算相关赔偿金额时,应根据最高人民法院《关于审理人身损害赔偿案件适用法律若干问题的解释》及2014年陕西省道路交通事故(人身损害赔偿)赔偿标准及计算方式有关的规定计算。医疗费用的部分,根据最高人民法院关于《审理人身损害赔偿案件适用法律若干问题的解释》第19条的规定,医疗费根据医疗机构出具的医药费、住院费收款凭证,结合病历和诊断等相关证据予以确定,又根据2014年陕西省道路交通事故(人身损害赔偿)赔偿标准及计算方式原告仅提供了就医诊断证明以及医药费,证据并不充分,缺乏事实证明力度,对于此项费用应依法予以查明,减低数额。第三,关于护理费的部分,根据最高人民法院《关于审理人身损害赔偿案件适用法律若干问题的解释》第21条的规定,以及2014年陕西省道路交通事故(人身损害赔偿)赔偿标准及计算方式的规定,原告没有提供有家属或者护工在医院进行护理的证据,同时也未提供护理人纳税记录、计费记录以及银行工资的流水记录,因此,没有证据证明其护理人员的收入。按照护理人数为1人,西安市参照护工同等级别护理的劳务报酬标准计算,即每天60元。按照这个标准进行计算,依法得出的护理费用,应为90天乘以60元,合计5400元人民币。关于营养费的部分,根据最高人民法院《关于审理人身损害赔偿案件适用法律若干问题的解释》第24条的规定以及2014年陕西省道路交通事故(人身损害赔偿)标准及计算方式的规定,对于此项费用,原告并未提供相关证据证明其确实需要营养费,且医疗鉴定并未显示原告需要营养费。原告未提供相关证据加以证明,缺乏事实和法律依据。我认为其请求依法不应被予以支持。第四,关于交通费的部分,最高人民法院《关于审理人身损害赔偿案件问题若干问题的解释》第22条的规定以及2014年陕西省道路交通事故(人身损害赔偿)赔偿标准及计算方式的规定,交通费应按照原告实际产生的费用计算。有关凭据应当与就医地点、时间和次数相符合。原告的证据不足以证明,缺乏事实依据和法律依据,依法对其请求应不予支持。第五,关于人身损害赔偿金的部分,根据最高人民法院《关于审理人身损害赔偿案件适用法律若干问题的解释》第18条的规定,以及最高人民法院《关于确定民事侵权精神损害赔偿的责任若干问题的解释》第10条和第11条的规定以及2014年陕西省道路交通事故(人身损害赔偿)赔偿标准及计算方式的规定。原告请求的精神损害赔偿金偏高,且原告对损害事实和损害后果的发生也有过错,应当根据原告的过错程度和受理法院所在地区的平均生活水平适当调整精神赔偿的数额。精神损害赔偿金应不超过2000元人民币比较合适。第六,答辩人不承担鉴定费用。根据有关规定,保险人在签订合同时,已在投保单中作出能引起投保人注意的提示,对该条款的内容已以口头形式向投保人作出明确说明,所以答辩人不承担鉴定费用。第七,答辩人不应承担本案的任何诉讼费用。因侵权是在道路上发生的,诉讼费应由直接侵权人承担,答辩人不是直接的侵权人,无任何过错,无须承担诉讼费用。综上所述,原告的部分诉讼请求,缺乏事实依据和法律依据,恳请人民法院查清事实,依法作出判决。答辩完毕。

第三被告代理人:首先要明确的一点是,我公司当然会理赔。但也是在合理的范围内赔偿,原告漫天要价,我们公司不能接受。

审判长:请第三被告注意,不要谈论与本案无关的内容。下面进行举证和质证。先由原告举证。

原告:第一组证据,交通事故认定书1份。

审判长:被告对此有无异议。

第一被告:有异议。此交通事故认定书上的日期显示,认定书的出具日期是2014年的11月27日。但是事故发生的时间是2014年9月11日。也就是说,事故认定书出具的时间,是在事故发生后,离事故发生已经过去了46天,根据我国《道路交通安全法实施条例》第93条的规定,公安机关交通管理部门,对经过勘验和检查现场的交通事故,应当在勘验现场即日起10日内制作交通事故认定书,需要进行检验、鉴定的,应当在检验、鉴定或者重新检验、鉴定结果确定之日起5日内制作交通事故认定书。原告提供的这份交通事故认定书已经超过了法律规定的日期,应当认定为效力瑕疵。发言完毕。

审判长:请举证当事人辩解。

原告:我方认为,交通事故认定书的效力瑕疵,不足以成为忽略其中所记录的客观事实的理由。

审判长:请被告辩驳。

第一被告:根据最高人民法院《关于民事诉讼证据的若干规定》第 65 条第 3 项的规定,审判人员可以从该证据的形式、来源是否符合法律规定进行审核认定,该份证据取得合法性的程序问题,我认为法庭应当给予解释。发言完毕。

审判长:请当事人辩解。

原告:无异议。

审判长:第二被告对此有无异议?

第二被告:无异议。

审判长:第三被告对此有无异议?

第三被告:无异议。

审判长:请原告继续举证。

原告:第二组证据。医院诊断证明书 1 份、司法鉴定意见书 1 份、住院病历 1 份。

审判长:第一被告对此有无异议?

第一被告:无异议。

审判长:第二被告对此有无异议?

第二被告:有异议。对于原告提出的证据,鉴定意见认为原告需要护理的期间为 90 天,但是根据其提供的另外一份证据即医疗诊断证明书,医生的建议是出院后 6 周加强护理。对此提出异议。

审判长:请举证当事人辩解。

原告:根据陕西正义司法鉴定出具的司法鉴定意见,原告的护理期限为 90 天,而在西安市中心医院出具的诊断证明上,医生的建议是出院后休息 6 周,加强营养、加强护理。这一条只能说明在出院 6 周后原告需要加强护理,但并不能说明护理期限仅为 6 周,6 周之后就不需要护理了,所以两份证据各有其证明力,我方认为并不冲突。

审判长:请质证当事人辩驳。

第二被告:鉴定意见书只是一份证据,而不是鉴定结果,医疗诊断证明书也是一份证据,原告提供的两份证据相互矛盾,希望其给出一个合理的解释。

审判长:请举证当事人辩解。

原告:我方刚才已经进行了客观的辩解,谢谢。

审判长:质证当事人对此有无异议。

第二被告:无异议。

审判长:第三被告对此有无异议。

第三被告:无异议。

审判长:请原告继续举证。

原告:第三组证据,医药费收据1份、营养费发票1份、出租车费发票1份。

审判长:第一被告对此有无异议?

第一被告:无异议。

审判长:第二被告对此有无异议?

第二被告:对于出租车收据有异议。根据我方当事人进行的实地勘察,从原告住所地自强东路吴家巷到治疗医院西安市中心医院,只有4~5公里左右的路程,按照西安市最新的出租车收费标准,每次只需花费12~13元人民币左右。因此,对于原告所提交的收据提出异议。

审判长:请举证当事人进行辩解。

原告代理人:请被告注意乘车的是护理人员,因为我方当事人是她的亲属,并不是她的家人,她的丈夫。根据最高人民法院《关于审理人身损害赔偿案件适用法律若干问题的解释》第22条的规定,交通费根据受害人及其必要的护理人员因就医或者转院治疗实际发生的费用计算,有关依据应当与就医地点、时间、人数、次数相符合。我的亲属不是我的丈夫,护理人员住在卫国路中段,因公交车太慢,白天至西安市中心医院,晚上原路返回,乘出租车单程交通费26.5元人民币,往返共53元,持续31天,与该司机达成接送合同关系。第32天因我出院,下午护理人员送我回家,护理人员只有上午乘坐该司机的出租车,产生的费用为26.47元人民币。综合计算,该护理人员在32天医院护理期间内产生的交通费用为1669.47元人民币,有发票为证。

审判长:请质证当事人辩驳。

第二被告:无辩驳意见。

审判长:第三被告对此有无异议?

第三被告:有异议。对于交通费部分原告所提出的出租车票据一共32张,但除倒数第二张写明53元和最后一张写明了26元外,其余票据金额均不明确。对于此项费用的计算,应予查明。营养费的部分原告提供了1份证据,所提供的票据无法证明这项票据就是营养费。此外,原告未提供其他相关证据证明。原告的诉求要得到支持,必须提供合法的、真实的、充足的证据。

审判长:由举证当事人辩解?

原告:无异议。

审判长:原告继续举证?

原告:举证完毕。

审判长:下面由被告进行举证,先由第一被告举证。

第一被告:我的证据一共有3份:机动车驾驶证和事故发生地现场照片2张。

审判长:原告对此有无异议?

原告:无异议。

审判长:第二被告对此有无异议?

第二被告:无异议。

审判长:第三被告对此有无异议?

第三被告:无异议。

审判长:由第一被告继续举证。

第一被告:事故发生地照片用以证明事故发生地的实际情况。

审判长:原告对此有无异议?

原告:有异议。发生事故路段天色太暗,看不清楚。这个照片看着也很模糊,你开车开到那儿能看到我,那你为什么不采取措施预防事故发生?

审判长:请原、被告尊重法庭秩序,现在不是辩论环节。

第一被告:我认为该照片只是说明事故现场的情况,至于现场具体情况如何,我方不作过多解释。

审判长:原告对此有什么异议?

原告:无异议。

审判长:第二被告对此有何异议?

第二被告:无异议。

审判长:第三被告对此有无异议?

第三被告:无异议。

审判长:请被告继续举证。

第一被告:第二组证据是我的当事人与西安××出租车有限公司签订的合同。证明我的当事人与第二被告有挂靠关系。

审判长:原告对此有无异议?

原告:无异议。

审判长:第二被告对此有无异议?

第二被告:有异议。虽然她和我们公司存在挂靠关系,但是她交的挂靠费很少,我们只是形式上的挂靠关系,处理事故是她自己的事,与我们公司没有任何关系。陈述完毕。

审判长:请举证当事人辩解?

第一被告:无辩解。

审判长:第三被告对此有无异议?

第三被告:无异议。

审判长:请第一被告继续举证。

第一被告:举证完毕。

审判长:下面由第二被告进行举证。

第二被告:我方当事人提出两份证据。第一份证据是我公司与××财产保险有限公司西安分公司订立的第三人保险责任合同1份。这份合同用于证明事故中出租车陕A××××在永安财产保险公司陕西分公司投有第三人责任险,需要保险公司在保险范围之内承担责任,我方当事人只在保险公司承保范围之外承担责任。

审判长:原告对此有无异议?

原告:有异议。第二被告,你们对所订立的合同效力作何解释?

审判长:请举证当事人辩解。

第二被告:请原告当事人注意一下,我们现在说的是保险合同,而非挂靠合同。

原告:即便是保险合同,你们当时订立合同的时候又没有你们内部作的规定,所以你们依然要承担连带责任。

第二被告:无异议。

审判长:第三被告对此有无异议?

第三被告:无异议。

审判长:请第二被告继续举证?

第二被告:第二份证据是我们公司与原告出租车的挂靠合同1份,用以证明我方与原告只是形式上的挂靠关系。

审判长:原告对此有无异议?

原告:无异议。

审判长:第一被告对此有无异议?

第一被告:无异议。

审判长:第三被告对此有无异议?

第三被告:无异议。

审判长:请第二被告继续举证。

第二被告:举证完毕。

审判长:下面由第三被告进行举证。

第三被告:第三被告提供的证据为××保险财产公司陕西分公司总部与西安市××出租汽车有限公司签订的第三者责任保险合同以及投保单。根据这份合同,保险公司只在保险范围内予以赔偿。

审判长:原告有无异议?

原告:无异议。

审判长:第一被告对此有无异议?

第一被告:无异议。

审判长:第二被告对此有无异议?

第二被告:无异议。

审判长:请第三被告继续举证。

第三被告:举证完毕。

审判长:休庭5分钟……休庭时间到。经合议庭确认原告递交的医院诊断证明书、司法鉴定意见书、住院病历、医药费收据、营养费发票的内容真实、形式合法,可以证明原告确实发生了交通事故,并且治疗费用花费较多,有事实凭据,经评议予以确认。原告所递交之交通事故认定书、出租车费发票,因缺乏合法性、有效性,故不能作为本案认定事实的根据。经合议庭评议,确认被告所递交之全部证据,形式合法、内容真实,可以作为认定事实的根据,予以采纳。经确认,各方当事人没有提供新的证据,本庭宣布法庭调查结束。下面进行法庭辩论。法庭辩论之前先强调法庭辩论的规则,在法庭辩论中辩论发言应当经本庭许可。注意用语文明,不得使用讽刺、侮辱的语言,语速要适中,以便本庭记录。发言的内容应当避免重复。在法庭辩论的过程中如有违反规则的言行,则法庭将制止其继续发言。首先由原告发言。

原告:尊敬的审判长,依据我国《民事诉讼法》第 50 条的规定,受原告委托,政法律师事务所委派我和王阳律师担任原告的诉讼代理人,参与本案诉讼活动。现就本案陈述如下意见:第一,本案事实清楚,被告李某负主要责任,原告承担次要责任。被告李某驾驶车辆违反了我国《道路交通安全法》第 22 条的规定,其在行车过程中观察不够、测试不当,是本次交通事故的主要原因,因此,被告李某应承担主要责任。第二,原告主张的赔偿要求完全符合法律规定并有充足证据证明,应予以支持。因被告的不当驾驶撞倒原告致其重伤,被送往西安市中心医院诊断治疗,期间产生医疗费、护理费、住院伙食补助费以及营养费,原告被司法鉴定中心鉴定为十级伤残,需要进行后续治疗护理,根据我国《侵权责任法》第 16 条的规定,被告李某应承担赔偿责任。相关具体费用是根据具体单据和最高人民法院《关于审理人身损害赔偿案件适用法律若干问题的解释》确定的,被告应当承担对原告未支付的医药费 65,000 元、后期治疗费 10,000 元,护理费 9000 元、住院伙食补助费 1050 元、营养费 1950 元、精神损害抚慰金 3000 元,以上费用共计 90,000 万元人民币。事实清楚,证据充分。第三,原告主张被告三方共同承担连带赔偿责任。根据最高人民法院《关于审理道路交通事故损害赔偿案件适用法律若干问题的解释》第 3 条的规定,以挂靠形式从事道路运输经营活动的机动车发生交通事故造成损害,属于该机动车一方责任,当事人请求由挂靠人与被挂靠人承担连带责任的,人民法院应予支持。本案中被告人李某机动车行驶案发前挂靠于西安市 × × 出租车有限公司,所以,该公司应承担连带赔偿责任及动车交通事故责任。我国《机动车交通事故责任强制保险条例》第21条规定,保险公司依法在机动车交通事故责任强制保险责任限额范围内予以赔偿。被告李某驾驶机动车,与××财产保险公司陕西分公司购买交强险,所以该保险公司应当承担保险责任,三方被告互相承担连带赔偿责任,事实清楚、理由充分。最后,原告及其代理人请求法院采纳本代理的意见,判处被告赔偿原告90,000元人民币,并由被告承担司法鉴定费3200元人民币及本案受理费。

审判长:第一被告对此有无异议?

第一被告代理人:有异议。尊敬的审判长、审判员,依照我国《民事诉讼法》的规定,我受被告李某的委托,与西安市精诚律师事务所王辰律师作为本案被告李某的诉讼代理人,参加本案的一审。现就原告提出的问题发表以下意见:第一,我方已声明,此事故中新城交警大队开具的交通事故认定书,其期限问题存在瑕疵,请允许我说明事故的实际情况。根据西安市交警部门对事故发生路段及西安市自强东路的规定,自强东路自西向东为单行道,而被告司机并未违反。根据我国《道路交通安全法》第45条的规定,机动车在道路行驶不得超过限速标准、标线标准速度。在没有限速标准的情况下,同向线路机动车道路城市道路最高限速为每小时50公里左右,而事发路段并未设有限速标志。事故发生时当事人的车速保持在每小时25公里左右,符合交通规则,根据我国《道路交通安全法》第62条的规定,行人通过路口或者横穿马路,应当走人行横道或者过街设施,通过设有交通信号灯的路段横过道路应当在确认安全后通过。我方之前所陈述的事故发生时间在晚上,地点较偏僻。原告作为长期生活在该社区的居民不可能不知道,距事故发生仅15米左右的地方便设有人行横道。原告不仅未走人行横道,而且也未观察路况,忽视本可以发现的过路汽车,而从路口阴暗处忽然出现,导致我的当事人驾车躲闪不及,发生事故。因此,事故应由原告承担主要责任。第二,在原告的描述中,我的当事人在支付了原告26,000元人民币医疗费后,便对其不再理睬,这种描述与事实情况不符。首先,事故发生后,我的当事人在第一时间将原告送往医院进行救治,并垫付了26,000元人民币的医疗费用。考虑到我的当事人的实际收入水平不高,原告在此事故发生中也有相应的责任,但我的委托人仍预先支付了这笔费用足以表明其无意推脱责任,而是在积极履行法律规定的救护和陪同义务。综上所述,被告及其代理人请求法院采纳本代理人的意见,根据客观事实证据驳回原告要求支付医疗费用、护理费的诉讼请求,并由原告承担本案的受理费,发言完毕。

第二被告代理人:被告只是每年向我方当事人缴纳一定的挂靠费,因此,我方当事人只应在挂靠费范围内承担责任。综上所述,原告的部分诉讼请求缺乏法律依据与事实依据,望法院依法查明并作出合理判决。第二被告及其代理人请求法院依据客观事实和证据,判决第二被告承担部分责任。

审判长:下面由第三被告发言。

第三被告代理人:尊敬的审判长、审判员,根据我国《民事诉讼法》第58条的规定,我接受本案被告人××财产保险公司陕西分公司的委托,担任本案被告诉讼代理人,参加刘某诉被告李某机动车道路交通事故损害赔偿纠纷一案的审判活动。经过认真参加法庭审理,本代理人认为本案事实已基本清楚,现根据本案事实及相关法律规定,发表代理意见如下:被告应在投保范围内承担赔偿责任,根据我国《道路交通安全法》第76条及机动车交通事故处理的相关规定,机动车发生交通事故造成人身伤亡、财产损失的,由保险公司在机动车第三者责任保险范围内予以赔偿。原告的部分诉讼请求缺乏事实和法律依据。关于护理费部分,原告护理人员提供纳税证明、社保缴费记录等作为证据,以证明其护理人员的真实收入,原则上护理人员参照西安市护工从事同等级别劳务报酬标准计算,即每天60元的标准计算,所以计算得出护理费用为5400元人民币,原告对于这部分费用较高,应减少数额。营养费部分,对于此项费用,原告提供了1份药品购买合同,此外,原告没有提供其他相关证据予以证明,并且原告尚未达到需要营养辅助的程度,完全可以通过日常饮食予以恢复,故我方对此项费用不予认可,请合议庭予以采纳。精神损害赔偿部分,原告所提出的精神损失金偏高,原告对于损害事实和后果的发生也有过错,可以根据原告的过错程度和受害人所在地平均生活水平,减轻精神损害赔偿的数额。所以,代理人认为,精神损害赔偿金以不超过2000元人民币为妥,恳请合议庭予以采纳。被告人承担经济费用,根据我国《保险法》第17条的规定,在订立保险合同时,对于向投保人所提交的保险单中,保险人已向投保人说明的合同内容,且对于保险合同中免除保险人责任的条款,包括保险人不承担鉴定费用这一项,保险人在缔结合同时已作出足以引起投保人注意的提示,并将该条款内容以口头形式向保险人提出明确说明,这一点请合议庭具体查明。所以,被告不承担鉴定费用。被告不承担本案任何诉讼费用,应由直接侵权人承担,被告不是本案的侵权人,无任何过错,无须承担任何诉讼费用。综上所述,被告只在投保人投保范围内承担赔偿责任。且原告部分诉求及事实缺乏法律依据,应予查明减轻。上述代理意见恳请合议庭充分合议并予以采纳。代理人发言完毕。

审判长:下面进行互相辩论环节,由原告代理人发表辩论意见。

原告代理人:首先,我想提请法庭注意一下,当前所有事故现场的现状,均是由第一被告代理人进行口述,我方认为其主观性过强,有被夸大的嫌疑,所以并不能作为判断客观事实的依据。其次,根据第一被告委托代理人的说法,他一直在强调,由于光线不好、视线不好等因素,造成了本次事故,我方认为并不成立。即便当时天色已晚,但汽车的照明系统作为汽车安全行驶的必备系统之一,根据前照灯的配置标准,市内行驶近光灯能够提供车前30~40米路段均匀照明。被告李某所驾驶的机动车性能一切正常,所以被告李某驾驶车辆时观察不周,才是造成本次事故的主要原因,被告代理律师所说的由于外因导致来不及刹车的理由,不能成立。最后,被告李某仍应负主要责任,其虽然在事发后将原告送往了医院,但是他的这种行为也仅仅是其责任之所在,是对自己所实施的侵害行为造成后果的分内承担。所以该行为不足以成为减少其对原告赔偿的依据。发言完毕。

审判长:下面由被告发表辩论意见。

第一被告代理人:请法院允许我解释我所出示的照片,由于各种原因这些照片拍摄于事故发生的第二天,即 2014 年 9 月 13 日晚 11 时。但是,基本可以反映出事故发生当时的情况。本代理人经过实地走访发现,在晚上 10 时左右该路段情况较复杂,事故发生的两路口并未安装信号灯路灯,但是在距离路口西侧西偏北 51 米左右的位置,有大明宫兰明广场大功率照明灯。但是,除此之外路口只有摊贩商店灯光照明,在路口西侧设置过街人行道,由于路口西侧距离大明宫兰明广场西侧较近,且无树木遮挡,故该路口西侧连人行道处照明条件较好。但在路口东侧,由于几排树木的遮挡,不仅造成路口东侧光线被遮挡,光线昏暗,同时导致路边树下漆黑一片,难以看清。由此,根据我所拍到的实际情况,我们不难模拟出案发经过:2014 年 9 月 11 日晚 10 时,第一被告以 20 公里每小时左右的时速经过事发路口,由于路口东侧光线昏暗,汽车虽有照明但无法照亮道路两侧,原告未经仔细观察,从路口树荫下突然出现,我的当事人躲闪不及将其撞伤。事实上,根据我所猜到的情况,原告作为行人,天然地比被告更容易发现对方,加上原告未按照交通规则由近在咫尺的过道过马路,因此,应当由原告承担本次事故的主要责任,解释完毕。

审判长:下边由原告代理人发表辩论意见,各方当事人辩论意见是否陈述完毕?

原告:下面对营养费发表一下辩解意见,受害人的营养状况直接关系手术的成败和疾病的治疗。病重的人往往不能通过普通进食来完成营养问题。原告的营养费支出是客观遵循医嘱产生的结果,这在刚才我方提交的证据即医院的诊断证明中可见。适当的营养能使患者有效配合临床治疗,缩短治疗时间。我们都知道现在医疗的消费水平远高于营养费,所以原告加强营养补充也是为了减少被告医疗费用的大额赔偿。所以我方认为,被告理应对原告的营养费进行赔偿。

审判长：下面由第二被告发表辩论意见。

第二被告代理人：我对原告的处境表示同情，但法庭是以事实为依据，以法律为准绳，我再次提醒如果原告的诉求想要得到支持，必须提供真实的、合法的、充分的证据，对于此项费用原告只提供了一份药品购买票据，无法证明这项费用的支出是营养费。医疗鉴定中心未能提供鉴定证明、原告也未能提供证据证明原告确实残疾。此外，原告没有提供其他相关证据加以证明。根据原告提供的证据，原告的伤情未达到需要营养辅助的程度，完全可以通过日常饮食加以恢复。

审判长：下面由原告发表辩论意见。

原告：请法庭核实我方出具的医院检查证明。

审判长：原告所提交的医院证明，确系如原告所说。下面由被告发表辩论意见。

第二被告代理人：第一，根据原告所提出的精神损害赔偿，我想发表以下意见：首先，我和我的当事人非常同情原告的遭遇，但是我方之前已经声明，在本案中，原告对事故的发生也具有部分责任，这是毋庸置疑的。因此我方认为，由被告完全承担原告受伤所导致的精神损害赔偿不合适。第二，在事实上，事故发生之后，我的当事人除垫付大量的医疗费用外，本身也因这场责任并不在自己身上的事故而承担了巨大的心理压力，考虑当事人的实际家境条件，我认为这样数额的精神损害赔偿对我的当事人来说也是不合理的。第三，根据最高人民法院《关于确定民事侵权精神损害赔偿的解释》第 9 条第 1 项的规定，致人残疾等精神损害抚慰金应以残疾赔偿金的形式赔偿，该解释第 10 条规定，精神损害赔偿数额根据以下因素决定：第 1 项，侵权的过错程度……第 3 项，侵权行为所造成的后果……第 5 项，侵权人承担责任的经济能力。根据该条的规定以及事实或实际情况，希望法院对原告的精神损失赔偿进行合理认定。

审判长:下面由原告发表辩论意见。

原告:根据陕西省有关精神损害抚慰金损害的赔偿标准,残疾的精神损害数额一般不少于千元,原告刘某在此次交通事故中严重受伤,并有司法鉴定书鉴定原告刘某为十级伤残,被告李某在仅支付了一小部分医药费用后,置之不理的行为造成了原告的精神损害。

第一被告:我并没有对其置之不理,我明明去看了她,是你拉着我非要什么医药费啊、损失费啊、赔偿费啊。

审判长:肃静。

第一被告:我想看看她伤势怎么样的,她就不让我进去,然后还辱骂我,我到底也是女的,所以我就不敢进去了。

第二被告:原告刘某,被告李某所言是否属实?

原告:照顾我的一直是我的小外甥女,她一个小女孩儿怎么可能拦得住?

审判长:请原、被告注意法庭秩序。

原告:请问审判长,我能否继续进行法庭辩论?

审判长:可以。

原告代理人:被告李某的行为造成了本就家庭困难的刘某因此长期误工,其丈夫在后期护理过程中为了照顾卧病在床的刘某也无法外出打工,所以整个家庭在刘某受伤治疗的过程中,入不敷出,漫长的治疗时间和巨大的花费造成了原告极大的精神压力和经济负担,这一切的后果都是本次交通事故造成的。所以被告具有不可推卸的责任,我方认为3000元人民币的精神损害赔偿是合情合理的。

审判长:各方当事人辩论意见是否陈述完毕?

原告代理人:根据最高人民法院《关于审理人身损害赔偿案件适用法律若干问题的解释》第19条的规定,医疗费根据医疗机构所出具的医药费等收款凭证,结合病例和诊断证明等相关证据予以确定。实际上,原告住院期间产生门诊费10元,住院费25,000元,医药费65,990元,共计91,000元人民币,有西安市中医院的收费单据证明。其中被告李某已支付26,000元人民币,未支付65,000元人民币。

审判长:请被告发表辩论意见。

第二被告:无意见,但是我想提醒一下原告,这项我们并没有提出异议。

审判长:各方当事人的意见是否陈述完毕?

原告:陈述完毕。

第二被告代理人:针对对方代理人刚才所言,我再次表示,我与我的当事人都非常同情原告的遭遇,但我们并不希望这种同情让我的当事人承担本不应由他承担的责任。

审判长:各方当事人陈述意见是否完毕。

原告:陈述完毕。

第一被告:陈述完毕。

第二被告:陈述完毕。

第三被告:陈述完毕。

审判长:法庭辩论结束,现在由原、被告陈述最后意见。

原告代理人:经过刚刚的法庭辩论,我想事实已经很清楚了,最后我请求原告及法庭采纳本代理人的意见,根据客观事实和证据判定被告三方共同赔偿90,000元人民币,并由被告承担司法鉴定费3200元人民币。

审判长:下面由第一被告陈述最后意见。

第一被告:在此我想陈述以下几点意见。第一,还是请合议庭考虑对方对交通事故发生也具有责任,原告并未遵守交通规则,她在附近住了很久,不可能不知道哪里有人行道,她应该为她的行为承担法律责任,对她造成的后果也应该承担。第二,晚上很晚我还在开出租车,我的家庭条件并不宽裕,真的负担不起那么高额的赔偿费用。我家里还有孩子,孩子仍在上学,我并不是不想与她和解,实在是支付不了她那么多费用,而且很多费用是无凭无据的。

审判长:下面由第二被告进行最后陈述。

第二被告:我对原告的遭遇表示同情,但是也能看出来一些要求与法律规定不符。我认为应该在合理的范围内进行赔偿,希望合议庭能根据我方陈述,以客观事实为依据,判定我们只承担部分责任。陈述完毕。

审判长:最后由第三被告进行最后陈述。

第三被告:对于原告遭遇,我公司深表遗憾,我愿意在法定责任内依法赔偿。对于原告的过分诉求,将损害我公司的利益,我们不予认可,恳请人民法院查清事实,公平公正审判。

审判长:法庭辩论结束,现在进行法庭调解,原、被告是否愿意法庭调解?

原告:不同意。

第一被告:同意。

第二被告:同意。

第三被告:同意。

审判长:鉴于原、被告双方不愿意调解,法庭调解不能进行,下面合议庭将进行合议。现在休庭。

书记员:全体起立,请审判长、审判员退庭,当事人及诉讼代理人核对庭审笔录。

## 四、对模拟庭审的讨论

主持老师:鉴于我们今天的庭审已经花费了较多时间,我们直接进行讨论。大部分庭审结束之后,都不会当庭宣判。我们今天就不再进行宣判程序了。首先,请审判长谈一下自己的感受?

审判长:我觉得当审判长很不容易,要协调原、被告双方,当原、被告在法庭上发生争论时,容易忽视法庭秩序。

老师：一定要加强对法庭的控制，比如，庭审正处于事实调查阶段和法庭辩论阶段，但有可能被告就非要说法庭辩论阶段的内容，你要不要提醒他？

审判员一：大家可能是第一次参加模拟庭审，包括我也是第一次坐在审判席上，有点紧张，然后从我的角度来看，他们表现得很好，然后有一点就是太过正式了，真实的法庭审判与我们这次其实是有点差距的。

审判员二：模拟法庭是从 3 月就开始准备了。但是今天大家都比较紧张，所以可能太过僵硬。

老师：说得非常好。但是我觉得我们两位审判员在给审判长提意见，你们听出来了吗？审判长就像我现在一样，话筒一拿就开始说，两位审判员根本就参与不了，仿佛他们就是旁观者。合议庭就 3 个人，一定要很好地合作，遇到问题以后也要与两位同事商量。他们 3 人合作的作用发挥得还不是很好。我想如果你们以后去当法官，你们之间肯定会认真地讨论，遇到问题以后互相之间会商量，这个是非常重要的。你们 3 个人对原告的表现满意吗？

审判员：我们对原告的表现特别满意。

老师：你们对原告代理人的表现满意吗？

审判员：我觉得原告的委托代理人很强势。

老师：你先不说强势不强势，就说满意不满意？对原告在法庭上的活动满意不满意？

审判员：我觉得原告说得有点少，都是原告的委托代理人在说。她的表现力比较弱。

老师：那么，原告应该自己说还是让代理人说？

审判员：我觉得原告也要说，代理人也要说，但是要注意把握尺度，两个人都要说。

老师：那么，为什么原告有代理人了，还非得自己说？

审判员：因为案件的事实是原告告诉委托代理人的，原告是最清楚的，委托代理人只是听说的，应该以原告为基础，而且原告是交通事故的当事人，处于弱势地位，她应该多说一下。

老师：谁弱势就由谁说，还是谁更专业让谁说？如果是一个专业的律师，当然要尽量让当事人少说话，自己掌控法庭节奏，你知道这个情况就是因为你进行了调查，那谁才能把这个事实描述得更准确？就是律师，是吧？所以我问你们对原告满意不满意的意思就是，你们说满意那就意味着什么——原告要胜诉了。说不满意，那原告的请求可能不一定能得到支持，好不好理解？你们对被告的表现满意不满意？

审判员：被告这边证据特别充分，而且他们是三对一。

老师：那是谁人多谁胜诉吗？

审判员：不是。

老师：那为什么要强调三对一？这个同学是说被告代理人很棒，所以被告要胜诉？

审判员：不是这个意思。

老师：那你们作没作判决？

审判员：没有。

老师：你们模拟法庭判决都不作，那你们怎么审理的？真实的法庭是先审理，审理完了再判决，我们的模拟法庭要先把判决作出来，你们怎么模拟的？

第一被告：我们今天是第一次模拟。

老师：法庭宣布休庭合议，你们还真去合议啊？合议一个案子要很长时间，我们这个是教学的程序，教学的程序就是说，我们这个案件现在已经有结论了，现在我们的判决是什么，在模拟法庭开庭之前，这个判决是一定要预期的。你们觉得你们有没有预期？

审判员：说实话，就是因为我们私下没有接触，我们也是第一次见面，对他们的具体情况也不是太清楚。

老师:那很好,那你们有没有可能在两三分钟之内作出一个判决?这个就是教学对我们的挑战,因为这个法庭最后所说的,现在休庭,我们当庭宣判,这是不可能的。休庭之后肯定就是当庭宣判,休庭之后,你再恢复到庭审来,然后说这个判决根本就作不出来,那怎么行?所以说这个判决是能够作出来的,因为事实都很清楚了。但是这个还是像法庭的样子,虽然刚才我说你们对庭审的控制不是特别有力,但是合议庭特别认真,3 个人还是有一定配合的,还是非常好的。那下来问原告,你们对被告的表现满意不?

原告:我们对被告非常满意,虽然说我们这次的庭审是模拟法庭,我们所有的证据都是我们委托代理人自己准备的,所以在庭上被告出示的那一组照片我第一眼看到的时候感觉是很惊讶,作为被告的代理律师不仅脑力跟上了体力也跟上了。

老师:你先别着急,你们原告对被告的表现非常满意,那意思是对自己不太满意,能不能这么理解?

原告:也可以这么理解。

老师:那为什么你们对自己的表现不是特别满意,比如,他拍了 1 组照片,这个照片不是事发当场拍的,是第二天拍的,不能说明第一天的情况,你有没有想过他们第一天在干啥?

原告:第一天的时候,可能因为被告还没有找律师代理,所以他不可能在第一时间赶去拍照。

老师:那有没有可能第二天就找了律师,律师第二天就到了现场,有没有这种可能,第二天被告在做什么?

原告:这种情况只在原告及时地起诉了才能够发生。

老师:那原告还没有起诉,被告就已经委托了律师拍照,这可能性很小。我们说被告为什么这么强,就是因为我们原告没有进行有效反驳,是不是?被告的陈述之间是矛盾的,但是我们原告没有去揭示他的矛盾。被告一会儿说我们根本就不承担任何责任,一会儿又说我们3个一起来承担责任,一会儿又说我们承担有限责任,这矛盾不矛盾?再问被告,你们对原告的表现满意不满意?

第一被告代理人:因为这是我们第一次面对面的交锋,我虽然事先知道原告会提供一些证据,会根据他们的证据去准备一些材料,但是对之后的东西我实际上并无法预料,所以根据目前原告的资料,无论从法律意义上来讲,还是从现实来讲,都是比较充分的。无论我辩论得怎么样,至少他们提供的东西我还是满意的。

第一被告:书记员只给了我们一个大概案情,各种细节都是我们自己补充的,然后感到特别紧张,害怕对方提出意见我们却接不上话,所以我就选择担任被告,而非被告代理人。

第二被告人代理人:今天我也非常紧张,如果过分紧张很容易表现得不好,所以应尽量控制一下自己的情绪。

第二被告:之前看过真实的审判,也看过学校的模拟法庭,但是当自己真正参加模拟法庭时又有不同的感受。我作为被告,觉得在场的每一分每一秒都过得特别慢,参加了此次模拟法庭,将我们课本上所学的那些诉讼法知识,都温习了一遍,我觉得理论与实践相结合,能更好地让我们掌握课本中的知识,希望以后这样的活动能够多多举行,谢谢。

老师:原告、被告、法庭三方的表现都非常好。这个案件经过1个多小时的开庭审理,事实基本上查清了。法律的规定双方已经找出来了,也很准确。即使要求我们的法庭判决,我也相信法庭能够作出公正的判决。

## 五、现场同学、老师等互动环节

主持老师:现在由旁听学生、老师点评和互动。

现场学生:我的感觉就是本此模拟法庭和正式的开庭差不多,我发现第一被告的律师在证据的质证方面特别细心,很敬业。他们是第一次正式开庭,表现得已经非常好了。

老师:说得非常好,如果我们没有事先给大家说这是模拟法庭,很有可能大家以为是真正的庭审。第一被告律师的现场照片证据,给大家带来一定的冲击力。就像被告所说的,事故发生时的道路情况基本上看不清,那这个对他方有利还是不利?被告自己当然说有利,但原告也应想一想对他有什么不利。在这样一个环境中,根本不具备驾车的条件。被告说,原告是这个地方的人,你应该对这个地方的道路很熟悉,那被告是出租车司机,就可以不熟悉,这个成立不成立?连道路都不熟悉还开什么车?出租车司机应该更熟悉路况,哪个地方有个十字路口,哪个地方道路有什么状况,出租车司机应该很清楚。第一被告说,晚上 10 点多了我还在开车,这对他有利还是不利?对他有利的地方就是,说我确实不是故意的,生活不容易,10 点多了我还在开出租车。但是原告就想啊,晚上 10 点多了,路况又不是特别好,你就应当更加仔细地驾驶。这是我们同学发现的,这个特别细心。我们不能说被告出示了一份证据,就说这个一定对原告不利,我们一定要转换角度、换位思考。如果我们能用对方的证据来证明自己的主张,那是不是就非常厉害?你方出示的证据对你不利,你们有没有想过这样做?我们拿了一个对对方有利的证据,有没有可能?这种可能性是非常大的。所有的证据不一定都是只对自己有利的,你们能不能找出这样的证据?只对被告有利或者只对原告有利的证据,你们有没有发现这样的证据?

现场学生:在刑事案件中,被告杀人的工具只对原告有利,对被告不利。

老师:犯罪工具只对原告有利,对被告不利。但也得看这个工具是什么工具?若这个工具是一个 50 斤的石头,一下就能把人砸伤,对被告不利。但这样的石头,被告根本就搬不动,原告起诉说被告拿着这个石头把人打伤了。然后律师说,你让被告把石头搬起来,看看能不能搬动,搬不动就对被告有利。哪位同学继续说,只对原告有利但对被告不利的证据?

现场学生:这个案子里面的司法鉴定意见就对原告有利,但是被告在这一点上能用的特别少。

老师:司法鉴定意见,说得非常好也非常对。拿出这个司法鉴定结论,司法鉴定结论是真的假的?这个证据本身没有问题,一般来说对这样的证据本身不应该有意见,证据本身没有问题,那它对欲证明的内容有什么作用,一般大部分的律师都是对证明的内容特别关注,这时才涉及对原告或者被告有利。就证据本身而言,就是我们提交到法庭的这类专门机关出具的证据,都是真实的,那有没有伪造的?可能同学会说,有没有伪造我们不清楚。那我们法庭有没有注意到提交的证据的真实性?不予认可的是什么证据?

审判长:对交通事故鉴定书不予认可,因为根据我国《交通事故注意程序规定》第47条的规定,公安机关交警部门应该自现场调查之日起10日内制作交通事故认定书,本案中认定书的出具时间明显超过了10日,这个证据是有瑕疵的。第二个不予采纳的是出租车发票,经过我们审议,总共是4张发票,但是前两张发票书写得很模糊,所以对前两张发票应不予认可。

老师:合议庭发现了交通事故责任书认定的程序问题,但是这个问题我觉得我们还是需要更认真地考虑,因为我们今天毕竟是一次模拟法庭,在现实生活中,有多少交通事故责任认定书是在10日之内作出的,你首先要回答这个问题。如果在司法实践当中,道路交通管理部门基本上就没按照这个10日的要求出具认定书,还是半个月出具检定意见,已经成为常态,那我们这个法庭随意地把交通管理部门的责任认定书给否定了,那我们的责任突然就被放大了。我们刚才所说的,我们法庭最后还是难以作出判断,为什么?因为我们将交通管理部门的责任认定给否决了,否决了以后你就需要作出一个认定,交通管理部门是专门处理交通事故的机构,我们把他们的交通事故责任认定书给否决了,是不是就需要作出一个新的事故认定?当然它仅仅是一个证据,不是我们判案的依据,但是我们在办理案件的时候,对这样的证据要特别慎重,我们刚才说的应在10日内出具事故鉴定结论,但在有些地方10日之内是不能可能的,交通事故非常多,事故科就那么几个人,就像我们法官一样的,一般案件的审理期限就是6个月,但是有些地方法院案件审案要超越这个期限,原因很简单,法官受理这个案件的时候,时间已经排在了好几个月以后,要实事求是。重要的是当时事故的情况,双方的责任承担。连第一被告都没有否认自己的责任,争论的只是双方的责任如何分配。如果对交通管理部门认定的事实没有争议,对责任划分的异议就缺乏基础,作为专门机构,交通管理部门的认定更具权威性。

老师点评:原告,刚才法庭问调解不调解,你们说不调解是吧?这是为什么?

原告委托代理人:我们首先考虑第一被告主张道路交通事故认定书的时间存在瑕疵,因此,这个证据被法庭否定了,我对这一点并不认可,所以说不同意调解。

老师点评:原告,这是你的意见还是代理人的意见?

原告:我的意思。

老师点评:律师的意思有没有反馈?律师对你的这个意见评价没有?

原告委托代理人:因为作为原告的委托代理人,我觉得应该在职责范围内尽力维护当事人的利益,我真的认为这个认定存在瑕疵。

老师点评:所以你就不调解,你想没想过如果不调解,这个案子最后的结局是什么?法庭一旦判决你败诉怎么办?

原告委托代理人:上诉。

老师点评:上诉还败诉怎么办?从一审判决到上诉再到二审判决出来这中间时间比较长。

原告委托代理人:如果被告诉讼代理人只是因为时间的瑕疵来请求合议庭否决证据,况且对交通事故认定书是可以复议的,所以在上诉之前我会依法申请复议。

老师点评:晚不晚,来得及吗?我提这个问题的意思是什么?不是说反对他们不调解的意见,是说要看具体案情,有时适宜调解,有时不适宜调解,那么关键的问题就是咱们法律诊所的学生发现事实、适用法律、维护当事人的合法权益、学习法律知识,那么核心问题是这个拒绝调解的态度是当事人的意思还是代理人的意思。如果是律师的意思,你这个意见告诉当事人了吗?给当事人做了哪些解释和说明工作,是你专业还是当事人专业,当然应该是律师专业,那你给当事人做了哪些工作,你分析了哪些利弊,当事人最后怎么选择的,这就是我问你们这个问题的核心。当然你有自己的道理,你不调解肯定有一定的道理,但最终决定应由当事人作出。我想问一下第一被告,你们说事故认定书存在瑕疵,你们说那个日期过分延迟了是不是这个意思,目的是什么?

第一被告:因为它有效力瑕疵。

老师点评:效力瑕疵怎么了,目的是什么,想没想过这个问题,或者有没有朝着这个方向去想。

被告:就是这份责任事故认定书的认定有问题。

老师点评:认定书有问题,那就是说建议法庭怎么去做,有没有这个想法,现在是主次责任对不对?你们是主对方是次,什么是主次责任你说一下?

被告:就是在责任承担上我方承担70%以上的责任。

老师点评:四六是不是,三七是不是,一九是不是?只要不是全部责任都是主次责任是不是?那么一九和四六一样吗?所以我的意思是,咱们作为代理律师的这位同学,你和当事人在沟通的时候就必须要给当事人讲明白,我把这个责任认定书推翻了之后,你想让我们干什么,前提是你不认同,那你给法庭有没有提过建议?接下来怎么办?这个交通事故的案子不可能没有交通事故认定书,那么你建议法庭怎么做,所以大家在处理这类案件的过程当中,不仅要指出证据的问题,这个证据哪里有瑕疵,这个是应该的,你们的细心我是很赞成的,但问题的关键是你认为有毛病、有缺陷、有瑕疵之后想干什么?同时,我一直强调的是,双方的代理律师要给法庭提供一个可行的建设性意见,你说我不同意他们的意见,那你的意见是什么?法庭是裁判机构,判断是你对还是他对,当你没有提出具体的意见时,让法庭如何判断你对还是你错。

老师点评:我就少说几点,第一个就是责任的划分非常重要,其实我有点惊讶,说有几个证据不被认定,其中说到交通事故责任认定书,在现实生活中法庭对这个不会轻易进行否定,因为在把交管部门的认定书否决之后,法庭就应根据现有的事实证据来确定双方应该承担的责任。但是在实际生活中,法庭不会轻易否决交警出具的这个事故责任认定书。第二个就是关于保险公司,咱们要注意一下,既然是被告,所以在回答这个问题的时候首先应该说交强险,因为它是强制保险,肯定上了,你在说交强险的时候你说保险公司是什么态度,然后原告在这基础上又缴纳了商业险,商业险责任比例分担,大概是根据原、被告责任比例,分到被告的比例是从商业险来支付。但是交强险是没有什么责任的,就是说它是过错赔付,理念设置上就是无责任赔付,举例而言,哪怕被告是80%的责任,或者被告是20%的责任,对于交强险来说就是全额赔付,交强险不足的部分将由商业险按照比例赔付。所以我觉得保险公司在答辩的时候,应先强调交强险再说商业险。最后一个问题就是在辩论环节,在互相辩论的过程中应该紧紧扣住对方的论点,他说什么我辩什么,应该针对对方提出的论点进行反驳。总体而言还是不错的。

主持老师:站在第一被告的角度,第三被告把责任承担了这也对其有利,其为什么要说不向原告承担责任?我们3个至少还有人承担责任了,他承担了责任我的责任就小了,我们3个被告之间并不是一团和气的,不是我们共同对付原告,一定要搞清楚我们之间的关系,你们3个被告有没有想过你们之间的关系?你们是一团和气的关系吗?还是互相之间有主次责任的关系?

第一被告委托代理人:我们3个的利益并不是完全一致的,但是我们还是把它作为一个合作的关系,因为就大体而言,无论是责任还是金额,我们是有分工的,我作为一名肇事司机的代理人,我主要负责的是责任这一块的问题,而保险公司和挂靠公司主要是考虑金额的问题,但是我们每一方的主张,其实对于最后的结果来说都是有利的,金额减少了对3个被告均有利。

老师:3个被告有两个策略,第一个策略就是其中一个被告说我们要把我们3个被告之间的关系厘清,只要把我们3个的关系搞清楚了,我们的责任就明确了。第二个策略就是我们联合在一起,只要原告说的事实不成立,那么我们也就胜诉了,你们是不是选择的是第二个策略,共同对付原告?那你们选择这个策略的时候有没有考虑第一个策略你们实施起来容易还是第二个策略实施起来更容易,是不是要考虑这个问题,然后这个案件对3个被告有利还是1个被告有利,3个被告之间还有一个责任的分担问题,那所有的被告都要考虑这个问题,即便交通事故责任认定书被法庭否决了,要说被告没责任了基本上是不可能的,你要是追求一个不可能的结果,那这个结果肯定不会是理想的结果。

学生点评:我觉得这个庭审现场跟我想的还是有点差别的,虽然同学私下不见面,但是今天原、被告特别接近真实,我觉得今天的活动没有白参加。

学生点评:因为我是第一次看这样的模拟法庭,给我印象比较深刻的就是双方律师在庭审的时候证据准备得特别充分,因为他们在说的时候我也在想应该找哪些证据,这些证据其实我都还没有想到,然后就是我觉得双方的律师无论是第一轮辩论还是第二轮辩论存在重复的地方,这一点我不太理解。但是总体来说我觉得还是非常不错的。

学生点评:我也是第一次参加这个审判,然后觉得挺好的,我觉得辩论中间提到的有些知识,让我学到了很多,我觉得最好的还是老师点评的部分,一针见血,让我学习到了真实审判的过程。

学生点评:以前也看过模拟法庭,但只关注程序方面的,没想到在实体方面还有这么多值得关注的问题。

学生点评:我的感觉就是知识和方法同样重要,理论和实务也是相辅相成的,在平常学习中既要注意知识学习的精细严谨,在实务中了解面也要广一点,不要让自己书生气太重。

学生点评:模拟法庭就相对真实,之前也看过很多次庭审,然后觉得双方律师对案件事实的法律检索相当充分,都用了充分的法律法规来支撑他们的诉讼请求。

学生点评:这是我第一次参加模拟法庭,我觉得我学到最多的就是对于证据细节的把握,还有一个就是目的性问题,明确具体证据在法庭上提出来的目的是什么,对证据来说才能予以充分利用。

学生点评:我觉得今天我学到的就是,即使是对方的证据也有可能转化为对我们自己有利的证据,比如,在第一被告代理人提出来说夜晚光线比较暗,在这种道路状况不良的情况下对行车安全要求更高,这也有可能影响车速的问题,这一点也可以为原告方所利用。

书记员:作为书记员,是唯一一个坐在法庭正中央的,其实我很紧张。整场作双方的记录,我就觉得很难把双方的活动全部记录下来,只能挑一些重点的话来记。就这样我已经写了 4 页多。坐在上面收获也挺大的,因为我在记录过程中,会看到一些证据,可能对双方都有利,在他们辩论的时候除律师外,接触的东西在辩论环节可能就能够了解得更多一点。

老师点评:第一,当事人、代理人表现得较生硬,要设身处地、进入角色、带有感情,那样就有了真情实感,也能更好地学习。第二,提交的证据要分组,并说明能够证明什么样的内容,证明的目的。要把日常学到的内容运用到模拟审判过程中,实现知识的融会贯通。其他都表现得不错。

郴州法院法官:我是 2013 年从西北政法大学毕业的,2013 年加入法官队伍,大家这个程序流程是走到位了,但你们的时间可能有限,双方当事人、律师的表现,各位老师已经点评得非常到位了,我就主要说一下我们的合议庭。因为我们这个是一审,所以我们的审判人员,按照现行规定应该有 1 个人民陪审员,我们审判长把控整个庭审现场可能还是经验欠缺,庭前的证据交换一定要做到位,因为我们一个合议庭每天要开 3 个庭,原告举证、被告质证,然后被告举证、原告质证,可能没有这么多的时间,在庭前的证据交换阶段,一定要把这个做好。庭审过程中主要是抓几个焦点,庭前证据交换之后,证据上有没有大的争议,对有争议的证据双方再进行质证,赔偿数额有没有争议,这就是一个焦点。关于责任的划分,第一被告、第二被告、第三被告,这个称呼是错误的,我们的理解一般是第一被告应该负主要责任,这样称呼就是自己先把责任划分了,我们一般是被告一、被告二、被告三。再一个就是我们对焦点在开庭前一定要做到“有数”,因为开庭结束以后,合议庭阅过卷了,大概事实就是这样,大家针对这些焦点说完了以后即刻进入下一个环节即法庭调查、法庭辩论阶段,争议没有了,不能你问他们有没有意见,完了再问他们有没有意见,这样就把时间拖得特别长了,法官要及时打断。另外,你们这是一起民事案件,代理人不能抢当事人的工作,当事人不能抢代理人的工作,不然律师的价值在哪。希望大家以后要积极投身于法官事业,前提当然是基于兴趣爱好。

主持老师:非常感谢我们法庭的 4 位同学,感谢原告方 3 位同学,被告方 6 位同学,感谢两位法警,感谢所有参与的老师、同学。课程结束,再见!